남자들을 위한 **지혜**

남자들을 위한 지혜 What's a Man to do When … ?

초판 1쇄 발행 2015년 01월 05일
초판 2쇄 발행 2018년 01월 15일
지은이 노옴 웨이크필드
옮긴이 황병규
교　정 목윤희 한유완
펴낸이 박진하
펴낸곳 홈앤에듀
신고번호 제 379-251002011000011호
주　소 경기도 성남시 수정구 복정동 639-3 정주빌딩 B1
전　화 050-5504-5404
홈페이지 홈앤에듀 http://www.homenedu.com
패밀리 홈스쿨지원센터 http://homeschoolcenter.co.kr
　　　　아임홈스쿨러 http://www.imh.kr
E-mail 4idad@naver.com
판권소유 홈앤에듀

이 책은 저작권법에 의해 보호를 받는 저작물이므로 무단전제 및 복제를 금합니다.
잘못 만들어진 책은 구입하신 서점에서 바꾸어 드립니다.

ISBN 978-89-967112-5-4　03230
값 14,500원

이럴 때 남자는 어떻게 해야 하는가?

노옴 웨이크필드 지음
황병규 옮김

홈앤에듀

서론

이럴 때 남자는 어떻게 해야 하나요?

'삶의 다양한 상황 속에서 남자는 어떻게 해야 하는가'에 대한 책을 쓰려는 나는 어떻게 해야 할까? 마음속에 제일 먼저 떠오른 생각은 '주님, 저 좀 도와주세요!'였다.

무엇을 해야 할지 몰라 난감한 상황에서 하나님과의 관계 안에 있는 남자가 제일 먼저 해야 할 행동은 기도다. 남자는 아내가 화를 낼 때, 아이들에게 무시당할 때, 유혹에 빠져 죄를 지었을 때 어떻게 해야 하는가? 우리는 우선 기도해야 한다. 하나님께서는 모든 상황과 관계를 통해 사람들의 삶 속에서 일하시기 때문이다. 상황에 현명하게 대처하려면 그 상황 안에 두신 하나님의 뜻을 배워야 한다. 우리가 하나님께 도움을 청하고 하나님이 그 기도에 응답하신다면 우리는 상황마다 어떻게 행동해야할지 명확히 알게 된다.

하나님이 내 기도를 들으셔서 이 책이 당신에게 도움이 되길 바란다. 각 사람의 사정을 자세히 알 수 없으니 모든 상황에 일일이 답을 줄 수는 없지만, 당신이 처한 다양한 상황에서 성령의 능력으로 예수 그리스도를 통해 하나님 아버지를 만나도록 격려하고 싶다. 하나님의 관점으로 상황과 관계를 바라보는 법을 배우면 그만큼 하나님의 지혜를 깨닫게 되고 그분의 은혜로 현명하게 대처하게 된다. 우리는 그리스도를 통해 하나님께 마음의 닻을 내리고 그 안에 머물기를 실천할수록 더 강한 확신과 믿음으로 하나님과 동행할 수 있다.

이 책에는 몇 가지 기본 전제가 깔려 있다. 첫 번째는 우리 인간이 철저하게 망가진 상태라는 사실이다. 우리의 사고를 지배하고 있는 철학과 세계관은 인간 중심적이다. '어떻게 해야 하는가'를 질문할 때, 우리는 죽음 이후에 하나님 앞에 설 때 우리를 행복하게 해 줄 답을 찾기보다 지금 당장 우리를 행복하게 만들어줄 답을 찾는다. 그래서 '남자는 어떻게 해야 하는가?'라는 질문에 대한 최대 관심사는 지금도 우리를 기쁘게 해주면서 최후에도 우리를 행복하게 해줄 수 있는 공통된 답을 찾는 것이다. 그러나 우리는 완전히 망가진 상태이기 때문에 이런 질문에 어떻게 접근할지에 대한 생각의 전환이 필요하다. 그래서, 앞으로 우리는 영원의 관점을 가지고 상황을 살펴보도록 할 것이다.

두 번째 전제는 하나님이 우리와 함께하기 원하신다는 것이다. 하나님이 자신의 아들, 예수 그리스도를 이 세상에 보내신 메시지가 바로 이것이다. 하나님은 관계를 중요하게 여기시는 분이다. 하나님은 우리와 교제하기를 원하셔서 자신의 즐거움과 기쁨을 위해 우리를 만드셨기에, 우리가 깨어지고 넘어지는 순간에도 우리와 함께 해주신다. 이 사실을 깨닫는 것이 우리에게 큰 힘이 된다. 히브리서 곳곳에 이 메시지가 담겨 있다. 하나님은 우리와의 관계를 가능하게 하시려고 자신의 아들을 세상에 보내서서 철저하게 망가진 우리의 죄를 짊어지게 하셨다. 온전한 제물만이 우리의 죄를 속량할 수 있었고 예수께서 바로 그 완전한 제물이셨다. 예수의 부활은 하나님이 그 제물을 받아들이셨음을 우리에게 증언한다. 그러므로 우리는 언제든지 하나님께 나아가

'주님, 우리를 도와주세요!' 라고 기도할 수 있는 자격을 받았다.

그러므로 세 번째 전제가 뒤따른다. 하나님이 우리와 함께하고 싶다는 입장을 분명히 하셨기 때문에 우리는 비록 완전히 망가졌어도 우리가 직면하는 상황과 관계 속에서 얼마든지 하나님이 함께 하신다는 확신을 가지고 살 수 있다. 사실, 예수를 믿든 안 믿든 우리는 혼자가 아니다. 하나님이 계시 속에서 예수가 곧 하나님이시며 지금도 살아 계심을 말씀하셨기에, 우리는 절대로 혼자가 아니며 그분 앞에서 살아가고 있음을 알게 된다.

하나님은 우리와 함께하실 뿐 아니라 우리 안에 계신다. 여기에 예수를 믿는 남자의 확신이 있다. 그 확신은 자기 자신에 대한 믿음이 아니라, 완전히 망가진 자신과 함께해 주시는 하나님에 대한 믿음이다. 하나님은 우리가 깨어지는 사건 속에서도 우리와 함께 계신다는 점에서 우리의 확신은 더욱 커진다.

옳은 답을 찾고 옳은 일을 하느냐 하지 않느냐보다 하나님과의 관계가 중요하다는 사실을 깨달아야 한다. 만일 우리가 옳은 일을 했을 때만 하나님이 함께 계신다면, 인간이 만든 종교가 일반적으로 주장하듯, 우리의 확신은 스스로를 믿는 자신감이 되고 만다. 하지만 나는 그런 믿음을 키워주고 싶지 않다.

비록 우리는 완전히 망가졌지만, 그럼에도 불구하고 하나님은 어떤 상황이나 관계 가운데서도 우리와 함께 계신다는 확신이, 하나님으로 인해 우리 가운데 가득차길 바란다. 하나님은 우리와 함께하기를 원하셔서 우리가 그분과 함께 살 수 있는 길을 만드셨다.

하나님이 우리와 함께 있기를 원하신다는 사실은 하나님이 수많은 방법으로 자신을 계시하셨다는 사실에서 알 수 있는데, 이것이 네 번째 전제이다. 나는 성경의 관점에서 제기된 질문들에 답하려 한다. 성경을 하나님의 권위 있는 말씀으로 믿기 때문이다. 성경은 하나님이 오랜 세월 동안 45명의 대리인들을 통해 계시하신 기록이다. 성경에 포함된 책과 편지들, 시편들은 종교인 회의에서 다수결로 결정되지 않았다.

하나님의 사람들이 그 글들을 받고 그 글들이 하나님께로부터 왔음을 믿기에 그 글들을 따르고 그 글들을 수호하면서 오랜 세월에 걸쳐 모여진 글이다. 이 글들은 한결같은 메시지로 하나님의 본성과 뜻하심과 일하심을 일관되게 보여준다. 이 책에서 인용한 성경은 내가 35년간 사용하여 내게 가장 친숙한 NASB(새 미국 표준 성경)이다(역자:한국어판에는 새번역성경을 사용하였음).

전제를 다 말했으니, 이제 내 계획을 밝히겠다. 먼저 남자의 삶에서 일반적인 문제, 영적 문제, 결혼 문제, 양육 문제, 이 네 가지 주제에 대해 남자들이 가장 흔히 묻는 질문들을 제시하고 싶다. 물론 이 책에서는 질문 하나하나를 다 파헤치지 않는다. 그러나 질문에 답하는 방식을 관찰하면 다른 질문들에 스스로 답할 수 있는 힘도 생길 것이다.

하나님의 실존과 예수 그리스도의 신성, 성경의 권위를 의심하면 외로움을 느낄 수 밖에 없다. 그러나 이 책을 읽는 동안 그 외로움이 사라질지도 모른다. 하나님과 삶, 관계에 대한 새로운 관점을 접하고 자신의 질문들에 희망적이고 현명한 답을 할 수 있게 될 것이다. 하나님이 그분의 말씀과 나의 설명을 통해 자신을 드러내시는 동안 우리가 혼자가 아님을 발견하기를 바란다.

무신론자나 불가지론자가 아니더라도 예수 그리스도를 통해 누리는 하나님과의 관계에 확신이 없을 수 있다. 위의 내용을 다시 한 번 생각해 보자. 우리 자신에 대한 확신이 아니라 우리가 비록 완전히 망가졌더라도 하나님이 우리를 아시고 우리와 소통하신다는 사실이 주는 확신이 있다. 훌륭한 그리스도인이 되기 위해 옳은 일을 열심히 하라고 가르치는 전형적인 방법론은 이 책에 없다. 이 책을 읽을수록 성경적이며 합리적인 새 관점으로 삶을 바라보는 기쁨을 얻게 될 것이다.

물고기를 잡아주기보다 물고기 잡는 법을 가르쳐주어야 한다는 말이 있다. 이 책에서, 예수 그리스도를 통해 하나님과의 관계 안에서 우리의 질문에 대한 답을 찾는 법을 제시할 때, 하나님의 함께하심으로 여러분이 하나님과 더 깊은 관계와 친밀한 교제를 나누게 되기를 기도한다.

차 례

서론 5

Part 1 일반 질문
1. 무엇을 해야 할지 모를 때 어떻게 해야 하는가? ·················· 15
2. 인생의 폭풍을 만날 때 어떻게 해야 하는가? ·················· 27
3. 재정을 지혜롭게 결정하려면 어떻게 해야 하는가? ·················· 43
4. 삶의 만족을 얻으려면 어떻게 해야 하는가? ·················· 59
5. 삶이 일에 치일 때 어떻게 해야 하는가? ·················· 79

Part 2 영적 질문
6. 하나님이 멀게 느껴질 때 어떻게 해야 하는가? ·················· 101
7. 유혹을 받을 때 어떻게 해야 하는가? ·················· 115
8. 분노를 이기려면 어떻게 해야 하는가? ·················· 131
9. 죄를 지었을 때 어떻게 해야 하는가? ·················· 145
10. 강직한 남자가 되려면 어떻게 해야 하는가? ·················· 161

Part 3 결혼에 관한 질문
11. 아내를 사랑하려면 어떻게 해야 하는가? ·················· 177
12. 아내가 성적인 요구를 들어주지 않을 때 어떻게 해야 하는가? ······ 197
13. 아내의 축복을 받으려면 어떻게 해야 하는가? ·················· 221
14. 아내와 의견 차이가 있을 때 어떻게 해야 하는가? ·················· 239
15. 아내가 화를 낼 때 어떻게 해야 하는가? ·················· 259

Part 4 가정에 관한 질문
16. 가족을 이끌려면 어떻게 해야 하는가? ·················· 273
17. 자녀를 사랑하려면 어떻게 해야 하는가? ·················· 291
18. 자녀에게 안정감을 심어주려면 어떻게 해야 하는가? ·················· 305
19. 복음을 생활화하려면 어떻게 해야 하는가? ·················· 321
20. 자녀와의 관계를 회복하려면 어떻게 해야 하는가? ·················· 341

남자들을
위한
지혜

Part 1

일반 질문
General Questions

1. 무엇을 해야 할지 모를 때 어떻게 해야 하는가?
2. 인생의 폭풍을 만날 때 어떻게 해야 하는가?
3. 재정을 지혜롭게 결정하려면 어떻게 해야 하는가?
4. 삶의 만족을 얻으려면 어떻게 해야 하는가?
5. 삶이 일에 치일 때 어떻게 해야 하는가?

1장

무엇을 해야 할지 모를 때 어떻게 해야 하는가?

What's a Man to do When He Doesn't Know What to Do?

무엇을 해야 할지 모를 때 어떻게 해야 하는가?

"여보, 더운물이 안 나와요!" 스티브의 아내가 부엌에서 소리쳤다.

"큰일 났군." 스티브가 중얼거렸다.

계획에 없던 일이지만 더운물이 제대로 나오도록 보일러를 당장 고쳐야 했다. 간단히 보일러 스위치만 켜면 될 테니까 보일러 물통을 점검해야겠다는 생각이 들었다. 살펴보니 스위치는 켜져 있었다.

'그러면 보일러를 껐다 켜 보자.' 두 번째 생각이 머리를 스쳤다. 하지만 그렇게 해결될 문제가 아니었다.

경험에 비추어 볼 때, 그렇다면 보일러 부품이 문제일 가능성이 있었다. 부품은 두 개였다. 스티브는 첫 번째 부품의 나사를 풀었다. 편자 모양으로 갈라진 부품이 길쭉하게 튀어나와 있고 구멍보다 그 부품이 커서 빼낼 수가 없었다. 이걸 어떻게 빼내지? 방법이 떠오르질 않았다.

부엌에 있던 아내가 보일러실에서 새어나오는 스티브의 혼잣말을 들었다. "여보, 기도해야겠네요. 이리 와서 함께 기도해요."

스티브 부부는 거실에 잠시동안 말없이 앉아 있다가 아내가 먼저 기도를 시작했다. "주님, 스티브가 어떻게 해야 할지 알려주세요." 짧지만 핵심을 담은 기도였다.

스티브는 주님을 찬양하며 기도를 시작했다. "아버지, 이 상황도, 저도 아버지의 것입니다. 저의 하루도 아버지의 것입니다. 보일러도 아버지의 것입니다. 주님께서 이 문제를 보시고 이 상황에서 예수님을 통해 아버지께서 저와 맺으신 관계의 힘을 보여주실 것을 압니다. 제가 이 문제를 통해 아버지께 나아가도록 하시니 감사합니다."

주님을 찬양하는 동안 스티브의 머릿속에 아까 공구함에서 본 공구 하나가 떠올랐다. 아까 나사를 풀려고 스패너를 찾을 때 고기를 매달아 놓는 갈고리처럼 이상하게 생긴 공구를 보았는데, 그 용도가 궁금해졌다. 15cm쯤 되는 막대였는데 한쪽 끝에는 갈고리가, 반대쪽에는 손잡이가 달려 있었다. 문득 보일러 부품을 어떻게 꺼낼지 머릿속에 그려졌다. 갈고리 쪽을 구멍 안으로 집어넣어 부품을 걸고 끌어당겨 문제의 부품을 꺼내는 데는 1분도 걸리지 않았다! 나중에 알게 된 사실이지만, 그 공구는 트램펄린을 사면서 딸려 온, 스프링을 늘리는 데 쓰는 기구였다. 이 공구가 보일러 부품을 빼내는 일에 쓰일 줄은 아무도 몰랐다.

스티브 부부는 이 사건을 통해 주님에 대한 확신이 한층 굳어졌다. 스티브는 어떻게 해야 할지 몰랐지만 자신이 혼자가 아님을 알았다. 그의 확신은 하나님이 그와 함께 계시고 아들이신 예수 그리스도를 통해 길을 열어 주심으로 언제 어떤 상황에서든 하나님께 나아갈 수 있고 필요할 때에 은혜를 받게 된다는 사실에 있었다. 그는 전에 읽었던 히브리서 4장 16절의 말씀을 적용했다. "그러므로 우리는 담대하게(확신을 가지고) 은혜의 보좌로 나아갑시다. 그리하여 우리가 자비를 받고 은혜를 입어서, 제때에 주시는 도움을 받도록 합시다."

어떻게 해야 할지 모를 때 가져야 할 확신

무엇을 어떻게 해야 할지 모를 때 어떻게 하는가? 대부분의 남자는 스스로를 믿기 때문에 스스로 해결하려고 애쓴다. 그러나 신자의 확신은 하나님이 우리와 함께 계시고 어떤 상황에서도 우리가 하나님께 나아가 경배하면 필요한 은혜를 주신다는 사실에 있다. 바울이 히브리서를 쓴 이유는 주님이 우리와 함께 계시기에 이것을 믿는 자는 언제든지 필요할 때에 은혜의 보좌 앞에 나아갈 수 있음을 확신하도록 격려하기 위해서이기도 했다. 하나님은 아들 안에서 우리에게 다음을 말씀하셨다.

1. 네가 완전히 망가졌다는 사실을 안다.
2. 나는 너와 함께하기를 원하고 너도 나와 함께하기를 원한다.
3. 나는 그것이 24시간씩 365일, 평생 가능하도록 내 아들을 주었다.
4. 너는 이제 이 안식에 들어와 내가 너와 함께 있고 네가 원하는 것을 줄 것을 확신해도 된다.
5. 무엇을 어떻게 해야 할지 모를 때, 나를 경배하고 나에게 나아오라.

첫 번째 단계: 확신을 주장한다.
삶에서 어떤 일이 생길 때, 선택은 두 가지다. 대부분의 사람들은 반

발을 선택한다. 자신의 방식이나 기대대로 되지 않을 때 자기를 숭배하는, 흔히 있는 반응이다. 다른 선택은 하나님과 마주하고 그의 앞에 가서 경배하며 하나님이 그 순간에 필요한 것을 주시기를 바라는 것이다. 어떻게 해야 할지 모를 때 하나님께 먼저 나아가면 우리는 그분의 신실하심을 발견하고, 다음과 같이 기도할 수 있게 된다.

"아버지, 어떻게 해야 할지 몰라서 주님을 경배하며 당신께 나아갑니다. 아버지께서 저를 위하여 아들 예수 그리스도를 통해 하신 일 덕분에 아버지께서 저와 함께 계시고 제가 아버지께 갈 수 있게 되었음을 압니다. 저의 죄를 용서해 주시고 지금 이 상황에서 저를 만나 주시고 제게 필요한 것을 주시니 감사합니다. 이 상황은 아버지께서 저의 삶에 허락하신 것이니 아버지께서 주인이시며 좋은 뜻이 있을 줄 압니다. 주님의 관점과 지혜로 생각하고 말하며 행동할 수 있도록 도와주시옵소서."

두 번째 단계: 당당하게 하나님을 기다린다.

일단 하나님 앞에 서서 그분께 필요한 은혜를 구한 다음에는 하나님이 주실 때까지 적극적으로 바라며 기다린다. 예레미야 선지자는 고난 중에 다음의 글을 쓸 때 이렇게 확신했다.

"잠시도 잊을 수 없으므로, 울적한 마음을 가눌 길이 없다. 그러나 마음속으로 곰곰이 생각하며 오히려 희망을 가지는 것은, 주님의 한결같은 사랑이 다함이 없고 그 긍휼이 끝이 없기 때문이다. "주님의 사랑과 긍휼이 아침마다 새롭고, 주님의 신실이 큽니다." 나는 늘 말하였다. "주님은 내가 가진 모든 것, 주님은 나의 희망!" 주님께서는, 주님을 기다리는 사람이나 주님을 찾는 사람에게 복을 주신다. 주님께서 구원하여 주시기를 참고 기다리는 것이 좋다"(예레미야애가 3:20-26).

성경은 주님을 적극적으로 바라며 기다리는 자들이 힘과 능력을 얻게 될 것임을 거듭 강조한다. 기다리는 동안 믿음이 쌓이고 하나님이 필요한 것을 주시면 확신이 커진다. 딱 알맞은 때에 하나님은 필요한 것을 주셔서 우리를 명예롭게 하신다. 바울은 베드로전서 5:6에서 이렇게 표현했다. "그러므로 여러분은 하나님의 능력의 손 아래로 자기를 낮추십시오. 때가 되면, 하나님께서 여러분을 높이실 것입니다." 어떻게 해야 할지 모르는 상황은 오히려 하나님의 강한 손이 우리 위에 있음을 알려준다. 그러므로 하나님은 우리와 함께하기 원하시며 우리가 하나님께 나아와 도움을 구하기를 기다리신다. 이 사실을 확신하고 자신을 낮추라. 우리의 필요를 채워주기에 가장 좋은 시기를 아시는 하나님을 기다리라. 그 알맞은 시기는 바로 이 확신을 꼭 붙들고 필요한 것을 주실 하나님을 기다리는 것이 충분히 훈련되었을 때이다.

세 번째 단계: 성경을 통해 나의 행동을 검증한다.

우리가 하나님이 생각하시는 때까지 하나님을 경배하며 하나님 앞에서 기다리면 하나님은 우리에게 필요한 것을 주실 것이다. 스티브의 경우에는 구체적이고 실제적인 것이 마음에 떠올랐다. 하나님은 관계에서 침묵하는 지혜나 해야 할 은혜로운 말, 또는 구체적인 행동을 알려주시기도 하고 때로는 그 관계와 상황을 통해 하시고 싶은 일을 미리 보여주시기도 한다. 그렇다면 마음속에 떠오르는 것이 하나님께로부터 왔는지 어떻게 알 수 있는가?

하나님이 성경을 우리에게 주셨기 때문에 우리는 마음에서 들려오는 것이 하나님에게서 왔는지를 성경을 통해 확증할 수 있다. 매일 성경을 읽고 마음을 하나님의 말씀으로 채우는 것이 중요한 이유가 여기에 있다. 우리의 생각과 견해가 하나님의 속마음과 뜻과 목적에 일치하는지를 검증할 수 있다. 하나님의 말씀을 잘 모르면 잘 아는 사람에게 물어 보라. 목사, 장로, 부모, 친구, 성경공부 인도자가 도움을 주기도 한다. 자신의 뜻을 굽히고 하나님의 말씀과, 하나님을 알고 하나님과 신실하게 동행하는 사람들을 따를 때 확신이 선다.

네 번째 단계: 하나님께 감사하고 실행한다.

하나님의 신실하심을 기뻐하고 감사하면 하나님은 영광받으신다. 하나님이 주신 말씀을 믿고 그대로 실행할 때 그 상황에서 우리의 예배는 완성된다. 하나님이 이끄시는 대로 순종하는 것은 하나님을 향한 감사의 표현이 될 수 있다. 히브리서의 저자는 이렇게 썼다. "그러므로 우리는 흔들리지 않는 나라를 받으니, 감사를 드립시다. 그리하여, 경건함과 두려움으로 하나님이 기뻐하시도록 그를 섬깁시다."(히브리서 12:28) 난감한 상황에서도 우리가 하나님을 예배하고 하나님이 우리에게 지혜를 주셔서 우리가 하나님과 함께 있음을 알게 될 때, 우리가 흔들리지 않는 나라에 살고 있다는 것이 입증된다. 이것이 우리의 믿음이다! 이 확신에 따라 우리는 하나님이 우리에게 주신 말씀을 하나님 앞에서 예배의 행동으로 삼는다. 하나님은 우리가 어떻게 해야 할지 모를 때 어떻게 대처할지를 깨닫는 지혜를 주셨다. 그러므로 영광과 찬송을 받으실 분은 하나님이시다. 우리가 이렇게 완전히 망가진 상태임에도 불구하고 하나님이 우리와 함께 계시고 우리에게 필요한 은혜를 주신다는 사실에 경외심을 품어야 한다.

무엇을 어떻게 해야 할지 모를 때 위의 단계들을 실천하면 삶 속에서 하나님의 신실하심을 발견하게 되고, 삶의 확신 또한 커지게 된다. 남자들이여, 주변 사람들은 우리에게 한결같음과 믿음직함과 지혜로움을 요구한다. 하지만 우리 스스로의 힘으로 타인이 기대하고 요구하는 사람이 될 수 있다고는 생각하지 말자. 우리는 자신이 무엇을 하는지 정확히 알고 자신의 힘과 지혜를 굳게 믿는 사람처럼 보일 이유가 없다. 그것은 삶에 무익한 자신감만 부추길 뿐이다. 오히려 우리는 어떻게 해야 할지 모르는 자신을 부끄러워하지 말고 인정해야 한다. 나아가서, 우리는 어떻게 해야 할지 모르지만, 어떻게 해야 할지를 알려 주시는 분에 대해서는 안다고 고백할 수 있다. 어떻게 하는 것이 그리스도 안에서 하나님의 아들로서 당당하게 사는 것인지를 보여주는 좋은 본보기가 되어 보자. 하늘에 계신 우리 아버지께서 아들 예수를 통해 길을 내셨으므로 우리는 그 예수를 통해 두려움 없이 살 수 있다. 어떻게 해야 할지 모를 때 예수님을 통해 하늘에 계신 아버지께 나아가기를 바란다.

 **요약**

무엇을 어떻게 해야 할지 모를 때……

- 하나님이 나와 함께 하심을 믿고 하나님께 도움을 구한다.

- 주님이 내게 필요한 것을 주시기를 바라며 적극 기다린다.

- 들은 것은 하나님의 말씀을 통해 검증한다.

- 하나님이 알려주신 대로 실행함으로 감사를 표현한다.

소모임 나눔

1. 하나님이 자신의 아들 안에서 주신 메시지가 내게 어떤 도움을 주는가?

2. 스스로를 믿는 남자와 하나님이 앞서 가시며 자신을 도우신다는 것을 믿는 남자의 차이에 대해 이야기해본다.

3. 하나님을 기다리는 것은 왜 어려울까?

4. 주님을 기다릴 걸 그랬다고 후회했던 경험을 나누어 본다. 결과가 어땠는가? 무엇을 배웠는가?

5. 이 장의 내용을 어떻게 적용할 것인가?

2장

인생의
폭풍을 만날 때
어떻게 해야 하는가?

What's a Man to do When Facing a Storm in Life?

인생의 폭풍을 만날 때 어떻게 해야 하는가?

삶은 폭풍의 연속이다. 우리는 타락한 세상에서 살고 있기에 시련, 고난, 관계의 어려움이 있을 수밖에 없다. 대부분은 크지 않고 종류도 각각이다. 화장실 휴지가 떨어져 당황하거나, 햇빛을 기대했는데 비가 내리거나, 타이어에 펑크가 나거나 하는 경우는 약한 폭풍이다. 가끔씩 강한 폭풍이 우리를 찾아온다. 죽을 뻔한 사고를 당하거나 아내와의 갈등이 길어지거나 혹은 직장을 잃게 되는 경우처럼 말이다. 훨씬 더 거대한 태풍이 우리를 덮칠 때도 있다. 이혼, 사랑하는 사람의 죽음, 모두가 두려워하는 자신의 죽음이다. 폭풍이 몰아칠 때 어떻게 해야 하는가? 당신은 대비책을 가지고 있는가?

습관적으로 반응하는가?

당신은 얼마나 자주 반사적으로 반응하는가? 잠깐 멈춰 서서 지금까지 얼마나 반사적으로 행동했는지 곰곰이 생각해 보자. 대부분의 삶은 날마다 반사적 행동을 반복한다. 그러나 많은 사람들이 자신의 말과 행동이 반사적이라고 의식하지 못한 채 살아간다.

반사적 행동이라고 항상 부정적인 것은 아니다. 우리는 좋은 사건이나 행동에는 좋게 반응한다. 반사적인 사람도 사람들과 환경이 좋으면 표정이 밝다. 날씨가 좋아서 전날보다 마음이 상쾌해지기도 한다. 뜻밖의 선물을 받으면 사랑받는 기분이 든다. 부모는 아이의 성적을 주변 사람들에게 자랑하기도 한다.

반사적으로 행동하고 있다는 사실을 스스로 의식하는 경우는 매우 드물다. 나는 폭풍을 만날 때 기계적으로 반응하는 대신 예수 그리스도 안에서 계시된 하나님의 진리에 마음의 닻을 내리고 머무는 방법을 이야기하고 싶다.

하나님에 대한 나의 생각이 시련에 대한 내 반응을 결정한다

하나님은 땅에 있는 사람이나 자연의 사건에 반사적으로 반응하실까? 하나님은 크기만 클 뿐 우리와 같으신가? 인생의 폭풍은 운명인가, 아니면 우연인가? 폭풍을 만날 때 어떻게 할지 알아내려면 폭풍을 둘러싼 큰 그림을 보아야 한다. 하나님을 믿는 사람이면 폭풍이 찾아왔을 때 당연히 하나님과 하나님의 목적을 생각해보아야 한다.

하나님을 생각할 때는 그분이 우리와 같지 않으시다는 사실을 알아야 한다. 하나님께 우연은 없다. 하나님은 어디에나 존재하신다. 하나님은 영원하시므로 그분께는 모든 것이 현재의 일이다. 하나님은 우리에게 일어날 일을 아신다. 그분은 단순히 미래를 내다보는 능력을 넘어서서 사람들의 사건을 통해 자신의 뜻을 이루어 가신다. 이는 하나님의 말씀이 계시해주는 사실이다. 하나님과 그분의 뜻에 관해 몇 가지 기본적인 구절을 살펴보자.

"그 아들은 보이지 않는 하나님의 형상이시요, 모든 피조물보다 먼저 나신 분이십니다. 만물이 그분 안에서 창조되었습니다. 하늘에 있는 것들과 땅에 있는 것들, 보이는 것들과 보이지 않는 것들, 왕권이나 주권이나 권력이나 권세나 할 것 없이, 모든 것이 그분으로 말미암아 창조되었고, 그분을 위하여 창조되었습니다. 그분은 만물보다 먼저 계시고, 만물은 그분 안에서 존속합니다."(골로새서 1:15-17)

"그러나 우리에게는 아버지가 되시는 하나님 한 분이 계실 뿐입니다. 만물은 그분에게서 났고, 우리는 그분을 위하여 있습니다. 그리고 한 분 주님이신 예수 그리스도가 계십니다. 만물이 그분으로 말미암아 있고, 우리도 그분으로 말미암아 있습니다."(고린도전서 8:6)

"그렇게 해서, 해가 뜨는 곳에서나, 해가 지는 곳에서나, 나 밖에 다른 신이 없음을 사람들이 알게 하겠다. 나는 주다. 나 밖에는 다른 이가 없다. 나는 빛도 만들고 어둠도 창조하며, 평안도 주고 재앙도 일으킨다. 나 주가 이 모든 일을 한다."(이사야 45:6-7)

"주님께서는 모든 것을 그 쓰임에 알맞게 만드셨으니, 악인은 재앙의 날에 쓰일 것이다."(잠언 16:4)

하나님의 목적을 우리가 전부 이해하는 것은 우리의 욕심임을 인정하자. 하나님의 말씀보다 위에 있다고 자처하는 인간의 이성은 하나님에 대한 위의 증언들에 반발할 수밖에 없다. 위의 증언들이 옳다면 삶에서 일어나는 재앙과 참사에도 합리적이고 거룩한 목적이 있다는 말이 된다. 그러나 자신의 안위만을 최고의 가치로 여기고 있다면, 재앙 가운데에서 하나님의 목적을 발견하는 것은 불가능한 일이다. 위에 언급한 이사야와 잠언의 증언은 특히 불신앙적 사고방식으로서는 도저히 이해할 수 없다. 상상조차 할 수 없는 재앙을 일으키는 악인들과 재난을 하나님이 의도적으로 창조하신다고 스스로 선언하기 때문이다. 이런 하나님이라면 하나님은 사랑이 아니라 재앙이 되므로 우리는 문제에 봉착할 수밖에 없다.

이러한 딜레마는 일어난 사건들을 우리의 기준에서 바라보고 평가하는데서 비롯된다. 하지만 하나님은 말씀하신다. "나의 생각은 너희의 생각과 다르며, 너희의 길은 나의 길과 다르다." 주님께서 하신 말씀이다. 하늘이 땅보다 높듯이, 나의 길은 너희의 길보다 높으며, 나의 생각은 너희의 생각보다 높다."(이사야 55:8-9) 예수님은 그분을 비웃는 자들에게 이렇게 말씀하셨다. "너희는 사람들 앞에서 스스로 의롭다고 하는 자들이다. 그러나 하나님께서는 너희의 마음을 아신다. 사람들이 높이 평가하는 그러한 것은 하나님이 보시기에 혐오스러운 것이다."(누가복음 16:15) 우리가 재앙과 비극적 사건들 속에서 하나님의 목적과 정의, 그리고 인간의 책임을 알고자 할 때 우리는 우리의 가치와 목적에 따라 생각하기가 쉽다. 그러나 하나님은 우리와 다른 분이시다.

삶의 시련에 대한 부정적인 반응은 자기 숭배의 반증이다

우리가 얼마나 반발하기를 좋아하는 사람인지를 평가할 때 반응의 초점을 생각해 보라. 바로 자기 자신이다. 대개 우리가 반발하는 이유는 일이 기대했거나 원했던 대로 풀리지 않기 때문이다. 그렇지 않은가? 하나님과 사람에 대한 반응은 이런 표현으로 나타나기도 한다. "내가 하나님이면 절대로 그렇게 안 하겠어!" "하나님, 제게 한 마디 말씀도 없이 이렇게 하시면 저는 어떡합니까? 어째서 저런 사람을 가만히 두십니까? 이건 아니죠!" 사람이나 사건을 행복이나 의미나 힘의 원천으로 여기는 행위는 우상 숭배다. 복을 주겠다고 말하면서 자신을 섬기라고 유혹하는 사탄에게 예수님은 이렇게 답하셨다. "주 너의 하나님께 경배하고, 그분만을 섬겨라."(누가복음 4:8) 삶에 시련이 왔을 때, '나같으면 이런 폭풍을 계획하지 않았을거야!'라고 반응하는 태도는 다름아닌 '하나님이 이 폭풍을 보내시기 전에 나와 상의하셨어야 했어!'라는 의미이며, 이것은 바로 자기 자신을 최우선으로 생각하는 가치관에서 나온 것이다.

모든 시련에는 하나님의 선한 목적이 있다

그리스도를 믿는 사람은 자신에게 비극이 일어나더라도 '모든 일이 서로 협력하여 선을 이룬다.'는 사실을 믿는 사람이다. 하나님의 관점에서 재앙과 재난은 좋은 목적을 가지므로 우리는 그 목적을 알고 알맞게 대응하기 위해서 그리스도 안에 마음의 닻을 내리고 머물러야 한다. 하나님은 세상의 기초를 흔들어놓는 시련들 속에 어떤 선한 목적을 갖고 계시는가?

위 질문에 답하려면 먼저 하나님의 목적과 선하심에 대해 알아야 한다. 우리는 하나님의 생각과 그분의 길을 이해하기 어려울 때가 많다. 하지만 하나님은 우리가 꼭 알아야 할 것을 성경 말씀으로 이미 주셨다. 이해가 되든 안 되든 우리의 확신은 그 말씀에 있다.

모든 피조물과 역사의 목적은 하나님 아버지와 아들 예수 그리스도의 관계에서 비롯된다. 하나님은 예수님을 만물 중에 첫째가 되게 하셨다. "그분은 교회라는 몸의 머리이십니다. 그는 근원이시며, 죽은 사람들 가운데서 제일 먼저 살아나신 분이십니다. 이는 그분이 만물 가운데서 으뜸이 되시기 위함입니다. 하나님께서는 그분의 안에 모든 충만함을 머무르게 하시기를 기뻐하시고, 그분의 십자가의 피로 평화를 이루셔서, 그분으로 말미암아 만물을, 곧 땅에 있는 것들이나 하늘에 있는 것들이나 다, 자기와 기꺼이 화해시켰습니다."(골로새서 1:18-20)

역사의 모든 것은 하나님과 화해된 것이지, 우리와 화해된 것이 아니다. 주인공은 우리가 아니라 하나님이시다. 하나님은 예수 그리스도께서 십자가에서 하신 일을 통해 만물과 기쁘게 화해하셨다. 이 말은 역사상 행해진 모든 악한 행동이 예수님을 통해 하나님과 연결되어 있다는 뜻이기도 하다. 하나님이 어떻게 비극적인 사건을 통해서도 선을 이루시는지에 대한 사례를 살펴보자.

- 어떤 남자가 한 소녀에게 끔찍한 범죄를 저질렀다. 예수님은 그의 책임을 물으시고 영원한 정의를 이루신다. 그의 책임이 확실해지고 공정한 처벌이 이루어지게 된다.

- 이 소녀가 수시로 예수님께 나아가고 예수님이 땅에서 고통당할 때 위로받으신 것처럼 이 소녀가 예수님께 위로를 받으면, 우리의 고통을 이해하시는 예수님의 사랑을 찬양하는 것이 된다.
- 예수님이 우리의 죄 때문에 십자가에서 행하신 일을 믿는 믿음으로 소녀가 가해자를 용서하면 예수님을 따르는 것이며 예수님께 영광을 돌리는 것이다.
- 소녀와 가족들이 그리스도의 용서를 알지 못하고 하나님의 선하신 목적과 위로하심을 믿지 못하고 원망과 증오심을 키우게 되면, 믿지 않는 사람의 마음은 완고해지고 짓눌리게 된다는 하나님의 말씀이 입증된다.
- 가족과 친구들이 예수 그리스도의 긍휼로 소녀를 위로하면 예수 그리스도가 영광을 받으신다.
- 정부가 성경적인 법률에 따라 범인을 기소하면 하나님의 법이 높여지고 확립된다.
- 이 소녀가 신자인데 남자의 폭행으로 죽음에 이르게 되면, 하나님의 임재하심과 위로하심이 모든 고통과 슬픔을 사라지게 하는 천국으로 하나님께서 소녀를 옮기신 것이다. 하나님 앞에서 이 소녀는 하나님의 지혜와 목적을 보고 예수 그리스도께서 십자가에서 하신 일과 그분의 의로운 삶을 통해 주어진 영원한 위로를 누리게 된다.

하나님은 모든 역사의 사건들이 예수 그리스도 안에서 요약된다고 말씀하셨다.

> "그리스도 안에서 미리 세우신 하나님이 기뻐하시는 뜻을 따라 하나님의 신비한 뜻을 우리에게 알려 주셨습니다. 하나님의 계획은, 때가 차면, 하늘과 땅에 있는 모든 것을 그리스도 안에서 그분을 머리로 하여 통일시키는 것입니다."(에베소서 1:9-10)

이 땅에서 인간의 역사가 끝날 때에, 우리 모두는 그의 목적대로 모든 역사의 사건을 이끌어가신 예수 그리스도가 높임을 받는 것을 보게 될 것이다. 이것은 하나님의 도움 없이는 이해할 수 없는 신비이다. 우리의 본성으로는 이것을 알 수 없지만 이제 우리가 그 신비를 밝히 깨닫게 된 이상 우리는 하나님의 관점에서 만물의 가치가 예수 그리스도를 높이는 데 있음을 의식해야 한다. 땅이 만들어지고 역사가 시작되기 전에, 하나님은 만물을 자신의 아들에게 주시고 오른편에 그를 앉히시고 하늘과 땅의 전권을 그에게 주심으로 아들에게 사랑을 표현하셨다. 그리고 그 아들이 창조와 역사 속에서 아버지의 즐거움과 뜻을 알고 행할 때 그것은 아버지를 향한 아들의 사랑의 표현이 되었다.

우리가 구원받은 것은 하나님 아버지께서 아들과 맺은 언약 때문임을 이사야서 53장은 알려준다. 이 언약에는 하나님이 자신의 아들에게 자신의 백성을 대속하는 영광스런 과업을 맡기시면서 보여주신, 아들에 대한 아버지의 사랑과 신실함이 나타나 있다. 또한 아버지의 백성을 대신해 기꺼이 속죄 제물이 되어 아버지가 기뻐하시는 뜻을 이룸으로 확인된, 아버지에 대한 아들의 사랑과 신실함 또한 빛나고 있다. 역사상 유일하게 무죄한 예수님이 하나님께 매를 맞으셨다. 이사야는 이렇게 썼다. "주님께서 그를 상하게 하고자 하셨다. 주님께서 그를 병들게 하셨다. 그가 그의 영혼을 속건 제물로 여기면, 그는 자손을 볼 것

이며, 오래오래 살 것이다. 주님께서 세우신 뜻을 그가 이루어 드릴 것이다."(이사야 53:10)

제자들은 하나님이 악행을 통해서도 선한 목적을 이루신다는 사실을 믿었다. 사도행전 4:27-28에서 그들은 사람들이 예수님께 저지른 끔찍한 악행을 하나님의 관점에서 바라보고 있다. "사실, 헤롯과 본디오 빌라도가 이방 사람들과 이스라엘 백성과 한패가 되어, 이 성에 모여서, 주님께서 기름 부으신 거룩한 종 예수를 대적하여, 주님의 권능과 뜻으로 미리 정하여 두신 일들을 모두 행하였습니다." 그들은 폭력, 폭언, 조롱, 옷을 벗겨 부끄럽게 함, 거짓말, 기만, 예수님을 살해한 행위가 궁극적으로 하나님의 선한 목적에 사용되었다고 믿었다.

그렇다고 그들이 십자가 사건을 늘 이런 관점으로만 받아들인 것은 아니다. 사건이 발생한 직후에는 제자들도 남들처럼 반응했다. 도망쳤고, 주님을 부인했고, 숨었고, 몹시 괴로워했다. 그러나 이런 반응이 지속되지는 않았다. 부활하신 그리스도를 직접 만나고 나서 하나님의 말씀에 이런 일들이 어떻게 계시되었는지를 배우게 된 제자들은 살아 계신 하나님에 대한 진리 안에 마음의 닻을 내릴 수 있게 되었다. 인류 역사상 최대 비극을 통해 하나님은 자신의 백성을 구원하는 하나님의 선한 뜻을 이루셨다. 하지만 이 사건에서도 악한 자들은 자기의 행동에 책임을 져야 했다.

예수 그리스도 안에 마음의 닻을 내린다

폭풍을 만날 때 하나님과 그분의 뜻을 어떻게 이해해야 하는가? 하나님은 자신의 아들, 예수 그리스도를 통해 하나님의 능력과 영광이 우리 안에 있게 되었음을 크고 작은 사건들을 통해 알려주신다. 우리는 이 변하지 않는 진리 안에 머물러야 한다. 이제 사건과 사람들에게는 그만 반응하자. 우리의 그런 반응들은 우리 안의 공허감을 드러내고, 하나님과 그분의 뜻에 대해 만족하지 못한다는 표현일 뿐이다. 이제 우리는 어려움 속에서도 은혜의 보좌로 나아가 하나님께 자비와 은혜를 얻을 수 있게 되었다.

그리스도 안에 마음의 닻을 내리고 그분을 의지하면 우리는 하나님과의 관계를 통해 충만하게 된다. 하나님은 상황을 통해 우리 속이 무엇으로 가득 채워져 있는지를 보여주신다. 자기 자신으로 가득 채워져 있는 사람은 부정적으로 반응한다. 하지만 그리스도로 가득 채워져 있으면 우리는 사랑, 기쁨, 평화, 믿음, 진실, 슬픔 등 그 상황에 필요한 성령의 열매를 통해 예수님의 삶을 드러낼 수 있게 된다. 하나님은 우리가 그리스도 안에서 살아가기를 원하신다. 이것이 충만한 삶이다. 우리가 예수 그리스도로 충만한 삶을 살려면 우리는 하나님이 우리 삶에 두신 사건과 사람들에게 잘못 반응한 일들을 회개하고 우리의 믿음을 적극적으로 실천해야 한다. 우리는 삶의 모든 사건이 하나님 아버지와 그 아들 예수 그리스도의 관계에서 비롯된다는 사실을 받아들여야 한다. 여기서 성령의 능력이 필요하다.

성령은 우리에게 하나님의 일을 계시해 주신다(고린도전서 2:10-13). 하나님의 목적이 우리 삶에서 이루어지고 있음을 인정하고 하나님을 높이며 그리스도 안에 닻을 내리고 그분을 의지할 때, 우리는 매 순간 성령으로 충만하여 그리스도의 삶을 드러낼 수 있게 된다. 그리스도로 충만한 이러한 삶을 당신이 더욱 치열하게 살기를 기도한다.

하나님께 나아간다 - 예수 그리스도를 높인다

예수 그리스도가 살아 계시고 만물이 그분의 능력의 말씀으로 다스려진다는 사실을 믿으면 환경이나 사람들에게 반응하기 전에 먼저 그리스도께 나아가게 된다. 이로써 은혜의 보좌에 단단히 정박하여 자비와 은혜를 얻고 필요한 도움을 받게 된다. 우리는 싸울 힘을 얻고, 고난 중에서 기쁨을, 혼란 속에서 평안을, 고통 중에서 위로를, 미운 사람 앞에서 사랑을, 그 순간에 필요한 지혜를 발견하게 된다. 하나님께 나아가는 것은 우리의 믿음으로 예수 그리스도를 높이는 것이다. 이는 하나님께서 자신의 존재를 드러내시는 예배의 과정이기도 하다.

폭풍에 당당히 맞선다

만물의 근원이신 하나님을 바라보는 것이 예배의 마음가짐이다. 힘든 상황을 주님 앞에 내려놓고 주님이 우리를 통해 능력을 드러내실 것을 감사드리자. 우리는 어떤 폭풍이든 복음으로 당당히 맞설 수 있다. "주님께서 친히 말씀하시기를 '내가 결코 너를 떠나지도 않고, 버리지도 않겠다.' 하셨습니다. 그래서 우리는 담대하게 이렇게 말합니다. '주님께서는 나를 도우시는 분이시니, 내게는 두려움이 없다. 누가 감히 내게 손댈 수 있으랴?'"(히브리서 13:5-6)

자기 자신을 믿으라는 말이 아니다. 바울이 빌립보 사람들에게 이것을 잘 설명했다. "하나님의 영으로 예배하며, 그리스도 예수 안에서 자랑하며, 육신을 의지하지 않는 우리들이야말로, 참으로 할례 받은 사람입니다"(빌립보서 3:3) 하나님의 영으로 충만하여 겸손하고 당당하게 인생의 폭풍에 맞서고, 예수 그리스도 안에 머물며 은혜와 자비의 보좌에 나아가 필요한 도움을 얻음으로 당신의 인생 가운데서 예수 그리스도를 높이라(히브리서 4:16).

적용

지금까지 만난 과거와 현재의 시련을 하나하나 적어보라. 예수 그리스도를 통해 하나님을 경배함으로 그 폭풍들에 맞서지 않았다면 당장 회개하고 하나님께 온전한 경배를 드리자. 폭풍을 하나님 앞에 내려놓고, 우리를 훈련하여 복음을 적용하고 하나님께 나아가 경배하게 하시려는 그분의 목적을 인식한다. 위의 단계를 따라 폭풍에 맞서면서, 하나님께서 우리를 만나주시고 필요한 은혜를 주시기를 기다린다. 하나님의 은혜에 따라 예수 그리스도를 통해 하나님의 보좌와 능력과 임재를 경험할 특권을 주신 하나님을 경배하고 찬양하며 감사를 드리자.

요약

시련 속에서 어떻게 해야 하는가?

다음의 행동으로 예수 그리스도 안에 닻을 내리고 안심한다.

- 하나님이 일하지 않으셔서 내 인생에 폭풍이 찾아오는 것이라고 생각하지 않는다.

- 우리 인생에서 자신의 능력을 드러내시려는 하나님의 선한 목적을 받아들인다.

- 폭풍 속에서 예수 그리스도를 믿고 그분을 의지한다.

- 예수 그리스도를 통해 하나님께 나아가 폭풍 속에서 하나님을 찬양한다.

- 은혜와 자비를 주셔서 우리를 도와주시기를 기도한다.

◼︎ 소모임 나눔

1. 삶의 폭풍에 나는 어떤 식으로 반응하는가?

2. 이 장을 읽고 하나님에 대한 생각이 어떻게 바뀌었는가?

3. 폭풍 속에서 나타나는 반응과 자기 자신을 사랑하는 마음의 관계를 이야기한다. 어떻게 생각하는가?

4. 최근 또는 현재 내 삶의 폭풍에 대해 나누어 보자. 이 장의 진리를 알았더라면 상황이 다르게 진행되었을 것이라고 생각하는가?

5. 이 내용을 어떻게 적용할 것인가?

3장

재정을 지혜롭게 결정하려면 어떻게 해야 하는가?

What's a Man to do When Making Financial Decisions?

재정을 지혜롭게 결정하려면 어떻게 해야 하는가?

　재정을 어떻게 사용할지 결정하는 것은 아주 중요하다. 워싱턴 D. C.의 저명한 이혼 전문 변호사, 존 싸이든은 말한다. "제가 처리하는 이혼 소송의 90%가 재정 문제 때문에 발생합니다."[1] 싸이든의 경우 외에도 내가 확인한 다양한 통계 자료가 모두 한결같이 재정결정에 필요한 지혜의 중요성을 강조하고 있다. 대부분의 가정에서 남자가 가정의 재정을 관리하고 있는 것으로 드러났지만 설문 조사에 응한 대부분의 부부는 재정관리는 서로 협력해야 한다는 사실에 동의하고 있었다.

　당신은 재정을 지혜롭게 사용하는가? 지혜로운 재정관리 원칙을 따르는가 아니면 그 상황에 옳게 여겨지는 자신의 판단을 따르는가? 이번 장에서는 재정을 결정할 때 성경의 가르침을 따르는 자세에 대해 깊이 생각해 보려 한다.

그리스도인으로서 삶의 원칙을 적용한다

무엇이든 결정해야 하는 상황에서 우리에게는 위에서 내려오는 지혜가 필요하다. 야고보는 그의 짧은 서신에서 근본이 다른 두 가지 지혜에 관해 이야기했다. 하나는 땅과 육신과 악마의 지혜이고 다른 하나는 위에서 내려오는 지혜이다.

"여러분 가운데서 지혜 있고 이해력이 있는 사람이 누구입니까? 그러한 사람은 착한 행동을 하여 그의 행실을 나타내 보이십시오. 그 일은 지혜에서 오는 온유함으로 행하는 것이어야 할 것입니다. 여러분의 마음속에 지독한 시기심과 경쟁심이 있으면 자랑하지 말고, 진리를 거슬러 속이지 마십시오. 이러한 지혜는 위에서 내려온 것이 아니라, 땅에 속한 것이고, 육신에 속한 것이고, 악마에게 속한 것입니다. 시기심과 경쟁심이 있는 곳에는 혼란과 온갖 악한 행위가 있습니다. 그러나 위에서 오는 지혜는 우선 순결하고, 다음으로 평화스럽고, 친절하고, 온순하고, 자비와 선한 열매가 풍성하고, 편견과 위선이 없습니다. 정의의 열매는 평화를 이루는 사람들이 평화를 위하여 그 씨를 뿌려서 거두어들이는 열매입니다."(야고보서 3:13-18)

야고보의 말에 따르면 시기심과 경쟁심은 세속적, 동물적, 악마적 '지혜'이며 혼란과 온갖 악을 낳는다. 우리가 하나님이 주신 것에 만족하지 못하고 남들이 가진 것을 더 원할 때, 우리의 분별력은 흐려진다. 재정을 결정할 때 무엇이 나에게 잘 맞고 나의 야망을 앞당겨 이뤄줄지를 우선으로 생각한다면 분명 나중에 혼란이 생길 것이다.

위에서 내려오는 지혜는 모든 결정의 순간에 예수 그리스도를 제일 먼저 생각하기를 요구한다. 바울이 골로새 사람들에게 쓴 편지에 이를 아주 잘 설명했다.

"그분은 교회라는 몸의 머리이십니다. 그는 근원이시며, 죽은 사람들 가운데서 제일 먼저 살아나신 분이십니다. 이는 그분이 만물 가운데서 으뜸이 되시기 위함입니다."(골로새서 1:18)

"누가 철학이나 헛된 속임수로, 여러분을 노획물로 삼을까 조심하십시오. 그런 것은 사람들의 전통과 세상의 유치한 원리를 따라 하는 것이요, 그리스도를 따라 하는 것이 아닙니다."(골로새서 2:8)

세상에도 지혜라고 부르는 것이 있지만 결국 자기 자신을 가장 먼저 생각하는 것이다. 그리스도를 따르고 마음으로 그분을 높이면 우리는 결정을 내릴 때 우리 자신의 이익보다 그분의 이름과 그분의 백성과 타인에게 미칠 영향을 먼저 생각하게 된다. 바울은 빌립보서에서 대단히 중요한 원리를 우리에게 알려준다. "여러분은 오로지 그리스도의 복음에 합당하게 생활하십시오."(빌립보서 1:27) 재정을 지혜롭게 결정하려면 어떻게 해야 할까? 바울은 예수 그리스도의 복음을 위해 살려는 목적에 걸맞은 선택을 강조한다.

하나님이 공급하셨는가?

첫 번째 원리는 하나님이 이미 하신 일에 따라 재정을 사용하는 것이다. 신자인 우리는 하나님이 만물을 경영하시고(히브리서 1:3) 만물이 하나님에게서 나오고 하나님을 위해 존재함(골로새서 1:16)을 안다. 지출을 결정할 때 특히 이 사실을 염두에 두어야 한다. 하나님이 공급해 주신 돈이 이 지출을 위해서인지를 스스로 물어보아야 한다.

대부분의 상황에서 하나님은 우리의 직업을 통해 우리가 쓸 돈을 공급하신다. 남자들의 일에 대한 하나님의 뜻은 남자들이 살기 위해서 일하는 것이지 일하기 위해 사는 것이 아니다. 우리가 하나님이 공급하시지 않은 돈을 사용하려 하거나 예상되는 수입의 한계를 넘어서 지출하게 되면 경제적으로 쪼들리고 빚을 질 수 밖에 없게 된다. 이 첫 번째 원리를 무시하고 하나님을 믿으니까 우리가 하고 싶은 것들에 필요한 돈을 그분이 공급해주실 거라고 생각하면, 그것은 추측이지 믿음이 아니다. 세상의 지혜로 인해 삶의 질서가 무너지면 부부 사이의 신뢰와 안정도 깨지게 된다.

누구를 닮으려 하는가?

야고보서 3장에 따르면 세상의 지혜는 혼란을 일으킨다. 세상의 문화에는 야고보가 세속적이고 동물적이고 악마적이라고 했던 그들의 '생활 방식'이 있다. 당신이 살고 있는 곳의 사람들은 어떤 식으로 돈을 사용하는가? 생활 방식은 어떠한가? 당신은 하나님이 아니라 세상 사람들을 따르려 하는가? 예수님은 돈과 하나님의 공급하심을 하나님의 나라와 연관지어 설명하셨다. "너희는 먼저 하나님의 나라와 하나님의 의를 구하여라. 그리하면 이 모든 것을 너희에게 더하여 주실 것이다." (마태복음 6:33)

우리가 타인에게 그들과 같아지고 싶다는 점을 보여주기 위해서는 그들과 통하는 부분이 있어야 한다고 느낀다. 그리고 이러한 결속으로 어떤 유익을 얻기를 바란다. 인기나 지식, 인정이나 사회적 신분상승, 혹은 재정적 성공을 마음속으로 기대할지도 모른다. 이런 것을 바라는 마음 자체가 악한 것은 아니지만 이를 추구하는 방식에 따라 악이 될 수도 있다. 하나님만 주실 수 있는 것을 세상에서 찾고 그 문화를 따르려고 노력하는 것은 창조주보다 문화를 더 높이고 섬기는 것이다(로마서 1:25). 바울은 사람이 그런 생활 방식을 추구하는 이유는 그가 어리석고 마음이 어두워졌기 때문이라고 썼다. 바울의 말에 따르면 더 큰 문제는 그런 삶이 하나님의 진노 아래 있다는 사실이다(로마서 1:18-22).

누군가와 결속되려고 노력할 때 우리는 대개 그의 가치관을 알아본 후에 우리도 똑같은 가치관이 있음을 무의식적으로 암시한다. 관계는 이런 식으로 시작되고 유지된다. 이 관계가 강해질수록 우리가 원하는 것을 얻으려는 마음은 커지게 된다. 바로 이 때가 문화에 동화되는 것과 재정을 지혜롭게 결정하는 것 사이의 갈림길이다. 우리를 형통하게 하고 우리의 성공을 도우시는 분이 하나님임을 우리가 믿지 못하고 우리의 문화 속 사람들과의 유대감을 의지하면, 그들이 결정하는 대로 따라가게 된다. 그러면 우리 삶은 하나님의 나라를 무시하고 하나님의 우선순위를 모르는 그들의 삶과 결국 다를 것이 없게 된다.

당신의 지출이 문화에 좌우되는 경우가 얼마나 많은가? 이웃, 친구, 직장 동료들과 함께하기 위해 하나님이 공급하시는 선을 넘어 세상에 빚지려 하는가? 삶에 대한 주님의 뜻과 그분의 우선순위를 찾는 대신 친구들이 돈을 쓰는 곳에 함께 하는가? 우리가 돈을 사용할 때 어떤 사람인지가, 우리의 정체성을 드러낸다.

당신은 하나님의 자녀인가, 아니면 이 세상의 자녀인가? 바라건대 명성, 권력, 부와 같은 이 세상의 신들을 바라지 말고 하나님의 나라와 예수 그리스도를 닮아가기를 소망하라. 그리스도 안에서 만족감을 누리려면, 그리스도를 닮으려는 마음으로 재정을 사용해야 한다.

문화에 동화되어 재정을 사용하면 혼란, 갈등, 공허가 생긴다. 그리스도인을 자처하는 사람들이 주변 문화에 자신들이 어떤 선한 영향력을 미칠지에 대해서는 전혀 신경 쓰지 않으면서 자신의 욕구를 채우는 데에만 급급하다면 그리스도의 대의는 짓밟히고 만다. 이런 사람은 예수님께서 피로 자신을 사셨으니 자신이 자신의 것이 아니고, 더 이상 자신을 위해 살 수 없으며 그분을 위해 살아가도록 부름받은 존재라는 사실을 의식하지 않는 듯하다. 믿는다고 하면서도 자신의 욕망을 따르는 사람은 하나님 나라의 가치관과 삶의 우선순위가 어긋나기 때문에 그리스도의 몸에 분열을 가져온다. 상반된 목표를 추구하다가 그리스도의 지체들 사이에 갈등이 생기는 경우를 우리는 자주 보게 된다. 평생토록 자신의 왕국을 쌓아가던 사람은 하나님의 참된 부를 누리지 못한 채로 결국 이곳에 모든 것을 남겨두고 영원한 세상에 들어가게 된다. 그때 가면 손해가 막심하다. 이것이 당신의 이야기가 되지 않기를 바란다. 그러므로 당신의 우선순위를 다시 살펴볼 필요가 있다.

하나님의 우선순위를 따르는가?

위로부터 내려오는 지혜는 질서를 가져온다. 확실하다. 우리의 결정은 하나님의 우선순위를 반영하는 것이어야 한다. 실제적인 예를 생각해보자. 우리가 책임지고 부양해야 하는 사람들의 기본적 필요를 채우고 나서 돈이 남았다면, 하나님이 공급하신 것이 분명하다. 하나님은 그분의 성전인 우리 몸의 기본 필요와 같은 가족의 기본 필요를 채워 주시겠다고 우리에게 약속하셨다. 예수님은 이렇게 말씀하셨다. "그러므로 무엇을 먹을까, 무엇을 마실까, 무엇을 입을까, 하고 걱정하지 마라. 이 모든 것은 모두 이방사람들이 구하는 것이요, 너희의 하늘 아버지께서는, 이 모든 것이 너희에게 필요하다는 것을 아신다."(마태복음 6:31-32)

주거, 음식, 옷, 건강관리, 기부 등 가족의 기본적인 필요를 채우는 일에 소홀하면서 다른 일에 돈을 쓰면 하나님이 정하신 순서를 무시하는 것이다. 바울은 데살로니가 사람들에게 말했다. "우리가 여러분에게 명령한 대로, 조용하게 살기를 힘쓰고, 자기 일에 전념하고, 자기 손으로 일을 하십시오."(데살로니가전서 4:11) 다른 일들로 인해 가족의 필요가 채워지지 못하게 되는 일이 없도록 지출을 결정해야 한다. 하나님이 정하신 순서를 생각해보자.

아내와 대화했는가?

결혼한 남자는 예수 그리스도 다음으로 자신의 아내를 생각해야 한다. 아내가 두 번째로 중요한 우선순위인 셈이다. 결혼 생활에서 남자가 재정 사용에 대해 아내와 대화하지 않으면 아주 큰 문제가 일어난다. 이런 일이 생기는 이유는 때때로 남자가 자신이 원하는 것에 집착해서 그것과 반대되는 견해를 듣고 싶어 하지 않기 때문이다. 남자의 교만과 이기심 때문이다. 아내에게 나의 결정을 일방적으로 통보하여 충격을 줄 것이 아니라 먼저 아내와 이야기하고 아내의 조언을 듣는 것이 아내를 사랑하는 행동이고, 더불어 그리스도를 높이는 일이다. 궁극적으로 어떤 결정이 아내에게 유익한 것이 될까? 이대로 결정하면 아내가 난처해 하지는 않을까? 아내의 의견을 무조건 따라야 한다는 말이 아니라, 가정의 재정을 관리할 때 아내와 소통하고 존중하라는 뜻이다.

부부가 일치하여 재정결정을 내리는 것은 신학적으로도 옳다. 큰 지출일수록 그렇다. 구매나 지불 약속이나 선물에 대해 서로 상의 없이도 쓸 수 있는 한도를 정해놓는 것도 좋다. 한도를 넘는 것은 지출하기 전에 먼저 주님과 의논하고 배우자와 상의하라.

주님은 의견 차이를 통해 우리의 믿음을 단련하신다. 아내와의 의견 차이를 어떻게 해결하는지는 14장에서 살펴보겠다. 아내가 내 말에 동의하도록 아내를 압박하고 싶은 유혹이 자주 찾아온다. 진심으로 하나님의 뜻에 따라서 결정하고 싶다면, 절대로 아내로 하여금 남편과의 관계에서 버림받는 공포를 느끼게 해서는 안 된다.

하나님이 자신의 뜻을 직접 보여주시기 전까지 우리는 하나님의 뜻을 절대로 확실히 알 수 없다. 주님이 아내의 마음과 생각 속에서 일하시도록 기다리자. 당신의 생각을 전달하고, 아내의 이야기에 귀기울여보자. 서로 생각이 다르다면 함께 주님께 나아가 그 차이를 해결해 달라고 주님께 기도하라. 예배하고 기도하는 과정에서 하나님이 그분의 뜻을 알려주실 것이다. 하나님이 둘 중 한 사람의 생각을 곧바로 바꾸실 수도 있다. 그러면 두 사람 다 서로의 미묘한 말과 행동에 필요 이상으로 예민해지지 않고 흐트러짐 없이 하나님의 말씀에 귀 기울일 수 있다.

주님은 재정결정의 과정을 통해서 부부가 각자의 모습을 깨닫도록 가르치신다. 삶의 폭풍은 우리 안에 무엇이 가득 찼는지를 보여준다. "마음에 가득 찬 것을 입으로 말하는 법이다."(마태복음 12:34) 지출을 결정할 때 우리 속에 감춰져 있던 이기심, 탐욕, 교만, 두려움이 드러나기도 한다. 결정을 내려야 하는데 배우자가 다른 의견을 고집하는 상황과 맞닥뜨릴 때 우리는 자신이 얼마나 영적으로 나약한지를 절실히 느끼게 된다.

재정을 결정할 때 생기는 갈등을 통해 부부는 보답을 바라지 않고 상대방의 가장 큰 유익을 원하는 마음, 하나님의 사랑을 경험할 기회를 얻게 된다. 갈등에 빠진 고린도 사람들에게 바울이 한 말이 정확하다. "하기야 여러분 가운데서 바르게 사는 사람들이 환히 드러나려면, 여러분 가운데 파당도 있어야 할 것입니다."(고린도전서 11:19) 여기서 '바르게 사는 사람들'이란 갈등 중에도 사랑하는 사람들을 뜻한다. 의견 차이는 아내를 제대로 사랑할 수 있는 기회이다.

나의 아내는 내가 내 주장을 강요하지 않을 때 가장 사랑받는다고 느낀다고 말해주었다. 내가 주님이 아내의 마음에 일하실 것을 믿고 주님을 기다릴 때, 아내는 내게서 사랑을 느꼈다. 아내가 마음이 왠지 개운치 못하다고 할 때 종종 나는 잘못된 결정을 내리려 하고 있었다. 주님께서는 내 생각에 선뜻 동의하지 못하는 그녀를 통해 실수하려는 나를 여러 번 보호해주셨다. 그러므로 재정문제로 아내와 대화할 때 아내가 그 문제에 대해 자신이 생각하는 하나님의 뜻을 솔직히 털어놓을 수 있도록 도와주어야 한다. 아내가 두려워하기 시작하면 대화는 무의미할 것이다. 가급적 어떤 결정을 내리기 전에 그 문제에 대해 주님 안에서 두 사람의 마음이 합해질 때까지 기다리라. 만약, 당장 결정을 내려야 하는 상황이라면 어떻게 해야 할까?

그리스도와 이웃을 사랑하는 마음으로 결정한다

때로는 정해진 시간 내에 결단을 내려야 할 때가 있다. 두 사람의 의견이 일치하기 힘든 경우에는 하나님은 우리가 하나님과 이웃에게 사랑을 표현하는 방향으로 결정하기를 바라신다. 내가 아는 최선의 관점에서 어떤 결정이 하나님의 이름을 높이고 이웃을 섬기는 가장 좋은 선택일까? 예수님 앞에 서서 지금 내린 이 결정에 대해 설명해야 하는 순간이 왔을 때, 어떤 선택이 우리를 더 뿌듯하게 해 줄까? 물론 주님이 기뻐하시는 쪽이 정답일 것이다. 어떤 결정을 그분이 가장 기뻐하실지 확실히 알겠는가? 이웃을 생각할 때는 황금률을 적용하자. 당신이 대우받고 싶은 대로 그들을 섬기라.

다른 사람의 필요를 채워준다

다음 구절에서 바울은 고린도 사람들에게 궁핍한 성도들의 필요를 채워주기를 당부하고 있다. "각자 마음에 정한 대로 해야 하고, 아까워하면서 내거나, 마지못해서 하는 일은 없어야 합니다. 하나님께서는 기쁜 마음으로 내는 사람을 사랑하십니다."(고린도후서 9:7) 바울은 로마 신자들에게, 성도들에게 필요한 것을 공급하라고 적었다(로마서 12:13). 이 두 구절에 따라 우리는 궁핍한 사람들에게 우리의 것들을 기쁜 마음으로 나누어야 한다. 이 일에 돈을 따로 준비해 두었는가? 지출을 살펴보고 하나님께 사랑받는 '기쁜 마음으로 주는 사람'이 되자. 마음이 즐겁지 않다면, 현실을 받아들이고 하나님 나라를 확장하는 일에 기꺼이 투자할 수 있는 마음을 달라고 하나님께 진지하게 기도하라.

자신과 주변 사람들을 나의 연약한 부분으로부터 보호한다

"주 예수 그리스도로 옷을 입으십시오. 정욕을 채우려고 육신의 일을 꾀하지 마십시오."(로마서 13:14) 이 구절을 읽으며 성적인 유혹을 떠올리기 쉽지만, 나는 재정을 사용할 때도 적용된다고 확신한다. 빚으로부터 벗어날 의지가 약하다면 스스로를 지켜야 한다. 재정관리 전문가들은 하나님이 공급하시지 않은 돈을 사용하려는 유혹을 막으려면 신용카드를 해지하라고 조언한다. 저명한 금융관리 전문가 데이브 램지는 이렇게 말한다. "신용카드는 언제나 나쁘다. 신용카드를 쓰면 반드시 더 쓰게 된다. 현금을 내면 돈이 빠져나가는 걸 '느낄' 수 있지만 신용카드는 전혀 그렇지 않기 때문이다."[2]

지금 카드빚이 있다면 어떻게 하는 것이 아내를 사랑하는 일인지를 생각해 봤는가? 남편이 죽으면 아내가 그 빚을 전부 떠안게 된다. 사랑은 타인의 이익을 추구하는 것이다. 카드를 다 해지하고 신용카드 빚을 정리하면 아내에게 큰 도움이 된다. 소액이라도 매달 상환금을 갚아서 빚을 줄이자. 작은 빚부터 큰 빚까지 차례대로 전부 상환하자. 몇 년이 걸리더라도 실현 가능한 선에서 단계별로 빚을 갚아나가는 과정이 중요하다. 재정관리에 도움이 되는 강의가 많이 있다. 수입과 지출을 결정하는 데 자신이 부족하다는 생각이 들면 전문가들에게 과감하게 도움을 요청하라.

요약

재정을 지혜롭게 사용하려면 어떻게 해야 하는가?

- 그리스도인으로서 기본적인 삶의 원리를 적용한다.

- 하나님이 공급하신 것 외에는 쓰지 않는다.

- 그리스도와 그분의 나라 안에서 나의 정체성을 찾는다.

- 하나님의 우선순위를 따른다.

- 아내와 대화한다.

- 다른 사람의 필요를 채워준다.

- 당신과 주변 사람들을 당신의 연약한 부분으로부터 보호한다.

소모임 나눔

1. '오직 그리스도의 복음에 합당하게 생활하라.'는 중대한 원리가 재정결정에 어떤 영향을 줄 수 있을까?

2. '나는 하나님을 믿으니까 하고 싶은 것들에 필요한 돈을 하나님이 공급하시리라는 생각은 추측이지 믿음은 아니다'라는 내용에 대해 어떻게 생각하는가?

3. 부부가 재정에 대해 소통하고 한 마음으로 재정을 결정할 때 걸림돌이 될 만한 것은 무엇이 있을까?

4. 자신의 약한 부분으로부터 자신과 가족을 보호하려면 어떤 행동을 차례대로 밟는 것이 좋을까? 이 부분에서 당신이 하나님 안에서 결심한 것들이 있다면 나누어보자.

5. 이 장의 내용을 어떻게 적용할 것인가?

4장

삶의 만족을 얻으려면 어떻게 해야 하는가?

What's a Man to do to be Satisfied in Life?

삶의 만족을 얻으려면 어떻게 해야 하는가?

   이 질문에 'Christian Hedonism(기독교 희락주의)'의 저자 존 파이퍼보다 더 간단명료하게 답한 사람은 아마도 없을 것이다. 그는 이렇게 말한다. "우리가 하나님 안에서 가장 만족할 때 하나님은 우리 안에서 가장 큰 영광을 받으신다." 우리가 말하는 기독교 희락주의의 핵심을 가장 짧게 요약한 말이다. 이 말이 사실이라면, 우리의 최대 행복과 하나님의 최대 영광은 서로 상충되는 것이 아니다. 우리가 하나님 안에서 행복하면 하나님의 영광은 우리의 행복으로 인해 빛난다. 하나님이 행복의 근원이시며 그분이 우리의 가장 귀한 보물이시고 그분의 영광은 우리를 가장 만족하게 하는 선물이기 때문에, 우리의 영원한 즐거움을 위해 자신을 계시하고 자신을 높이고 자신의 정당성을 입증하는 일이야말로 하나님이 우리에게 하실 수 있는 가장 친절하고 자비로운 행위이다. "주의 앞에는 충만한 기쁨이 있고 주의 오른쪽에는 영원한 즐거움이 있나이다"(시편 16:11 개역개정판)"[3]

   삶의 진짜 만족은 어디에서 찾을 수 있는가? 간단히 말하자면, 예수 그리스도를 통해 하나님 안에서 삶의 가장 큰 만족을 찾을 수 있다!

만족은 충만함과 같다

'만족하다'는 말의 두 가지 정의가 위 질문의 뜻을 자세히 밝혀준다. 만족은 우리 욕구, 기대, 필요가 충족됨을 가리킨다. 맛난 음식을 먹으면 즐겁듯이 사람은 충분히 채워졌다고 생각될 때 만족을 느낀다.[4] 스스로 질문해보자. 남자가 생을 마감할 때 충족을 맛보려면 어떻게 해야 하는가? 그러기 위해서는 먼저 자신이 영적으로 공허하다는 사실을 깨달아야 한다.

영적으로 공허하면 만족을 추구한다

인간은 텅 빈 상태를 싫어한다! 우리는 공허한 모습이나 공허한 감정을 피하려고 애쓴다. 뭔가 빠져 있는 듯하면 우리는 불안하다. 빈 벽에는 그림을 그리거나 액자를 걸게 되고 빈 방에는 가구를 두며 빈 컵에는 물을 채우고 또 뱃속이 허전하면 밥이나 간식을 먹게 된다. 아무 소리도 없이 조용한 곳은 우리를 불편하게 한다. 사람들은 어색한 침묵을 깨기 위해 대화를 시작한다. 사람들과의 관계가 없어 외로움을 느끼면 우리는 혼잣말을 하거나 TV와 음악을 틀거나 혹은 술집이나 교회에 간다. 고칠 수 없거나 이겨낼 수 없거나 바꿀 수 없는 상황이 주는 고통은 우리를 술과 마약과 유흥에 빠지도록 몰아붙인다. 또한 권태를 느끼면 활동적인 일, 오락, 깨달음이 필요해진다. 의로움이 없는 상태인 죄책감은 종종 선을 행하거나 엄격한 종교적 기준을 채택하는 원동력이 된다. 채워진 상태를 추구하는 것이 인간의 본성이다.

『팡세』의 저자인 블레즈 파스칼은 도덕과 교리에 관해 논하면서 인간이 만족을 추구한다고 말했다.

> "모든 인간은 행복을 추구한다. 예외는 없다. 모두 각자의 방식으로 행복을 추구한다. 전쟁을 하려는 자도 전쟁을 피하려는 자도 보는 관점만 다를 뿐 욕망으로 움직인다는 사실은 똑같다. 인간의 의지는 이 목적 없이 단 한 발자국도 움직이지 않는다. 이 욕망은 인간의 모든 행동의 동기이다. 스스로 목을 매는 사람조차도." [5)]

나는 하나님이 우리 속에 행복에 대한 욕구를 심어놓으셨다고 생각한다. 하나님은 우리가 행복하고 만족하고 충만하기를 바라신다. 만족이 없는 현실만큼 만족을 열망하도록 자극하는 것도 없지만 인간이 영적으로 공허한 것은 하나님의 책임이 아니다. 영적 공허는 역사의 한 사건에서 비롯되었다. 아담과 하와의 첫 범죄를 말한다. 그들에게는 사는 데 필요한 모든 것이 있었다. 첫째, 그들은 자신들의 창조자이신 하나님과 친밀한 교제를 나누었다. 둘째, 그들은 생명을 낳고 하나님의 대리자로서 다른 창조물들을 다스리는 중요한 임무를 맡았다. 셋째, 에덴동산에는 먹고 살기에 필요한 모든 것이 가득했다. 궂은 날씨도 사나운 동물도 위험한 이웃도 없었다. 그들은 죽음을 몰랐다! 나아가 그들은 하나님이 자신들을 위해 창조한 모든 것을 최대로 누릴 수 있는 능력과 지각을 부여받았다. 그들은 그 사건이 벌어지기 전까지 부족함을 느끼지 못했다.

사탄은 그들에게 아직 부족한 것이 있다고 말했다

아담과 하와는 충족되었다. 선한 것들이 충분했다. 그들은 하나님의 선하심을 직접 경험했다. 그들에게는 생명나무가 있었다. 그러나 사탄은 그들에게 하나님처럼 될 수 있는 단 하나, 선과 악을 알게 하는 나무가 없음을 간단히 보여주었다. "하나님은, 너희가 그 나무 열매를 먹으면, 너희의 눈이 밝아지고, 하나님처럼 되어서, 선과 악을 알게 된다는 것을 아시고, 그렇게 말씀하신 것이다." 어떻게 그렇게 쉽게 죄에 이끌렸을까? 사탄은 그들에게 공허감으로 불안감을 주고 더 채워질 수 있는 것들을 보여주면서 그것을 가져야 하나님과 더 가깝게 될 수 있다고 유혹하면, 그들이 하나님을 거스르는 죄에 빠질 수 있다는 것을 정확히 알고 있었다.

하나님께 반항한 한 사건으로 인류는 그들에게 있던 한 가지를 잃어버렸다. 그것은 인간의 혼과 영을 만족시키고 충족시키는 것으로 하나님과 친밀해지고 하나님의 즐거움을 아는 것, 곧 예수 그리스도 안에서 모든 것이 충족됨을 아는 것이었다. 이 비극은 모든 인간의 깊은 곳에 충격을 주었다. 하나님의 말씀은 죄의 충격에 대한 하나님의 평가를 이렇게 소개한다.

"의인은 없다. 한 사람도 없다. 깨닫는 사람도 없고, 하나님을 찾는 사람도 없다. 모두가 곁길로 빠져서, 쓸모가 없게 되었다. 선한 일을 하는 사람은 없다. 한 사람도 없다. 그들의 목구멍은 열린 무덤이다. 혀는 사람을 속인다. 입에는 저주와 독설이 가득 찼다. 발은 피를 흘리는 일에 빠르며, 그들이 가는 길에는 파멸과 비참함이 있다. 그들의 눈에는 하나님을 두려워하는 빛이

없다."(로마서 3:10-18)

하나의 죄로 인해 인간의 마음은 죄의 소굴이 되었다. 영적 공허가 아담과 하와를 삼켰고 죽음이 온 인류에게 들어왔다(로마서 5:12). 아담과 하와가 죄를 지은 날 숨이 끊어지지 않았으니 하나님의 저주는 즉각적인 육체의 죽음을 의미한 것이 아니었다. 그들은 자신들에게 없다고 생각되는 것을 얻으려고 하다가 그들이 이미 가지고 있던 것, 곧 하나님과 친밀하게 교제하는 충만함을 잃어버리고 말았다. 그들은 하나님과 단절되었고, 이 단절로 영적인 공허가 생겼다. 『팡세』에서 파스칼은 이렇게 말한다.

> "이 갈망과 이 무력함은 우리에게 무엇을 말해주는가? 인간은 한때 참으로 행복한 적이 있었지만 지금은 그 행복의 허무한 흔적뿐이라는 사실과, 인간은 현재 있는 것들에서도 찾을 수 없는 도움을 현재 있지도 않은 것들에서 찾으면서, 실제로는 전혀 쓸모없는 것들로 그 공허를 채우려 헛수고를 한다는 사실이다. 이 끝없는 공허감은 오로지 불변하고 무한한 대상, 곧 하나님으로만 충족될 수 있기 때문이다."[6]

다음 사실을 부인할 수 없을 것이다: 죄는 인간의 영적 공허감 때문에 생기며 창조자요 충족시키시는 분이신 하나님과 친밀하지 못할 때 발생한다.

영적 공허와 죄는 연결되어 있다

영적 공허는 죄를 끌어들인다. 일단 죄를 지으면 더 큰 공허가 생긴다. 욕망, 우상숭배, 의심, 두려움, 불만족, 불순종, 그리고 죽음은 영적인 공허에서 발생한다. 모든 인간은 죄와 영적 갈증에 전염되어 있다. 우리가 예수 그리스도를 통해 하나님으로 충족되어 살지 않으면 우리도 아담과 하와처럼 죄를 짓게 된다. 우리의 행동은 갖고 있는 것을 잃을까 하는 두려움과 없는 것을 얻고 싶어하는 욕망에서 비롯된다.

갈증이 하나님에 대한 갈증임을 깨닫지 못한 채로 죄의 지배 아래 있는 우리의 육신은 영적 허전함을 세상의 사물과 사람과 경험으로 채우려고 한다. 간음, 마약, 술, 도박, 범죄 등 악하고 파괴적인 활동에서 만족을 얻으려는 사람도 있고, 그보다는 덜 해로운 세상의 물질과 활동으로 영적 갈증을 해소해 보려는 사람도 있다. 종교적인 환경에서 자란 사람은 예배, 자기희생, 겸손, 겉모습을 통제하는 규칙들을 지키는 행동으로 빈 구석을 채우려 할 것이다. 그러나 이런 것들은 참된 만족을 줄 수 없다. 하나님과의 만남을 통해서가 아니라 자기만족이나 자기보호의 욕구에서 나온 행동이기 때문이다. 이런 세상적인 활동들에 숨겨진 속임수를 우리는 경계해야 한다.

이런 것들은 절대로 만족을 줄 수 없다! 이런 것들로 정말 만족했던 적이 있는가? 잠시 좋았더라도 계속 같은 곳으로 돌아가 더 많은 것, 더 새로운 것을 더 간절히 찾게 된다는 사실은 우리가 가진 공허함의 속성을 잘 보여준다. 우리는 참되고 영원한 만족을 찾지 못했다. 더 중요한 질문은 이것이다. 우리가 찾는 것 중에 인생이 끝날 때 영혼을 영원히 만족시켜줄 것이 있는가?

사도 바울은 세상의 만족을 추구하는 삶에 대해 골로새 사람들에게 이렇게 경고했다. "누가 철학이나 헛된 속임수로, 여러분을 노획물로 삼을까 조심하십시오. 그런 것은 사람들의 전통과 세상의 유치한 원리를 따라 하는 것이요, 그리스도를 따라 하는 것이 아닙니다. 그리스도 안에 온갖 충만한 신성이 몸이 되어 머물고 계십니다. 여러분도 그분 안에서 충만함을 받았습니다."(골로새서 2:8-10) 이 세상의 철학은 '세상의 유치한 원리'를 만들고, 그 원리는 사람들의 전통이 된다. 그 철학의 기본은 삶의 궁극적 목적이 개인의 현재 행복이라는 것이다. 사람들은 이 목적을 이루려고 원리와 전통들을 만든 것이다.

육신은 속임수에 넘어간다

수십억 연봉, 150평 저택, 아름다운 아내와 자녀들, 신형 자동차들, 보트, 90인치 TV, 원하는 것은 뭐든지 다 있는 남자가 영적 공허를 느낄까? 아마 힘들 것이다. 부족한 것이 있으면 나가서 사면 되니까. 그는 자신의 세속적 욕망을 채울 돈이 있기 때문이다. 그의 삶에는 좋은 것들이 많다. 하지만 그도 마지막에는 전도서의 저자가 찾아낸 사실을 깨닫게 될 것이다. "돈 좋아하는 사람은, 돈이 아무리 많아도 만족하지 못하고, 부를 좋아하는 사람은, 아무리 많이 벌어도 만족하지 못하니, 돈을 많이 버는 것도 헛되다."(전도서 5:10) 성령께서 그가 영원한 안정과 만족을 주시는 하나님과 단절되어 있음을 그에게 깨닫게 하시지 않는 한 그는 자신이 모든 것을 가졌다고 생각하며 살다가 빈손으로 영원한 세상에 들어갈 수밖에 없다. 그는 육신과 세상의 속임수에 넘어갔기 때문이다.

음란물, 약물 남용, 문란한 성관계로 만족하는 남자가 영적 공허를 느낄까? 이런 생활방식에서 오는 파멸과 고통을 느끼면서도 대개 이들은 나름 괜찮은 삶을 산다고 생각한다. 그에게 정말로 필요한 것이 하나님과의 친밀함임을 성령님께서 계시해 주지 않는 한 그는 빈손으로 영원한 세상에 들어갈 수밖에 없다. 그는 육신과 세상의 속임수에 넘어갔기 때문이다.

삶이 선한 것들로 가득하고 교회에 성실히 출석하고 선행을 하고 매일 성경을 읽고 기도하고 최선을 다해 하나님의 명령을 따르고 가족과 이웃을 잘 섬기는 사람은 영적 공허를 느낄까? 그렇지 않을 가능성이 높다! 사람들 앞에서 선한 일을 하고 의롭게 살면서 만족할지도 모른다. 분명 그의 삶은 선한 일들로 채워져 있다. 사람들은 그의 품성과 지도력을 칭찬한다. 그는 교사로, 인도자로 여러 모임에 초대될지도 모른다. 하지만 문제는 이것이다. 자신의 생활이 하나님과 친밀해지고 싶은 마음에서 나온 것임을 그는 의식하고 있을까? 자의적인 종교생활, 겸손, 사역은 영혼의 공허를 메우려는 육신의 노력일 뿐임을 깨닫지 못하는 한 그는 자신이 하나님을 기쁘게 해 드린다고 생각하며 살다가 영원한 세상에 빈털터리로 들어가게 될 것이다. 그의 육신이 속아 넘어갔기 때문이다. 바울은 골로새 사람들에게 사람의 비위를 맞추는 헛된 속임수를 조심하라고 경고했다. "이런 것들은, 꾸며낸 경건과 겸손과 몸을 학대하는 데는 지혜를 나타내 보이지만, 육체의 욕망을 억제하는 데는 아무런 유익이 없습니다."(골로새서 2:23)

위 단락의 내용이 놀랍거나, 신앙공동체 안에서의 활동이 육신에 의한 것인지 성령께 인도된 것인지를 분별하는 방법이 궁금하다면, 계속 집중해 주기 바란다.

공허감은 육신의 욕망을 부추긴다

사도 바울은 위에서 말한 육신의 욕망을 그의 서신을 통해 경고했다. 앞에서 정의했듯이 육신이라는 말은 죄의 지배를 받는 인간의 본성을 뜻한다. 바울도 다음 글에서 육신을 이 뜻으로 썼다. "육신에 매인 사람은 하나님을 기쁘게 해 드릴 수 없습니다."(로마서 8:8) 우리가 우리 안에 계신 예수 그리스도의 삶과 동떨어진 상태로 하나님을 기쁘게 해 드리려고 하면 하나님은 기뻐하지 않으신다. 많은 사람이 자기들의 좋은 의도와 노력을 하나님이 기뻐하시리라고 믿고 노력하기 때문에 이 사실은 그만큼 중요하다. 위에서 인용한 골로새서 2:23에서 '욕망'으로 번역된 원어는 '충족', '완성'을 뜻한다. 인위적, 자의적 종교 생활은 사람의 전통과 초등 원리에 따르면 지혜로워 보일지 모르지만 하나님께는 전혀 무가치하고 사람 속의 공허를 메울 수 없는 것이다. 성령과의 관계를 통해 충족을 얻지 않은 채로 선하고 좋은 뜻의 종교적 활동과 지식 습득에만 몰두한다면 우리의 영적 공허를 어떻게 깨달을 수 있겠는가?

왜 인간은 해야 할 것과 하지 말아야 할 일을 명령과 교훈으로 만들고 이를 종교적으로 따르는가? 이것이 골로새서 2:21-23의 주제이다. 사람들은 육신으로 완수할 수 있는 의의 기준을 만들 수밖에 없다. 그래야 죄의식, 곧 의가 없는 공허감을 느끼지 않기 때문이다. 사람들이 하나님의 말씀에서 자기들이 꾸준히 지킬 수 있는 기준들만 골라내고 나머지는 무시할 때, 죄책감을 달래고 자기 양심을 칭찬하고 싶은 이들의 속셈이 드러난다. 불행하게도, 이들은 우리가 하나님 안에서 완벽해질 수 있는 유일한 길이신 예수님과 친밀해지지 못하고 표면적인 기준들을 지키는 데 만족했다.

두 사례를 살펴보자. 첫 번째로, 어떤 사람이 전통 찬송가만 하나님께 인정받는 음악이라고 믿고 가르친다. 그는 하나님을 사랑하기 때문에 현대 음악을 듣지 않는 자신을 자랑스러워한다. 그리고 현대 예배 음악을 듣는 사람들을 판단하고 무시한다. 주님을 기쁘게 해 드리려고 음악을 골라 듣는다고 말하지만 실제로는 '판단하지 말라, 그리스도 안에서 서로 사랑하라, 형제자매를 격려하라'는 하나님의 말씀을 무시하고 있는 것이 아닌가? 그가 하는 행동(전통 찬송가를 듣는 것)은 명백히 하나님 말씀의 법이 아니지만 오히려 그가 하지 않는 행동(형제를 사랑하지 않는 것)은 명백한 하나님의 법이다. 음악에 대한 기준은 성경 안에서 해석에 따라 차이가 있지만, 남을 판단하고 멸시하는 것은 하나님께서 분명하게 지적하시는 내용이다. 두 번째, 매일 기도하고 성경을 읽는 사람이 있다. 그러나 다른 사람들을 제멋대로 부리고 조종한다. 매일 성경 읽고 목록에 따라 기도하면 영적으로 성숙하고 절도가 있다고 느낄 수 있다. 성경 읽고 기도하는 것이 그리스도와 타인을 사랑하는 삶으로 열매를 맺지 못하면 영적 공허를 채우려고 애쓰는 육신의 종교적 자아도취와 빈껍데기에 불과하다. 무엇이 하나님께 더 중요한가? 어느 쪽이 육신의 욕망에 기름을 붓는 모습인가?

두 사례 모두 특정한 믿음이 행동을 만들어내고 있다. 하나님과 사람과 자기 자신에게 스스로의 의로움을 입증하고 싶어하거나, 자신의 불완전한 순종의 결과가 두려워서 자신의 불의를 덮거나 회피하려는 동기가 숨어 있다면, 행동의 진짜 주체는 육신이다. 하나님께 드리는 영광인 것처럼 가장하지만 육신은 언제나 자기의 영광을 최종 목표로 삼는다. 육신은 자기기만의 전문가라서, 거기에 지배당하는 사람은 자신의 동기가 깨끗하고 하나님께 영광을 돌리고 싶을 뿐이라고 확신하게 된다. 육신을 따르는 행동의 숨길 수 없는 증거는 자기와 기준이 다른 사람들에게 포용력, 인내심, 긍휼, 자비, 은혜를 발휘하지 못한다는 점, 그리고 자기 '의로움의 기준선'을 이탈한 외부인으로 취급하여 교제하기를 꺼린다는 점이다. 바리새인들은 이런 사고방식에 찌들어 있었다.

'육신의 일'로 인간의 공허를 메울 수 없음을 알 수 있는 두 번째 증거는 이렇다. 어떤 사람이 자신이 생각하기에 하나님이 기뻐하실 만한 행동을 하거나 하나님이 싫어하실 만한 일을 하지 않으려고 노력함에도 불구하고 화평과 기쁨이 생기지 않음으로 드러난다. 그리스도의 놀라운 사랑을 배울수록 커지게 되는 하나님의 충만함으로 마음의 공허를 채우기를 거부하는 것이다(에베소서 3:15-19). 아무리 열심히 노력하더라도 우리의 의로운 행위로는 공허함을 없앨 수 없고, 우리의 공로로는 예수 그리스도를 통해 하나님과 친밀해질 수 없다.

자기 자신과 자신의 행위에만 집중하면 우리 모두의 삶 속에서 하나님과 하나님이 하시는 일을 놓치게 된다. 하나님은 우리를 통해 다른 사람들을 사랑하시기를 원하신다. 우리는 그분의 사랑을 따라갈 수 있는 은혜를 구하기 위해 하나님을 바라보는 습관을 가져야하는데 의롭게 살려는 혹은 잘 해 보려는 자신의 습관이 행동의 기준이 된다. 예수님과 무관하게 스스로 의롭다고 느끼는 일이 습관화되고 삶의 결정적 특징이 된다. 우리의 행동은 육신을 만족시킬 뿐 하나님을 기쁘게 해드리지는 못한다.

참된 만족은 오직 하나님의 기뻐하심에서만 나온다

지금껏 나는 왜 우리가 삶의 만족을 원하는지, 그리고 어느 길이 막다른 골목인지를 밝혔다. 우리가 이 질문의 답을 계속 생각해 볼 수 있다면 좋겠다. 삶에 만족하려면 어떻게 해야 하는가? 인간의 영과 혼을 채우고 만족시키는 것이 한 가지 있다. 하나님과 친밀해져서 그분의 즐거움을 아는 것이다. 다시 말해 모든 만족이 하나님의 아들인 예수 그리스도 안에서만 가능함을 깨닫는 것이다.

삶의 만족과 하나님의 즐거움에 대해 존 파이퍼의 설명을 한번 연결해 보자. "우리가 하나님 안에서 가장 만족할 때 그분은 우리 안에서 가장 큰 영광을 받으신다." 첫째로 "하나님께서는 그분[예수 그리스도] 안에 모든 충만함을 머무르게 하시기를 기뻐하시고,"(골로새서 1:19) 이 구절에서의 '모든 충만함'이라는 말이 '모든 방면으로 채워짐'을 뜻하는지, 아니면 '채워지는 모든 것'을 의미하는지는 중요하지 않다. 핵심은 하나다. 하나님은 충족케 하심, 곧 하나님의 기쁨, 영혼이 충만케 된 상태, 죽음을 각오하는 용기, 인생의 궁극적인 만족이 오직 자신의 아들 안에만 있음을 밝히 드러내셨다. 사람이 예수 그리스도 안에서 충족을 추구하면 하나님은 그것을 확실히 찾게 하신다! 바울은 이렇게 말한다. "여러분도 그분 안에서 충만함을 받았습니다."(골로새서 2:10)

이제 원점으로 돌아와서, 그리스도인의 희락주의에 대한 존 파이퍼의 정의를 다시 읽어보자. 우리가 일터에서 예수 그리스도를 높이고 그분을 따르지 않는 한, 일터에서는 결코 참된 만족을 얻지 못할 것이다. 아내, 자녀, 친구, 교인과의 관계에서 예수 그리스도를 알고 그분을 사랑하기를 소망하지 않으면서 그들과 함께 진정으로 행복할 수는 없다. 육신의 장막을 벗고 하나님 앞에 설 때, 돈과 돈으로 살 수 있는 것들로 만족하려 했던 우리의 모든 시도는 부질없는 것으로 될 것이다. 아무것도 가져갈 수 없다면, 그러면 우리의 영혼은 무엇으로 만족해야 하는가? 우리가 모든 일에서 예수 그리스도를 만나고 하나님을 예배하면 영원토록 만족하고 영원한 유익을 누리게 됨을 하나님은 약속하신다. 나아가 하나님은 이 땅에서 또한 우리를 그분의 것들로 충만하게 채우실 것이다.

예수님은 이렇게 가르치셨다. "너희는 자기를 위하여 보물을 땅에다가 쌓아 두지 말아라. 땅에서는 좀이 먹고 녹이 슬어서 망가지며, 도둑들이 뚫고 들어와서 훔쳐간다. 그러므로 너희를 위하여 보물을 하늘에 쌓아 두어라. 거기에는 좀이 먹고 녹이 슬어서 망가지는 일이 없고, 도둑들이 뚫고 들어와서 훔쳐 가지도 못한다. 너의 보물이 있는 곳에, 너의 마음도 있을 것이다."(마태복음 6:19-21) 인생의 만족을 얻으려면 어떻게 해야 하는가? 여기 이 땅에 있는 사람, 사물, 경험에서 만족하려 한 것을 회개하라. 다만 그리스도를 보물로 여기라. 그러면 당신의 마음은 이 생애와 영원한 삶에서 만족을 찾게 될 것이다.

만족의 문제에 대해 주님께 기도해보자. 진심으로 변화하고 싶다면 자신이 어떤 상태인지를 주님께 묻고 주님의 대답을 경청하라. 그러면 주님께서 도움을 주실 것이다.

- 당신의 보물이 어디에 있는지를 주님께 여쭤보라.
- 공허감을 느꼈을 때 주님은 내가 어느 쪽으로 마음을 기울였다고 생각하실까?

- 하나님과 그분의 나라를 먼저 구하는 것은 왜 힘든가?
- 주님보다 자신을 높이는 것이 쉬운 이유는 무엇인가?
- 주님과 동행하지 않고 의를 드러내는 자신의 행위 속에 숨어 있는 당신의 모습을 주님이 보셨는가?
- 주님은 당신이 영적 안도감을 느끼려고 다른 사람들보다 자신을 높였다고 말씀하시는가? 어떤 믿음이 이런 행동을 일으키는가?

이 질문들을 주님께 묻고 나서 마음을 탐구하는 질문에 답해 보자.

- 죄가 우리를 완전히 철저하게 망가뜨렸기 때문에 의롭게 되려는 우리의 모든 노력이 하나님의 요구와 기쁨에 미치지 못한다는 사실을 정말 믿는가?
- 당신이 죽어 마땅하다는 사실을 믿는가? 특히 그리스도의 의로움에 자신의 의로움을 더하려고 할 때 그렇다고 믿는가?
- 하나님이 이 세상에서는 당신의 영혼을 만족시킬 수 없을 것 같아 불안한가?
- 자신만의 목적을 추구하는 삶을 하나님께서 받으시리라고 믿는가?
- 완전히 망가진 당신의 상태가 알려지는 것이 두려워서 겉으로 의롭고 헌신적이고 겸손하고 평안한 모습을 하는가?
- 당신의 이런 행동을 확실히 해결하지 않으면 어떻게 되겠는가?

우리의 모든 행동의 주체를 질문해보고, 예수님이 약속하신 충만한 화평과 기쁨을 왜 경험하지 못하는지 질문할 때, 우리는 간절한 기도와 회개 가운데 우리 자신을 변화시켜줄 하나님을 찾게 된다. 그렇지 않으면 문제를 의식하지 못한 채로 하나님과 이웃을 향한 우리의 믿음과 사랑을 더 확실히 하기 위해 더욱 열심히 노력하게 된다. 예레미야 17:9에서 말하는 거짓된 마음이 되살아나서 기회마다 자신의 믿음, 선택, 결정, 습관 때문에 스스로 의롭다고 자신하게 된다. 결국 하나님과 이웃을 정말로 사랑하여 하나님께 영광을 돌리는 대신에, 정신이 이상해지거나 자기만족에 빠지거나, 자신의 선함을 증명하려고 더욱 열심히 싸우게 된다.

당신의 일, 아내, 가족, 돈, 시간에 대해 곰곰이 생각해보라. 모든 일에서 예수 그리스도를 우선시하여 하나님을 기쁘게 해 드리는 데서 충족을 얻으라. 죽어서 하나님 앞에 서는 당신의 모습을 상상해보라. 그 순간 당신에게 무엇이 가득하길 바라는가? 그리스도만으로 이미 만족한 사람은 하나님의 영광으로 가득하게 된다. 그렇지 않은 사람은 자기가 가졌다고 생각했던 전부를 빼앗기고 공포로 가득하게 된다. 당신은 어느 편인가?

 **요약**

삶의 만족은 어디에서 오는가?

- 삶의 만족은 영과 혼의 충만함에서 온다는 사실을 인식한다.

- 영적 공허는 예수 그리스도 안에서 하나님과 친밀하지 못한 결과이다.

- 영적 공허는 만족을 구하게 한다.

- 공허는 우리가 삶의 만족을 찾아다니도록 육신의 욕망을 항상 부추긴다.

- 참된 만족은 오직 하나님의 즐거움, 곧 그리스도 안에서 충만함을 구할 때에만 온다.

🔲 소모임 나눔

1. 쾌락주의에 대한 세상의 관점과 기독교 희락주의에 대한 존 파이퍼의 관점의 차이를 이야기해보자.

2. 왜 사람들이 공허감을 싫어한다고 생각하는가? 남자들이 삶의 공허를 메우려다 실패하는 방법들을 적어보자.

3. 행복을 추구하는 인간에 대한 블레즈 파스칼의 글에서 인상적인 구절이 있었는가? 무엇을 느꼈는가??

4. 죄들과 그 죄들의 원인이 되는 공허감을 함께 설명하는 목록을 만든다.

5. '참된 만족은 오직 하나님의 즐거움에서만 온다.'라는 이 장의 내용을 당신은 어떻게 적용할 것인가?

5장

삶이 일에 치일 때 어떻게 해야 하는가?

What's a Man to do
When Work Consumes Him?

삶이 일에 치일 때 어떻게 해야 하는가?

　노동의 소모성은 죄만큼이나 고질적인 문제이다. 하나님은 아담의 죄로 인해 땅을 저주하고 남자의 노동을 예언하셨다.

"이제, 땅이 너 때문에 저주를 받을 것이다. 너는, 죽는 날까지 수고를 하여야만, 땅에서 나는 것을 먹을 수 있을 것이다. 땅은 너에게 가시덤불과 엉겅퀴를 낼 것이다. 너는 들에서 자라는 푸성귀를 먹을 것이다. 너는 흙에서 나왔으니, 흙으로 돌아갈 것이다. 그 때까지, 너는 얼굴에 땀을 흘려야 낟알을 먹을 수 있을 것이다. 너는 흙이니, 흙으로 돌아갈 것이다."(창세기 3:17-19)

　창세기의 사건을 통해, 일이 남자의 삶을 정신없게 하는 것이 죄와 밀접한 관련이 있다는 사실을 배울 수 있다. 일이 얼마나 소모적이기에 남자가 가족관계 같이 중요한 삶의 일부를 등한시하게 되는지를 먼저 살펴보아야 한다. 예수님의 동생, 야고보가 세상 지혜에 대한 식견을 보여줬다.

"여러분의 마음속에 지독한 시기심과 경쟁심(이기적 야심)이 있으면 자랑하지 말고, 진리를 거슬러 속이지 마십시오. 이러한 지혜는 위에서 내려온 것이 아니라, 땅에 속한 것이고, 육신에 속한 것이고, 악마에게 속한 것입니다."(야고보서 3:14-15)

야고보는 이 가짜 지혜와 관련된 두 죄를 말했다. 바로 시기심과 이기심이다. 이 두 가지 죄와 또 다른 한 가지의 죄, 즉 돈에 대한 욕심에 삶을 지배당하는 한, 남자는 일에서 자유로울 수 없다.

시기심은 혼란을 일으킨다

시기심이 있는 곳에는 혼란이 생긴다. 세상의 지혜에서 악마적 요소를 눈여겨보라. 사탄은 시기심의 아버지다. 악마들은 시기심을 양육한다. 마귀는 하나님을 시기한다. 사탄은 그 시기심 때문에 하나님이 창조하신 세계의 질서를 무너뜨리려고 거짓 지혜를 선전했다. 아담과 하와는 뱀의 말재주에 넘어갔고 결국 우리까지 하나님을 시기하는 마음을 품게 되었다. 우리는 하나님처럼 살고 싶어 한다. 누가 나에게 무엇을 어떻게 하라고 지시하는 것이 싫다. 우리는 하나님의 높은 위치를 차지함으로 우리가 더 편안하고 더 행복해지기를 바란다.

시기심은 우리가 남들의 생활방식을 따라하도록 문화를 통해 부추긴다. 하나님은 이스라엘을 약속의 땅으로 인도하시면서 다른 사람들을 닮고 싶어 하는 그들의 시기심을 경고하셨다.

"주 당신들의 하나님이, 당신들의 조상 아브라함과 이삭과 야곱에게 맹세

하여 당신들에게 주기로 약속하신 그 땅에, 당신들을 이끌어 들이실 것입니다. 거기에는 당신들이 세우지 않은 크고 아름다운 성읍들이 있고, 당신들이 채우지 않았지만 온갖 좋은 것으로 가득 찬 집이 있고, 당신들이 파지 않았지만 이미 파놓은 우물이 있고, 당신들이 심지 않았지만 이미 가꾸어 놓은 포도원과 올리브 밭이 있으니, 당신들은 거기에서 마음껏 먹게 될 것입니다. 당신들이 그렇게 될 때에, 당신들은 이집트 땅 종살이하던 집에서 당신들을 이끌어 내신 주님을 잊지 않도록 주의하십시오. 당신들은, 당신들 가까이에 있는 백성이 섬기는 신들 가운데에, 그 어떤 신도 따라가서는 안 됩니다. 당신들 가운데 계시는 주 당신들의 하나님은 질투하는 하나님이시니, 주 당신들의 하나님이 분노하시면, 당신들을 땅 위에서 멸하실 것입니다."(신명기 6:10-12, 14-15)

남자들이 다른 사람들처럼 되고 싶은 마음 때문에 하나님에게서 멀어져 일과 물질과 문화에 빠지기 쉽다는 사실을 하나님은 알고 계셨다. 당시에 농사와 목축의 풍작을 기원하며 신전 창녀들과 광란에 참여하는 일은 공허하지만 분명 유혹적이었다. 좋은 자리를 차지하여 시장에서 성공한 사람들에 대한 시기심이 쉽게 생길 수도 있었다. 하나님은 남자들이 '왜 둘 다 하면 안 되지?' 하면서 합리화할 것을 아셨다. 율법에 따라 성막에서 제물을 바치면서 한편으로는 이웃들의 우상숭배에 동참하면 상업적인 관계를 증진시킬 수 있었기 때문이다.

하나님은 그들이 다른 사람들을 닮으려 하면 어떻게 될지 아셨다. 돈을 더 벌어서 더 많은 것을 갖고 힘있고 성공한 사람들처럼 되기 위해서라면 뭐든지 다 하려는 사람들은 결국 일에 치이고 만다. 다른 사람들과 같아지려고 노력하다 보면 그 시기심이 남녀 할 것 없이 성공을 위해 하나님도 가족도 인간관계도 희생하기를 요구하기 때문에 삶에 혼란이 생긴다. 일에 매여 사는 것이다.

이스라엘 남자들이 하나님의 경고를 무시하자 하나님은 약속대로 그들을 땅에서 쓸어버리셨다. 그 이유는 이렇다. "주님의 율례와, 주님께서 그들의 조상과 세우신 언약과, 그들에게 주신 경고의 말씀을 거절하고, 헛된 것을 따라가며 그 헛된 것에 미혹되었으며, 주님께서 본받지 말라고 명하신 이웃 나라들을 본받았다."(열왕기하 17:15)

"시기심이 있는 곳에 혼란과 온갖 악한 일이 벌어진다."(야고보서 3:16) 지금 당신의 시간을 일에 너무 많이 빼앗기고 있다면 스스로 질문해 보라. "왜 내 삶은 일로 가득 차 있을까?" 물질을 숭배하여 자신의 삶을 내팽개치는 사람들이 부러운가? 당신은 하나님의 우선순위를 받아들이고 자족하며 하나님께 칭찬받는 것보다 그들의 생활방식과 성공과 가치관에 더 매력을 느끼는가?

삶이 일에 치일 때 어떻게 해야 하는가? 자신을 살피고 세상 사람들의 성공과 부와 생활방식을 부러워한 죄를 회개해야 한다. 먼저 아내를 사랑하고 돌보며 자녀를 훈련하여(신명기 6:7, 에베소서 6:4) 관계에 대한 하나님의 질서를 바로잡으면 하나님은 영광을 받으시고 우리의 필요를 채우신다. 너무 많은 일을 감당하려는 유혹을 이겨내려면 먼저 남들에 대한 시기심을 마음속에서 확실하게 버려야 한다.

이기심은 사람을 일의 노예로 만든다

성령께서 세속적인 의미의 지혜와 관련지어 말씀하시는 두 번째 죄는 이기심이다. "이기심이 있는 곳에 혼란과 온갖 악한 일이 벌어진다." 일이 우선인 남자들이 야심을 이루려 할 때 갈등이 생긴다. 가정에 투자할 시간이 없으니 가족들은 고통과 혼란을 겪는다. 아빠가 세상의 야심을 위한 일 때문에 삶을 내팽개칠 때 뒤따르는 결과는 다음과 같다.

- 자녀는 자기들과 소통할 시간도 마음도 없는 아버지를 통해 '아버지'의 의미를 이해하기 때문에 하나님 아버지가 관계를 중요하게 여기는 분이라는 것을 알지 못하게 된다. 이것이 문제다.
- 대부분의 상황에서 아내가 가정의 지도자 역할을 대신하려고 한다. 이것이 큰 문제다.
- 지도자가 성경적인 삶으로 모범을 보이지 않기 때문에 다음 세대가 고통을 받는다. 이것이 문제다.
- 그리스도인이라고 말하면서 아버지들을 향한 하나님의 말씀을 무시하는 위선적인 아버지의 모습을 보며 자라나는 자녀는 아버지에게 반항한다. 이것이 문제다.
- 남자들은 시간을 내서 기도하고 하나님의 말씀을 배우고 묵상하여 주님을 알려고 애쓰지 않는다. 이것이 문제다.
- 하나님과 교회와 가족과의 관계보다 세상의 물질을 더 중요하게 생각하게 된다. 자녀는 이런 가치관을 그대로 물려받는다. 이것이 문제다.

야근 시간을 줄여 하나님을 예배하고 아내를 사랑하고 자녀를 가르치는 것은 우리가 무엇을 중요시하고 무엇에 가치를 두는지를 나타낸다. 삶이 일에 치이도록 내버려두지 않는 것은 하나님을 사랑하고 기꺼이 하나님의 주권을 인정하는 우리의 믿음의 표현이다. 무엇을 내주고 희생할 수 있느냐가 가치관을 보여준다. 하나님과 아내와 자녀와의 관계가 우리에게 얼마나 중요한가?

야심 있는 남자들은 삶이 매우 어지럽다. 야고보의 말에 따르면 남자들의 이기심에는 '온갖 악한 일'이 뒤따른다. 사회에서 남들보다 잠깐이라도 앞서가고 좀 더 출세하기 위해 잘못된 일인 줄 알면서도 행하는 경우를 우리는 자주 보게 된다. 어떤 사람들은 야심을 이루기 위해 아내를 속이고 돈을 빼돌리고 술과 마약을 남용하고 가족의 저축금을 도박으로 날리고 가짜 정보로 경쟁자들을 무너뜨리고 도둑질까지 한다. 남자가 이기심을 회개하지 않으면 일은 끊임없이 그의 삶과 행동을 사로잡아 조종할 것이다.

돈과 돈으로 살 수 있는 것들을 사랑하는 것은 잘못된 믿음이다

남자들이 회개해야 할 세 번째 죄는 돈으로 살 수 있는 것, 돈으로 할 수 있는 것을 믿는 것이다. 하나님이 해 주실 수 있는 것보다 돈이 해 줄 수 있는 것을 더 중요하고 가치 있게 여기는 한, 일은 그의 삶과 시간을 지배할 것이다. 남자들의 마음과 생각에는 이 싸움이 치열하다. 사람의 마음은 자신의 보물이 있는 곳에 있다. 성공에 대한 가장 큰 확신을 주는 것이면 뭐든 보물로 여긴다. 세상은 잠깐의 권력과 행복을 주지만 하나님은 지금뿐 아니라 영원히 지속되는 능력과 행복을 주신다. 성령께서 히브리서 13:5-6에서 하시는 말씀을 보라.

"돈을 사랑함이 없이 살아야 하고, 지금 가지고 있는 것으로 만족해야 합니다. 주님께서 친히 말씀하시기를 '내가 결코 너를 떠나지도 않고, 버리지도 않겠다.' 하셨습니다. 그래서 우리는 담대하게 이렇게 말합니다. '주님께서는 나를 도우시는 분이시니, 내게는 두려움이 없다. 누가 감히 내게 손댈 수 있으랴?'

하나님이 우리에게 지금 가진 돈에 만족하라고 말씀하셨다는 말이 아니라, 돈을 믿지 말자는 말이다. 하나님은 우리 편이시다! 우리와 함께하시고 도와주시겠다고 주님이 약속하셨다. 그러므로 돈이 없어서 어떡하나 하는 두려움 때문에 삶의 목표를 바꾸지는 말라.

일을 할 때 우리의 확신은 어디에 있는가? 직장을 잃거나 수입이 줄어들까 봐 옳은 일 하기를 주저하는가? 그렇다면 우리는 잘못 믿고 있는 것이다. 우리는 하나님이 우리와 가족을 돌보시며 늘 곁에 계신다는 사실을 믿지 못하고 사람들이 우리에게 할 수 있는 일들을 두려워한다. 하나님이 자신의 아들을 통해 주신 중요한 메시지는 이것이다. "나는 항상 너와 함께하고 너를 돕고 싶다. 나는 절대로 너를 떠나지도 너를 버리지도 않겠다." 이런 하나님을 당신은 믿고 있는가?

하나님이 바라시는 대로 일하려면 돈에 대한 욕심을 끊임없이 버려야 한다. 돈을 더 벌면 잘 살 수 있다고 생각하지 말라는 말이다. 우리가 소유한 물질이 삶의 전부라는 생각에 빠지지 않도록 경계해야 한다는 뜻이기도 하다. 예수님도 같은 말씀을 하셨다. "너희는 조심하여, 온갖 탐욕을 멀리하여라. 재산이 차고 넘치더라도, 사람의 생명은 거기에 달려 있지 않다."(누가복음 12:15) 일주일 내내 새벽부터 밤늦게까지 일해서 돈을 벌고 원하는 것들을 가질 수 있는 것이 참된 삶이 아니라면, 그러면 어떻게 사는 것이 참된 삶일까?

언제 어떻게 일할지를 정할 때 예수 그리스도를 생각하자

"여러분은 땅에 있는 것들을 생각하지 말고, 위에 있는 것들을 생각하십시오. 여러분은 이 세상의 것들에 대해 이미 죽었고, 여러분의 생명은 그리스도와 함께 하나님 안에 감추어져 있습니다."(골로새서 3:2-3) 세상 문화 속의 모든 사람과 다르게, 그리고 교회에 나오기만 하는 어떤 사람들과도 구별되어, 우리의 삶은 그리스도 안에서 우리와 하나님과의 관계가 우선이어야 한다. 지금 당신의 삶이 그렇지 않다면, 영적인 변화가 필요하다.

질문이 있다. 당신의 일에서 주님을 기쁘게 해 드리는 방식을 따르고 싶은가? 그렇다면 당신은 예수 그리스도 안에서 하나님과 자신의 관계를 진지하게 생각하는가, 아니면 형식적으로 하나님에 대해 이야기할 뿐인가? 이 질문에 대한 대답은 곧 "삶이 일에 치일 때 어떻게 해야 하는가?"에 대해 하나님의 뜻을 따를지를 결정할 당신의 태도를 보여주는 것이다.

바울은 골로새 교회를 위해 기도하면서 이 질문의 답을 제시했다. 먼저 성경 구절을 읽어보고 나서, 어떻게 적용할지를 살펴보자.

"그러므로 우리가 여러분의 소식을 들은 그 날부터, 우리도 여러분을 위하여 쉬지 않고 기도합니다. 우리는 하나님께서 여러분에게 모든 신령한 지혜와 총명으로 하나님의 뜻을 아는 지식을 채워 주시기를 빕니다. 여러분이 주님께 합당하게 살아감으로써, 모든 일에서 그분을 기쁘게 해 드리고, 모든 선한 일에서 열매를 맺고, 하나님을 점점 더 알고, 하나님의 영광의 권능에서 오는 모든 능력으로 강하게 되어서, 기쁨으로 끝까지 참고 견디기를 바랍니다. 그리하여 성도들이 받을 상속의 몫을 차지할 자격을 여러분에게 주신 아버지께, 여러분이 빛 속에서 감사를 드리게 되기를 우리는 바랍니다."
(골로새서 1:9-12)

바울은 하나님께 영광스러운 열매를 맺으려면 하나님의 뜻을 충분히 알아야 함을 알고 있었다. 이 지식은 남자가 일, 시간, 하나님, 가족, 교회에 대한 문제를 해결할 때 쓰일 것들이다. 하나님을 기쁘게 해 드리는 삶을 위해 우리가 알아야 할 하나님의 뜻은 무엇인가? 바울의 대답은 이렇다. 하나님은 우리를 그리스도 안에서 높이셨고 그리스도의 나라로 옮기셨으며 그리스도 안에서 속량하셨고 그리스도를 통해 용서하셨고 그리스도를 위해 창조하셨다. 그리고 그리스도를 통해 만물을 지속시키시고 교회의 머리이신 그리스도를 우리에게 주셨다. 이는 그분이 만물 가운데서 으뜸이 되게 하기 위함이다. 하나님께서는 그분 안에 모든 충만함을 머무르게 하시기를 기뻐하셨다."(골로새서 1:18-19) 그러므로 다음 내용을 따르라.

- 하나님은 그들이 하나님의 뜻을 아는 지식으로 충만해지기를, 곧 모든 일에서 예수 그리스도를 제일 먼저 생각하기를 기도하신다.
- 이 충만함은 머리로만 아는 지식의 수준을 넘어서 성령께서 주시는 지혜와 깨달음이어야 한다.
- 하나님이 우리가 모든 일에서 예수를 최우선으로 생각하기를 원하신다는 것을 충분히 이해한다면 우리는 모든 면에서 주 예수 그

리스도를 영화롭게 하고 하늘 아버지를 기쁘게 해 드리는 결정을 내릴 수 있게 된다.
- 예수를 우선으로 삼는 삶은 선한 열매를 맺는다. 하나님을 많이 알수록 삶에서 하나님의 능력을 체험하고 충성심, 인내, 기쁨과 감사로 채워지게 된다.

당신의 마음과 생각에는 무엇이 채워져 있는가? 세상의 기대와 직업정신인가 아니면 일의 시간과 방법을 결정할 때 예수 그리스도를 우선하려는 갈망인가? 당신의 대답은 무엇인가?

그건 너무 어려워요

일하는 시간을 줄이는 문제로 사회문화의 기대를 거스르 게 되는 것에 대해 반대할지 모른다. 일을 적게 하면 수입은 줄어들게 되고, 수입이 적으면 우리가 원하는 대로 살기가 힘들어진다. 내가 말하려는 핵심이 이것이다. 어떤 수준의 삶을 살겠다는 이기심을 주님께 굴복시키고 돈 욕심으로부터 자유로워지기 전까지는 "삶이 일에 치일 때 어떻게 해야 하는가?"에 대한 대답은 "글쎄, 너무 힘드니까."일 수밖에 없다.

두 가지 이유에서 마음이 완고한 것이 문제라고 생각한다. 첫 번째, 그것이 바로 이스라엘 남자들의 문제였기 때문이다. 그들을 통해 완고한 마음이 어떤 상태이며 하나님이 그것을 어떻게 생각하시는지를 아주 명확히 확인할 수 있다. 그들이 하나님의 대언자들을 거부했을 때 하나님이 하신 이야기를 들어보라. "그러나 그들은 끝내 듣지 아니하였고, 주님이신 그들의 하나님께 신실하지 못하였던 그들의 조상들처럼, 완고하였다."(열왕기하 17:14) 목을 뻣뻣하게 했다는 원문의 표현은 그들이 하나님께 경배하지 않고 그분의 권위와 소유권을 인정하지 않으며 마음을 굽히지 않았다는 의미일 것이다. 그들은 본래 그분의 백성이었으나 세상에 속한 자들처럼 행동했다. 그들은 마음에 문제가 있었다.

고집스런 마음이 문제가 되는 두 번째 이유는, 우리 부부가 나의 수입으로만 살기로 결단했던 30년 전에 이 질문에 부딪혀 보았기 때문이다. 아내가 자녀들을 학교에 보내지 않고 집에서 교육하고 훈련하기 위해서 우리는 우리 또래들 대부분이 당연히 누리는 편의와 기회들을 포기해야 했다. 하나님이 우리가 필요하게 느끼는 것들을 어떻게 공급하실지 감이 잡히지 않았다. 나는 익숙해져버린 이전까지의 생활수준을 포기하기가 참 힘들었다. 우리가 부자였기 때문이 아니다. 우리 부부는 둘 다 교사였으므로 그리 큰 수입은 아니었다. 우리 가족이 하나님만 의지하고 한 교사의 수입만으로 사는 모습은 상상하기 힘들었고 조금은 무책임해 보이기도 했다.

그러나 지금은 시편을 쓴 다윗처럼 증언할 수 있다. "나는 젊어서나 늙어서나, 의인이 버림받는 것과 그의 자손이 구걸하는 것을 보지 못하였다."(시편 37:25) 우리가 예수 그리스도의 이름에 걸맞은 일을 할 때 하나님이 능력을 보이시고 공급하신다는 사실을 믿어도 좋다. 하나님은 우리의 이기심을 채워주시겠다고 약속하시지 않았지만, 우리가 먼저 하나님의 나라를 찾고 성실히 일하고 그분의 공급하심을 믿으면 우리의 필요를 보살펴주시겠다고 약속하셨다. 하나님은 신실하게 우리 부부와 함께하셨고 우리를 도우셨다.

또 다른 반대 의견도 있다. 내가 추가 근무를 안 하겠다고 말하면 직장상사와 동료들, 어쩌면 아내조차도 내게 거부감과 적대감을 표현할지 모른다. 최악의 경우 직장을 잃을지도 모르는데 어떻게 해야 하는가? 너무 힘들다!

모두 맞는 말이다. 하지만 그런 작은 어려움을 생애 마지막에 하나님 앞에 서서 이렇게 말하는 것과 비교해 보면 어떨까? "저는 문화의 강한 압박에 맞서고 시기심과 이기심을 거부하며 하나님을 사랑하고 섬겼습니다. 그리스도 안에서 제게 주신 큰 은혜로 저의 삶에서 하나님의 말씀과 우선순위를 지켰습니다." 또는 "그리스도 안에서 제게 주신 하나님의 말씀과 은혜 덕분에 저는 아내와 자녀와 직장 동료들에게 하나님의 마음을 보여주려고 노력했습니다." 예수님이 "잘했다, 착하고 성실한 종아!"라고 칭찬하고 상을 주시면 얼마나 기쁘겠는가? 우리의 의도적인 선택에 따르는 고통을 우리 하늘 아버지께서는 모른 체하지 않으시며 반드시 보상하신다. 우리가 자비와 은혜의 보좌에 나아가서 고통을 견딜 은혜와 위로 그리고 하나님이 옳게 보시는 것들을 지지할 용기를 구한다면 하나님이 우리에게 필요한 것을 주실 것임을 기대해도 좋다. 나는 이 부분에서 하나님을 시험했고 그분의 신실하심을 확인했다. 당신도 그것을 확인하게 될 것이다.

하나님과 가족에게 책임을 다하기 위해 사장에게 입장을 밝혔다면 하나님이 어떻게 일하실지 생각해 보았는가? 첫 번째, 하나님이 우리를 통해 사장과 동료들의 마음에 하나님의 질서와 우선순위를 깨닫게 하실 가능성이 있다. 그들의 가족들에게도 그런 관심과 결정이 필요하다고 덧붙이실지도 모른다. 두 번째, 만약 우리가 해고된다면 하나님이 그 결정을 통해 우리를 더 좋은 대우와 이해심 많은 상사가 있는 직장으로 인도해 주시리라 믿는가? 내가 그런 결과를 약속할 수는 없지만, 일에 묶이지 않기 위해 이기심을 하나님께 내려놓고 삶을 지킨 많은 이들이 하나님의 선하심을 증언한다.

적용

첫째, 세 가지 죄, 곧 시기심과 이기심과 돈에 대한 욕심을 회개해야 한다. 회개는 마음을 돌려 새롭게 생각하는 것이다. 사장이냐 근로자이냐 어떤 기업 문화에서 사느냐에 따라 이 죄들을 회개하기가 어렵기도 하다. 그러나 하나님의 지혜로 살며 하나님을 기쁘게 해 드리기 위해서는 이 죄들을 반드시 회개해야 한다는 사실을 깨달으면 확신이 생길 것이다. 하나님께 마음을 만져 달라고 간구하라. 하나님이 싫어하는 것을 싫어하고 하나님이 사랑하시는 것을 사랑하는 마음을 달라고 기도하라. 문화의 기준이 아니라 예수님의 말씀과 하나님 나라의 기준을 따라 일의 시간과 방법을 결정하라.

자신의 뜻과 목표를 주님께 내려놓는 것은 하나님이 하시는 일이다. 일의 노예에서 벗어나려면 하나님께서 우리 마음속에서 일하셔야 한다. 하나님께 내려놓기가 불안한가? 하나님이 어떻게 일하실지, 당신의 필요를 외면하시지는 않을 지 걱정되는가? 그렇다면 내려놓을 수 있는 마음을 달라고 하나님께 기도하라. 하나님이 당신 속에서 그분의 삶을 펼치시기를 간구하라. 두려움을 인정하고 죄의 문제를 받아들이고 잘못된 생각과 욕망을 어떻게 해야 할지 하나님께 가서 도움을 청하라. 감사하게도 하나님은 당신이 알아서 의지를 꺾으라고 요구하지 않으신다. 하나님은 당신을 도우실 성령을 주셨다. 하나님께 도움을 청하라.

다음, 우선해야 할 책임 중에서 소홀했던 것들을 깊이 살펴보고 매일 시간을 내서 그것을 지키라. 하나님의 말씀을 읽고 기도하고 주님과 묵상하는 시간을 보내지 않았다면 일정을 조정하라. 이번 목표는 단순한 일정 변경이 아니라 자신의 영과 혼을 충만케 할 시간을 확보하는 것이다. 지금 바로 이렇게 기도하면 어떨까? "성령님, 저의 생각을 이끌어 주시고 이 문제를 어떻게 하는 것이 제가 주님을 가장 높이는 것인지를 보여 주소서." 함께 기도해보자.

가족과 시간을 보내고 가족을 잘 돌보며 가족을 이해하고 격려하고 기도하기 위해 가족들의 말을 잘 들어주지 않아서 아내와 자녀와의 관계를 돈독히 하지 못했다면 이제부터 계획을 세우라. 직장에서 어떤 일을 끝내지 못하면 어떻게 하는가? 그 일을 마무리할 계획을 세우지 않겠는가! 중요한 것을 놓치지 않으려면 덜 중요한 것들을 포기해야 하지 않겠는가! 가정의 일도 마찬가지로 하라.

일을 더 잘하기 위해 공부하고 기술을 개발하듯이 매주 따로 시간을 내어 가족과의 관계를 개선하는 데 도움을 주는 방법들을 찾아보기를 적극 추천한다. '엘리야의 영' 사이트(spiritofelijah.com)에는 관계를 세우는 데 유익한 자료가 많다.

- The Equipping Men Series(남성 훈련 시리즈), "God's Blueprint for the Family(가정을 향한 하나님의 계획)," "The Spirit of Elijah(엘리야의 영)," "Fathers: God's Forerunners(아버지들-하나님의 선구자)," "Prepare the Way of the Lord(주님의 길

을 준비하라)," "The Calling Out of Sons(아들을 성인으로 대해 주기)," "A Father and His Daughter(아버지와 딸)," "Restoring Relationships(관계 회복하기)," "Living to Love(사랑하기 위해 살기)."

- The Rising to the Call Series(부르심에 응답하기), "Rising to Your Callings(소명을 따르기)," "Dad, The Scout in the Family Wagon Train(아빠는 가족 원정대의 정찰병)," "How to be a Relational Husband/Father(관계 중심의 남편과 아버지)," "Seven Qualities of a Family Leader(가정 지도자의 7가지 자질)," "Who Has the Hearts of Your Children?(누가 자녀의 마음을 가졌는가?)"

- The Walking Worthy Series of Studies for Men(남자답게 살기 시리즈): Volume 2, "Walking Worthy as a Husband(남편답게 살기)," Volume 3, "Walking Worthy as a Father(아버지답게 살기)."

한국 독자들은 위 메시지 중 다수를 인터넷 사이트(imh.kr, cgntv.net)에서 컨퍼런스 통역 영상으로 접할 수 있다.

자신이 바꾸려는 생활방식을 사장에게 정확히 전달할 수 있기를 바란다. 하나님이 우리와 함께 계시니 부끄러워하거나 무서워할 필요는 없다. 옳은 일을 하는 것이므로 주님이 도와주실 것이다. 주님은 우리를 도우시는 분이다! 사장에게 성실하고 일 잘하는 직원이 될 것을 약속하라. 사장은 우리가 하나님과의 관계, 집과 교회에서의 책임을 회피할 때 생기는 혼란이 없어지면 일을 더 잘할 수 있다는 점을 인식할 필요가 있다. 다니엘 1:8-19에서 다니엘이 감독관에게 한 것처럼 상사에게 호소하면 좋다. 당신이 하나님의 질서에 순응하는 것이 회사에 유익이 된다는 사실을 설명하라. 하나님이 호의를 베푸실 것을 믿고 일에 치여 삶을 내버려두었을 때보다 일의 생산성을 높여라.

사장이 달가워하지 않으면 하나님의 뜻을 실행하고 가족을 부양할 수 있는 직장을 달라고 주님께 기도하라. 어쩌면 하나님이 삶에서 일의 제자리를 지키고자 새롭게 헌신한 우리를 하나님의 우선순위를 따를 수 있고 지금보다 수입이 더 많은 직장으로 옮기실지 모른다.

생활방식을 이런 방향으로 바꾸는 것이 얼마나 어려운 일인지 잘 알고 있다. 이제껏 일에 치여 살아온 남자에게 이것은 쉬운 일이 아니다. 많은 난관에 부딪힐 것이다. 지금껏 자기 마음대로 우리를 조종해 온 사탄은 우리를 놔주지 않으려고 싸울 것이다. 겸손히 스스로를 낮추고 용기를 내어 하나님이 당신의 발걸음을 인도하실 것을 믿으라. 당신이 모든 영적 지혜와 깨달음을 통해 하나님의 뜻을 아는 지식으로 충만해져서 모든 면에서 주님께 합당하게 살아가기를 간절히 기원한다.

요약

삶이 일에 치일 때 어떻게 해야 하는가?

- 남들과 비교하여 직장을 선택하지 않도록 마음을 살핀다.

- 이기심이 직장의 선택을 좌우하지 않도록 마음을 살핀다.

- 돈이나 돈으로 살 수 있는 것들로 자신감을 삼지 않도록 마음을 살핀다.

- 어디서 어떻게 일할지를 결정할 때 예수 그리스도를 높이라.

- 성령께 도움을 청하고 자신의 뜻을 하나님께 내려놓으라.

소모임 나눔

1. 1부터 10까지 숫자에서 10이 완전한 일의 노예라고 한다면 당신의 삶에서 일의 위치는 몇 점인가?

2. 직장에서 힘든 점을 나눈다. 어떤 생각이 당신의 직업윤리를 좌우하는가? 개인적 생각인가, 문화적 생각인가, 아니면 성경적 생각인가? 당신은 무엇을 두려워하는가?

3. 시기심과 이기심과 돈 욕심으로 남자가 일에 매여서 스스로를 내팽개치기도 한다는 말을 어떻게 이해했는가?

4. 남자가 일에서 예수 그리스도를 제일 우선으로 고려하는 것이 하나님의 뜻임을 믿으면 어떤 변화가 있겠는가?

5. 이 장의 내용을 어떻게 적용할 것인가?

Part
2

영적 질문
Spiritual Questions

6. 하나님이 멀게 느껴질 때 어떻게 해야 하는가?

7. 유혹을 받을 때 어떻게 해야 하는가?

8. 분노를 이기려면 어떻게 해야 하는가?

9. 죄를 지었을 때 어떻게 해야 하는가?

10. 강직한 남자가 되려면 어떻게 해야 하는가?

6장

하나님이 멀게 느껴질 때 어떻게 해야 하는가?

What's a Man to do
When God Seems Far Away?

하나님이 멀게 느껴질 때 어떻게 해야 하는가?

　사탄의 케케묵은 속임수 중 하나는 '하나님은 없다.' 아니면 적어도 '하나님은 너무 멀리 있어서 상관하지 않으신다.'는 생각을 우리에게 주입하는 것이다. 우리는 하나님이 멀리 있다고 느껴지면 대개 자기가 혼자라고 생각하며 그렇게 산다. 우리는 주위에 아무도 보이지 않으면 자기가 하는 일을 보는 사람이 없다고 간주한다. 하나님을 믿는다고 말하면서도 하나님이 수백 만 킬로 멀리 떨어진 우주 공간 어딘가에 계신다고 생각하는 사람이 많다. 당신도 하나님에 대해 이렇게 생각하는가?

관점이 모든 것을 좌우한다!

　하나님의 말씀에 따르면, 처음에 하나님은 에덴동산에서 아담과 하와를 만나셨다. 하나님이 하늘(天上)과 땅(地上)에 동시에 계신 것 같다. 아니면 하늘과 땅이 아주 가까웠을 것이다. 다른 성경 구절에서는 하늘이 아주 가까워서 하나님이 언제든지 당장이라도 나타나실 수 있다고 말한다. 예루살렘교회의 스데반 집사가 돌에 맞아 죽을 때 스데반이 성령으로 충만하여 하늘을 유심히 바라보니, 하나님의 영광과 하나님 오른쪽에 서 계신 예수님이 보였다(사도행전 7:55). 스데반이 하늘을 바라보았을 때 예수님은 얼마나 멀리 계셨을까? 예수님이 모세와 엘리야와 함께 변화산에서 이야기를 나누셨는데 어쩌면 이것이 하늘과 땅이 가깝다는 증거가 아닐까? 우리가 아는 대로 모세와 엘리야는 하늘에 있었고 예수님은 땅에 계셨다. 그리고 이 사건을 땅에서 목격한 베드로와 야고보와 요한이 이를 증언했다.

성경에는 하늘의 영역과 땅의 물리적 영역이 서로 교차하는 사례가 많다. 열왕기하 6:17에서 엘리사는 하늘의 군마와 불 병거에 둘러싸여 있었다. 예수님은 부활 후 제자들을 찾아오셨을 때 땅과 하늘을 가로막고 있는 커튼 사이로 나오듯이 그냥 나타나셨다. 나는 주님 안에서 잠들기 직전 잠깐 동안 하늘에 있는 자들을 본 사람들의 증언을 많이 들었다. 마치 하늘과 땅 사이에 얇은 베일이 쳐진 듯하다. 그러나 우리가 땅의 관점으로 살아가기에 하나님이 우리와 가까이 계심을 오히려 베일처럼 가리고 있다.

하늘의 관점에서 우리는 한 순간도 혼자가 아니다. 하나님은 우리를 창조하셨고 우리와 함께 계신다. 성경에 따르면 아무것도 하나님의 시선을 피할 수 없다. "하나님 앞에는 아무 피조물도 숨겨진 것이 없고, 모든 것이 그의 눈앞에 벌거숭이로 드러나 있습니다. 우리는 그의 앞에 모든 것을 드러내 놓아야 합니다."(히브리서 4:13) 시편 기자 또한 이 위대한 진리를 선언한다.

> 주님, 주님께서 나를 샅샅이 살펴보셨으니,
> 나를 환히 알고 계십니다.
> 내가 앉아 있거나 서 있거나 주님께서는 다 아십니다.
> 멀리서도 내 생각을 다 알고 계십니다.
> 내가 길을 가거나 누워 있거나, 주님께서는 다 살피고 계시니,
> 내 모든 행실을 다 알고 계십니다(시편 139:1-3).

당신은 혼자가 아니다

하나님의 말씀에 따르면, 당신은 한 순간도 혼자가 아니다. 그러나 때때로 자신이 혼자라고 느껴질 때, 하나님이 멀게 느껴질 때 어떻게 해야 하는가? 이 질문에 질문으로 답해 보자. 당신이 혼자라고 느낄 때 누가 방으로 들어와 당신을 바라보면 어떻게 하겠는가? 아마 그의 존재를 알아채고 그에게 인사하고 그를 마주할 것이다. 하나님께도 그와 똑같이 하면 된다.

1단계: 하나님께 큰 소리로 말한다.

하나님의 말씀에 따르면, 하나님은 우리를 똑바로 바라보고 계신다. 우리의 말을 들으실 수 있고 실제로 들으신다. 우리가 하나님께 부르짖도록 유도하시려고 하나님이 일부러 우리와 멀리 계신 것처럼 느껴지게 하실 가능성이 있겠는가? 우리 주변의 모든 피조물은 "하나님이 여기 계신다."라고 외치고 있다. 성경은 "하나님이 가까이에 계신다."라고 증언한다. 하나님은 우리가 하나님의 존재를 알고 하나님과 교제하기를 바라시며 우리 주위를 맴도신다. 그분을 한 번 만나 보라!

조용한 곳에 들어가서 큰 소리로 하나님께 말하라. 처음에는 어색하겠지만 하면 할수록 어느새 사람에게 말하듯 하나님께 말하는 자신을 보고 놀라게 될 것이다. '거룩하신……'과 같은 경건한 표현을 굳이 쓸 필요가 없다. 하나님은 우리를 아신다. 우리의 전제를 기억하라. 하나님은 우리가 완전히 망가졌다는 사실을 아시기에 우리의 말이나 행동에 감탄하지 않으신다. 그러므로 그렇게 할 필요가 없다.

2단계: 자신의 속사정을 하나님께 아뢴다.

땅에 있는 사람들에게 어떻게 보이느냐로 자기 가치를 가늠하는 사람들은 자신의 속사정을 털어놓기가 어려울 수밖에 없다. 그러나 우리는 지금 하나님을 어떻게 느끼는지에 대한 질문에 답하는 중이므로 우리의 속사정을 밝히기를 주저해서는 안 된다. 그냥 사실대로 말하라. 성경에서는 이것을 고백이라고 한다. 간단하게 말하는 것이 좋다. "하나님, 저는 완전히 망가졌습니다. 하나님이 너무 멀게 느껴집니다." 이 정도면 대화를 시작한 셈이다.

대개 우리는 자기가 한 이런저런 행동 때문에 하나님이 멀리 계셔야 마땅하다고 생각한다. 우리가 한 말이나 행동이 양심에 찔리면 하나님 앞에서 양심을 따라야 한다. 자신이 한 일을 하나님께 시인하고 자신이 한 여러 가지 일 중에 하나님이 다루시고 싶은 것이 있는지 여쭈어 보라. 어떻게 회개하면 또는 어떤 화해 절차를 밟으면 하나님이 기뻐하실 지를 여쭈어도 좋다. 마음속에 떠오르는 것을 잘 듣고 하나님의 말씀과 일치하면 그대로 행동할 준비를 하라.

하나님이 곧바로 우리 앞에 자신을 드러내실 때도 있지만 우리가 예배를 통해 하나님 앞에 나오기를 기다리실 때도 있다. 하나님께 어떻게 나아가느냐가 중요하다. 하나님은 자신의 아들, 예수 그리스도가 행한 일을 기뻐하시기 때문에 우리도 그 일을 중요하게 여기기를 바라신다. 누구나 하나님이 멀리 계시다고 느끼기가 쉽다. 사람들은 자기가 저지른 나쁜 행동에 대한 처벌로 하나님이 자신을 멀리하셔야 마땅하다고 믿기 때문이다. 그러나 이런 태도는 죄의 힘을 너무 과대평가한 나머지 죄를 용서하는 효력과 죄를 이기는 능력인 예수님의 희생을 얕보는 것과 같다.

우리는 『하나님의 임재 연습』을 쓴 로렌스 형제에게 배울 것이 있다. 그는 이렇게 썼다. "그는 자기 책임을 하지 못했을 때 하나님께 '주님이 저를 떠나시면 저는 절대로 달라질 수 없습니다. 제가 타락하지 않도록 막아주시고 잘못된 부분을 고쳐주셔야 할 분은 주님이십니다.'라고 하며 자기 잘못을 고백하기만 했다."[7] 그는 마음에 떠오르는 잘못을 고백하고 나서 그것을 잊어버리고 하나님의 임재 안에서 평화롭게 자신의 삶을 계속 살아나갔다. 그가 죄를 얼마나 얕보았는지를 눈여겨보라. 그는 죄를 무시하거나 부인하지 않았지만 죄책감으로 찌들어 있지 않았다. 게다가 그가 하나님의 사랑과 용서를 얼마나 위대하고 놀랍게 여겼는지를 주목하라. 그는 하나님께 자신의 속사정을 간단히 말했다.

3단계: 예수 그리스도를 통해 하나님께 나아간다.

땅에 있는 우리가 하늘에 계신 하나님 앞에 나아갈 수 있는 유일한 길이 있다. 우리는 완전히 망가졌지만 하나님은 길을 새로 내주셨다. 사실은 우리가 완전히 망가졌고 죄를 지었기 때문에 하나님이 자신의 아들, 예수 그리스도를 보내셨다. 예수님의 한 제자는 이렇게 썼다.

"사랑은 이 사실에 있으니, 곧 우리가 하나님을 사랑한 것이 아니라, 하나님이 우리를 사랑하셔서, 자기 아들을 보내어 우리의 죄를 위하여 화목제물이 되게 하신 것입니다."(요한일서 4:10) 하나님이 먼저 우리와 함께 계시고 우리에게 하나님을 알 길을 내주셨다. 예수님은 죄를 지은 우리가 받아 마땅한 형벌을 대신 당하셨을 뿐 아니라 우리에게 하나님까지 알려주셨다. 예수님이 땅에서 인간의 모습으로 하나님을 완벽하고 정확하게 보여주셨기 때문이다. 예수님을 아는 것이 곧 하나님을 아는 것이다.

예수님은 우리를 홀로 두지 않으시고 하나님과 인간 사이의 죄 문제를 해결하고 우리에게 하나님을 알려주실 분명한 목적으로 하늘에서 그 베일의 저편인 우리 쪽으로 넘어오셨다. 예수님의 삶, 그가 말씀하고 행하신 모든 것은 우리가 완전히 망가졌지만 하나님이 우리와 가까이 계시고 우리와 함께 있고 싶어 하신다는 사실을 증언했다. 그가 이렇게 선포하셨다. "회개하여라. 하늘나라가 가까이 왔다"(마태복음 4:17) 여기서 '회개하다'는 '생각을 바꾸다, 사는 방식을 재고하다'라는 뜻이다. 우리가 모두 완전히 망가졌기 때문에 하나님이 우리로부터 멀어지셨고, 우리를 가까이하고 싶어 하지 않으실 거라고 생각한다는 점을 예수님은 잘 알고 계신다. 그러나 사실은 그와 정반대이다.

완전한 사랑이나 선함은 부러진 것을 보면 가까이 가서 고쳐주는 것이다. 예수님 시대에 가장 망가진 사람은 자기가 완전히 망가지지 않았다고 생각한 사람들이었다. 그들은 하나님이 죄인들과 상관하지 않으신다고 생각했다. 확인해 보자.

바리새파 사람들이 이것을 보고, 예수의 제자들에게 말하였다. "어찌하여 당신네 선생은 세리와 죄인과 어울려서 음식을 드시오?" 예수께서 그 말을 들으시고서 말씀하셨다. "건강한 사람에게는 의사가 필요하지 않으나, 병든 사람에게는 필요하다. 너희는 가서 '내가 바라는 것은 자비요, 희생제물이 아니다' 하신 말씀이 무슨 뜻인지 배워라. 나는 의인을 부르러 온 것이 아니라, 죄인을 부르러 왔다."(마태복음 9:11-13)

하나님과 당신 자신을 예수님의 관점으로 보라. 하나님은 사랑이 넘치는 분이시다. 사랑의 화신이시다. 하나님이 멀게 느껴진다면 당신의 속이 공허하다는 뜻이다. 충만하면 텅 빈 공간을 찾기 마련이다. 충만은 자연히 텅 빈 쪽으로 넘쳐흐르게 되어 있다. 이 원리에 따라 사랑이 충만한 사람은 사랑스럽지 않은 자, 부실한 자, 완전히 망가진 자를 사랑할 수밖에 없다. 하나님이 아들을 보내셔서 하신 일 덕분에 우리는 당당하게 하나님께 큰 소리로 말할 수 있게 되었다. 하나님은 아들 안에서 우리에게 이렇게 말씀하신다. "너는 완전히 망가졌다. 내가 안다. 내가 고쳐줄 테니까 나와 함께 있자. 너의 마음과 영혼에 있는 큰 허전함을 내가 반드시 채워줄 것이다."

하나님이 멀게 느껴질수록 우리는 하나님께 큰 소리로 말하며 나아가야 한다. 땅에 있는 우리가 성경에 계시된 하나님에 대해 다 알 수 없기 때문에 때로 멀게 느껴지는 것이 사실임을 인정하라는 말이다. 로렌스 형제의 말이 우리에게 힘이 된다. "우리는 하나님과 끊임없이 대화하며 자신을 하나님 앞에 꼭꼭 묶어둬야 한다. 아주 큰 소리로 말할 필요는 없다. 하나님은 생각보다 가까이 계시니까."[8]

하나님은 우리에게, 하나님이 멀게 느껴질 때 하나님을 찾을 수 있는 곳을 많이 주셨다. 바로 성경 말씀이다. 성경의 한 구절 한 구절을 예수님을 만나는 곳으로 생각하라. 하나님 말씀에서 한 구절을 찾아서 그곳에서 야영하라. 거기에 머물고 안식하라. 그 구절을 하나님께 큰 소리로 읽어드리라. 그 구절을 가르쳐 달라고 기도하라. 그리고 다른 문구나 마음에 떠오르는 생각에 집중하라.

이렇게 말하는 것도 좋다.

"하나님, 하나님이 너무 멀게 느껴집니다. 저는 공허하고 외롭습니다. 이것조차 다 아시죠. 저는 하나님께 죄를 지었습니다. 놀랍게도 하나님은 저를 사랑하시고 용서하시고 하나님과 저 사이에 죄의 장벽을 허물어주셨습니다. 제게 하나님의 아들, 예수님을 주셔서 감사드립니다. 제가 이렇게 느끼면서도 하나님께 당당히 나아가는 것은 하나님이 예수님을 제게 주셨고 저와 함께 있고 싶어 하시기 때문입니다. 저를 위해 그리고 하나님의 기쁨과 즐거움을 위해 예수님이 하신 일을 통해 제가 하나님께 나아갑니다. 저는 정말 하나님이 가까이 계시고 저와 함께 여기 계시는지를 확실히 알아야겠습니다. 하나님을 기다립니다. 제가 하나님의 말씀을 읽고 하나님을 바라볼 때 저를 도와주십시오."

4단계: 포기하지 않는다.

위의 기도를 한 번 드렸다고 해서 하나님이 앞에 계시다는 느낌이 즉시 생길 것이라고 기대하지 말라. 도리어 시간을 두고 기다릴수록 당신의 믿음이 커지고 하나님 앞에 있고 싶은 갈망의 진실성이 확실해진다는 사실을 의식하라. 당신은 인내를 통해 이것을 발견하고 하나님 앞에 있는 경험을 하게 될 것이다. C. S. 루이스는 바로 예배 중에 하나님 앞에 있음을 깨닫게 된다고 말했다.[9] 위의 방식으로 하나님께 나아가는 것이 예수 그리스도를 예배하고 높이는 것이다.

하나님의 말씀이 우리에게 힘을 준다. "너희가 나를 찾으면, 나를 만날 것이다. 너희가 온전한 마음으로 나를 찾기만 하면,"(예레미야 29:13) 예수님은 제자들에게 이렇게 가르치셨다. "그리고 좋은 땅에 떨어진 것들은, 바르고 착한 마음으로 말씀을 듣고서, 그것을 굳게 간직하여 견디는 가운데 열매를 맺는 사람들이다."(누가복음 8:15) 또한 "참되게 예배를 드리는 사람들이 영과 진리로 아버지께 예배를 드릴 때가 온다. 지금이 바로 그 때이다. 아버지께서는 이렇게 예배를 드리는 사람들을 찾으신다."(요한복음 4:23) 하나님 아버지가 찾으시는 사람이 되라. 그러면 하나님이 자신을 보여주겠다고 약속하셨다.

■■ 요약

하나님이 멀게 느껴질 때 어떻게 해야 하는가?

- 하나님께 큰 소리로 말한다.

- 자신의 속사정을 하나님께 아뢴다.

- 예수 그리스도를 통해 하나님께 나아간다.

- 포기하지 않는다.

- 지금 당장 시작한다.

소모임 나눔

1. 하나님께 큰 소리로 말하는 것에 대해 어떻게 생각하는가?

2. 왜 자신의 속사정을 하나님께 말하지 않는가? 그렇게 하지 못하게 가로막는 잘못된 생각은 무엇인가?

3. 예수 그리스도를 통해 당당히 하나님께 나아가는 것이 무엇을 의미하는지 나누어보라.

4. 로렌스 형제의 글이 어떤 용기를 주었는가?

5. 이 장의 진리를 어떻게 적용하는가?

7장

유혹을 받을 때 어떻게 해야 하는가?

What's a Man to do When he is Tempted?

유혹을 받을 때 어떻게 해야 하는가?

　이 질문에 답하기 전에 영원한 관점에서 유혹을 살펴보자. 우리는 유혹을 받을 때 그 상황 가운데에서 하나님이 무엇을 하시는지를 파악하지 못한다면, 유혹에 어떻게 대처해야 할지도 알 수가 없다. 우리는 보통 인간의 관점에서 사물을 보고, 삶의 질문에 답을 찾는다. 그러나 이러한 접근은 지혜롭지 못하다. 유혹을 하나님의 관점에서 보라.

하나님이 유혹을 허락하신다

　모든 것이 예수 그리스도를 통해 하나님에게서 나온다. 사도 바울은 이렇게 썼다. "그러나 우리에게는 아버지가 되시는 하나님 한 분이 계실 뿐입니다. 만물은 그분에게서 났고, 우리는 그분을 위하여 있습니다. 그리고 한 분 주님이신 예수 그리스도가 계십니다. 만물이 그분으로 말미암아 있고, 우리도 그분으로 말미암아 있습니다."(고린도전서 8:6) 유혹이 올 때 대부분의 사람들은 그 유혹에서 하나님의 목적을 생각하지 않는다. 그렇기 때문에 처음에 잘못 반응하고 무기력하게 대응한다. 욥이 유혹받는 장면을 보면 유혹의 기원을 알 수 있다.

> 하루는 하나님의 아들들이 와서 주님 앞에 섰는데, 사탄도 그들과 함께 서 있었다. 주님께서 사탄에게 "어디를 갔다가 오는 길이냐?" 하고 물으셨다. 사탄은 주님께 "땅을 이리저리 돌아다니다가 오는 길입니다" 하고 대답하였다. 주님께서 사탄에게 말씀하셨다. "너는 내 종 욥을 잘 살펴보았느냐? 이 세상에는 그 사람만큼 흠이 없고 정직한 사람, 그렇게 하나님을 경외하며 악을 멀리하는 사람은 없다."(욥기 1:6-8)

여기서부터 욥에게 아주 심각한 시험이 시작되었다. 사탄이 이 상황을 만들지 않았다. 하나님은 욥에 관해 토론을 이끄셨을 때 사탄이 어떻게 나올지를 분명히 아셨다. 또한 유혹과 환란을 통해 욥을 거룩하게 할 계획을 이미 세워놓으신 상태였다. 욥의 이야기에는 많은 유혹이 나온다. 욥은 하나님을 저주하고 욕하고 아내와 친구에게 화내고 불평하고 자신을 연민하고 교만하고 싶은 유혹들이 있었다.

하나님은 하늘과 땅의 모든 것에 권한을 쥐고 계신다. 만물이 그분께 복종하고 그분을 위해 존재한다. 그러므로 유혹이 올 때 하나님의 목적을 깊이 생각해야 한다.

하나님은 우리를 유혹하지 않으신다

이 말이 위의 단락과 모순되는 것처럼 보일지 모른다. 그러나 하나님은 유혹을 허락하시지만 우리를 유혹하는 유혹 중개인은 아니시다.

야고보서 1:13에서 이렇게 말한다. "시험을 당할 때에, 아무도 "내가 하나님께 시험을 당하고 있다" 하고 말하지 마십시오. 하나님께서는 악에게 시험을 받지도 않으시고, 또 시험하지도 않으십니다." 하나님이 유혹하지 않으시면 어떻게 유혹이 우리에게 찾아올까?

하나님은 사탄을 유혹 중개인으로 쓰신다

인간 역사의 시초부터 사탄은 죄를 짓도록 인간을 유혹했다. 창세기 3:1-6은 선악과를 먹지 말라는 하나님의 명령에 불순종하도록 하와를 유혹한 뱀이 바로 사탄이었다고 밝힌다. 하나님의 아들도 우리의 세상에 들어왔을 때 사탄의 공격에서 제외되지 않았다. "그 즈음에 예수께서 성령에 이끌려 광야로 가셔서, 악마에게 시험(유혹)을 받으셨다." (마태복음 4:1) 하나님 아버지의 영이 자기 아들을 사탄에게 유혹받도록 광야로 이끄셨다. "그런데 시험(유혹)하는 자가 와서, 예수께 말하였다. '네가 하나님의 아들이거든, 이 돌들에게 빵이 되라고 말해 보아라.'"(마태복음 4:3) 사탄은 하나님의 목적을 위해 잠시 쓰인 중개인이었을 뿐이다. 이 유혹자는 오래 가지 못한다.

유혹은 우리 안에 무엇이 있는지를 드러낸다

유혹에 대한 야고보의 식견을 다시 보자. "사람이 시험(유혹)을 당하는 것은 각각 자기의 욕심에 이끌려서, 꾐에 빠지기 때문입니다. 욕심이 잉태하면 죄를 낳고, 죄가 자라면 죽음을 낳습니다."(야고보서 1:14-15) 유혹에 있어 사탄의 역할만 알아도 우리는 "사탄이 저를 그렇게 하게 만들었어요."라고 말할 순 없다. 유혹자는 인간의 마음속에 있는 욕망을 자극한다. 인간은 엉망진창으로 완전히 망가졌다. 아담에게 물려받은 악한 욕구와 갈망이 인간의 마음속에 내재한다. 유혹은 우리의 마음속에 숨어 있는 것들을 폭로한다.

유혹은 우리 안에 무엇이 있는지를 드러낼 뿐 아니라 우리 안에 무엇이 없는지도 들춰낸다. 예수님의 경우가 그랬다. "나는 너희와 더 이상 말을 많이 하지 않겠다. 이 세상의 통치자가 가까이 오고 있기 때문이다. 그는 나를 어떻게 할 아무런 권한이 없다."(요한복음 14:30) 예수님을 의로움에서 일탈시키고자 마지막으로 발악하는 사탄을 보고 예수님은 그를 이 세상의 통치자라고 하셨다.

사탄의 유혹은 예수님이 의로움으로 가득할 뿐 아니라 그분 안에 세상 것들에 대한 욕망이 없다는 사실을 드러냈다. 유혹은 선하든 악하든 마음속의 욕구를 들춰낸다. 예수님의 경우에 유혹은 하늘 아버지를 기쁘게 해 드리려는 예수님의 사랑과 갈망을 드러냈다. 우리가 받는 유혹은 무엇을 드러내는가?

사실 우리는 원하는 것을 한다. 우리가 유혹에 지면 우리는 피해자가 아니다. 유혹은 우리가 무언가를 하고 싶은 욕망을 그저 자극할 뿐이다. 어떤 사람은 이렇게 반박한다. "하지만 저는 음란물을 보는 걸 원하지 않는데 자꾸 유혹에 넘어가요." 그러나 내 답변은 그 사람에게는 음란물을 보고 싶지 않은 마음보다 보고 싶은 마음이 더 크다는 것이다. 그렇지 않으면 음란물을 보지 않을 것이다.

어쩌면 속에 아주 깊이 감춰둔 고통이나 상심이 있어서 그것을 누그러뜨리려는데 마취제나 약물을 복용하고 싶은 유혹보다 음란물의 유혹이 더 크기 때문일지 모른다. 사실은 음란물을 보고 싶은 욕구보다 아버지나 아내나 여자 친구에게 거절당하는 고통을 느끼고 싶지 않은 욕구가 더 강한 것이다.

사탄이 우리에게 주는 유혹은 하와에게 준 것과 같다. 음란물을 보고 자위행위를 하면 자신이 강해진 것처럼 느끼고 기분이 좋아지고 현재의 고통을 이긴 것처럼 느낀다. 이것은 남자의 생각에 그럴듯할 뿐 아니라 행복하고 편안해지려는 육신의 욕망에 아주 매력적이다. 우리가 원하는 것이 이것 아닌가? 음란물을 보고 싶은 유혹을 통해 자신을 즐겁게 하려는 욕구가 하나님을 기쁘게 해 드리려는 욕구보다 크다는 사실이 드러나는 것이다. 그러므로 유혹은 우리 안에 무엇이 가득한지를 볼 수 있도록 하나님이 우리의 잔을 흔드시는 것이라고 생각할 수 있다. 유혹이 우리의 잔을 흔들면 우리 안에 가득한 것이 무엇이든 밖으로 나오게 된다.

하나님은 유혹을 통해 죄의 존재와 힘을 가르치신다

사도 바울은 로마서 7장에서 어떻게 하나님이 죄의 존재와 힘을 가르치시는지를 묘사했다. 성령께서 우리에게 하나님의 율법을 확실하게 보여주시면 우리는 하나님과 그분의 법이 선하다는 사실과 우리가 엉망진창으로 최악의 수준까지 완전히 망가졌다는 사실을 알게 된다. 또 하나님은 우리가 혼자 힘으로 유혹과 죄를 제어할 수 없다는 점을 가르치셔야 한다. 그래서 우리가 평생 365일 24시간 예수님이 필요하다는 점을 깨닫도록 우리에게 유혹을 허락하셔서 우리를 가르치신다.

하늘 아버지는 한 남자를 자신의 아들, 예수 그리스도에게 이끄시기 위해, 먼저 남자가 자신의 실상과 죄를 알도록 가르치셔야 한다. 예수님이 이렇게 말씀하셨다. "나를 보내신 아버지께서 이끌어 주지 아니하시면, 아무도 내게 올 수 없다. 나는 그 사람들을 마지막 날에 살릴 것이다. 예언서에 기록하기를 '그들이 모두 하나님께 가르침을 받을 것이다' 하였다. 아버지께 듣고 배운 사람은 다 내게로 온다."(요한복음 6:44-45) 하나님에 대해 배운 사람들이 예수님께 가는 이유는 하나님이 삶의 경험을 통해 그들에게 죄의 존재와 힘을 가르치셨기 때문이다.

첫 번째, 하나님이 한 남자의 마음에 율법을 확실하게 보여주시면 그는 율법이 선하다는 사실을 알고 하나님의 말씀에 동의한다. 그는 이렇게 말한다. "저는 하나님이 원하시는 것을 하고 싶습니다. 그래서 범법함으로 하나님의 진노를 사지 않겠습니다." 그는 죄 때문에 하나님의 진노를 살까 두려워 죄가 자신에게 한 일을 증오하게 된다. 이제 그는 다음 교육 과정, 유혹에 들어갈 차례이다. 사도 바울이 이 경험을 묘사한 글을 보자.

> 우리는 율법이 신령한 것인 줄 압니다. 그러나 나는 육정에 매인 존재로서, 죄 아래에 팔린 몸입니다. 나는 내가 하는 일을 도무지 알 수가 없습니다. 내가 해야겠다고 생각하는 일은 하지 않고, 도리어 해서는 안 되겠다고 생각하는 일을 하고 있으니 말입니다. 내가 그런 일을 하면서도 그것을 해서는 안 되겠다고 생각하는 것은, 곧 율법이 선하다는 사실에 동의하는 것입니다. 그렇다면, 그와 같은 일을 하는 것은 내가 아니라, 내 속에 자리를 잡고 있는 죄입니다. 나는 내 속에 곧 내 육신 속에 선한 것이 깃들여 있지 않다는 것을 압니다. 나는 선을 행하려는 의지는 있으나, 그것을 실행하지는 않으니 말입니다. 나는 내가 원하는 선한 일은 하지 않고, 도리어 원하지 않는 악한

일을 합니다. 내가 해서는 안 되는 것을 하면, 그것을 하는 것은 내가 아니라, 내 속에 자리를 잡고 있는 죄입니다. 여기에서 나는 법칙 하나를 발견하였습니다. 곧 나는 선을 행하려고 하는데, 그러한 나에게 악이 붙어 있다는 것입니다. 나는 속사람으로는 하나님의 법을 즐거워하나, 내 지체에는 다른 법이 있어서 내 마음의 법과 맞서서 싸우며, 내 지체에 있는 죄의 법에 나를 포로로 만드는 것을 봅니다. 아, 나는 비참한 사람입니다. 누가 이 죽음의 몸에서 나를 건져 주겠습니까?(로마서 7:14-24)

이제 이 남자는 예수님께 이끌린다. 그리고 자기 마음속의 죄가 하나님을 기쁘게 해 드리고 싶은 욕구보다 더 강하다는 사실을 경험으로 알게 된다. 이것을 경험하지 않은 남자는 이렇게 부르짖지 않는다. "저는 완전히 망가졌습니다! 제 안에는 선한 것이 없습니다. 하나님, 저를 살려주세요! 저는 용서를 받아야 하고 마음이 바뀌어야 합니다. 저의 혼자 힘으로는 속수무책입니다."

유혹 속에는 하나님의 궁극적인 목적이 숨어 있다

하나님이 자신의 백성의 삶에 유혹을 허락하시는 궁극적인 목적은 예수 그리스도를 통해 하나님과 우리의 관계가 얼마나 강력한지를 드러내는 것이다. 하나님은 기술을 연마하는 훈련으로 선수들을 시험하는 감독처럼 유혹을 사용하신다. 유혹이 시작되면 하나님을 예배하도록 성령께서 우리를 하나님의 보좌로 이끄신다.

우리가 그렇게 하면 예수님이 높여지고 예수님에 대한 우리의 믿음과 확신이 커진다. 이것을 깨달았다면 다음 단계로, 우리는 유혹에 반응하지 않도록 조심해야 한다.

반응하지 않는다

유혹에 육신으로 반응하는 것은 두 가지 숭배 형태로 나타난다. 첫 번째 형태는 자기자신을 숭배하는 것으로 순전히 유혹을 자신의 의지력과 훈련으로 제어하려는 행동이다. 이것은 지혜롭게 보이지만 사도 바울은 이것이 육신의 욕망을 억제하는 데 전혀 도움이 안 된다고 말했다(골로새서 2:20-23). 이 경우에 유혹은 어떤 면으로든 그 사람의 종교적 교만과 독선을 들춰낸다. 그래서 바울은 이런 삶을 '자의적 숭배'라고 했다. 하나님 앞에 당당히 설 수 있는 근거를 자신의 의로움에 두는 사람은 이런 자의적 숭배의식이 가득하다.

유혹이 올 때 본능적으로 반응하는 두 번째 형태는 피조물을 숭배하는 행위이다. 육신은 창조주보다 피조물을 바라보기 마련이다. 하나님이 창조하신 피조물들을 만족이나 행복의 원천으로 바라보고 싶은 유혹이 있을 때 육신은 음란물을 보거나 사람들을 이용하거나 돈을 사랑하거나 돈으로 살 수 있는 것들을 갈망함으로 욕망을 추구한다(에베소서 4:17-19).

예수 그리스도를 믿는 자는 자기를 숭배하거나 피조물을 숭배하는 형태로 유혹에 반응하지 말고 예수님께 닻을 내리고 그분 안에 거해야 한다.

예수님께 닻을 내리고 그분 안에 거한다

유혹이 올 때 우리는 믿음을 적용해야 한다. 영적전쟁에 대해 바울은 이렇게 말했다. "이 모든 것에 더하여 믿음의 방패를 손에 드십시오. 그것으로써 여러분은 악한 자가 쏘는 모든 불화살을 막아 꺼버릴 수 있을 것입니다."(에베소서 6:16) 하나님은 우리를 빈손으로 전쟁에 버려두지 않으시고 방어 무기를 챙겨주셨다. 어떻게 믿음의 방패를 드는지를 알려주겠다. 우리는 이렇게 믿는다.

- 유혹에서 하나님의 목적은 예수 그리스도를 통해 하나님과 우리의 관계가 얼마나 튼튼한지를 드러내는 것이다.
- 예수 그리스도는 하나님의 아들이며 만물의 상속자이시다. 하나님이 만물, 심지어 나의 유혹과 죄들까지 다 예수님께 주셨다는 뜻이다. 이것들은 십자가를 통해 예수님의 소유가 되었다(히브리서 1:1-2, 2:8).
- 예수님은 하나님의 오른쪽에 앉아 계시고, 내가 예수님을 생명의 원천으로 바라보며 그분을 예배하도록 이 유혹을 허락하셨다(히브리서 1:3).
- 하나님 아버지께서 예수님을 통해 하신 일로 은혜의 보좌가 활짝 열렸기 때문에 필요할 때마다 나는 당당히 나아가 자비와 은혜를 받을 수 있다(히브리서 4:14-16).
- 하나님은 나를 버리지 않으시고 나와 함께 계신다. 내가 예수님을 통해 하나님께 나아가 하나님을 예배하면, 곧 예수님께 닻을 내리고 그분 안에 거하면 하나님이 내게 은혜를 주신다(히브리서 4:16).

이것을 믿는다면 실제로 적용할 필요가 있다. 자신의 힘을 믿고 죄를 제어하고 유혹을 이기려고 하는 노력이 무의미하다는 사실을 아는 사람은 예수 그리스도를 통해 내주하시는 성령의 힘으로 하나님을 예배한다.

> 하나님 아버지, 아버지께서 아들, 예수 그리스도 안에서 이루신 일을 통해 아버지께 나아갑니다. 저는 아버지의 것이고 지금 이 순간의 유혹도 아버지의 것입니다. 저의 힘으로는 물리칠 수 없습니다. 옳은 일을 하고 아버지를 즐겁게 해 드릴 수 있도록 은혜를 받기 위해 아버지께 나아갑니다. 제가 아버지 앞에 있으니 저를 아버지의 영과 생명과 의로움으로 가득 채워주옵소서. 아버지께서 은혜를 주시겠다고 약속하셨기에 은혜를 구합니다. 지금 아버지를 높이고 싶습니다. 제가 어떻게 해야 할지를 보여주옵소서. 그 뜻에 따라 행동하여 저의 감사하는 마음을 나타내겠습니다. 아버지의 영광을 위해 저의 방패와 방어막이 되옵소서. 아버지의 신실하심을 믿고 기다립니다.

이것은 일회성 예배가 아니다. 적의 방어를 뚫는 공격 훈련을 하는 운동선수처럼 우리는 예수님에 대한 이런 믿음을 훈련해야 한다. 이런 식으로 예배를 통해 예수님께 닻을 내리고 그분 안에 거하는 것으로 유혹에 대응하면 적을 타격하는 것이다! 예수님은 지옥의 문들이 자신의 교회를 이기지 못한다고 말씀하셨다(마태복음 16:18). 선제공격을 가하라! 예수님을 예배하고 은혜의 보좌에 닻을 내리고 그분 안에 거하는 것으로 지옥의 문들을 공격하라.

일단 성자 예수 그리스도를 통해 하늘 아버지께 나아갔으면 성령께서 은혜와 지혜를 주시리라고 기대해도 좋다. 우리가 승리의 원천인 하나님께 접속했기 때문에 유혹을 피할 길이 열리게 된다. 사도 바울이 고린도 사람들에게 한 말과 같다. "여러분은 사람이 흔히 겪는 시련(유혹) 밖에 다른 시련(유혹)을 당한 적이 없습니다. 하나님은 신실하십니다. 여러분이 감당할 수 있는 능력 이상으로 시련(유혹)을 겪는 것을 하나님은 허락하지 않으십니다. 하나님께서는 시련(유혹)과 함께 그것을 벗어날 길도 마련해 주셔서, 여러분이 그 시련을 견디어 낼 수 있게 해주십니다."(고린도전서 10:13) 그러나 유혹이 올 때 하나님을 예배하지 않고 예수 그리스도 안에 거하지 않으면 피할 길을 기대할 수 없다.

요약

유혹을 받을 때 어떻게 해야 하는가?

- 그 유혹에서 하나님의 목적을 인식한다. 그 목적은 예수 그리스도를 통해 하나님과 우리의 관계가 얼마나 튼튼한지를 드러내는 것이다.

- 두려워하지 말고 혼자 제어하려고 하거나 욕망을 추구하는 식으로 반응하지 않는다.

- 은혜의 보좌로 나아가 예수 그리스도를 예배한다.

- 하나님이 약속하신 것을 성취할 자비와 은혜를 달라고 간구한다.

- 유혹이 끝나고 하나님이 피할 길을 여실 때까지 예수 그리스도를 통해 계속 하늘 아버지를 예배한다.

- 찬송과 순종으로 하나님께 감사를 표한다.

소모임 나눔

1. 누가복음 4:1-14를 읽는다. 예수님이 유혹을 받으셨을 때 하나님이 자신의 힘을 예수님의 삶에서 어떻게 보여주셨는지를 나눈다. 유혹을 받을 때 하나님이 자신의 힘을 우리의 삶에서 어떻게 보여주시겠는가?

2. 요한복음 14:30을 읽는다. 어떻게 유혹이 우리 안에 무엇이 있는지를 드러내는가?

3. 유혹이 올 때 은혜의 보좌로 나아가지 못하게 가로막는 것은 무엇인가? 어떻게 해야 하는가?

4. 다음 문장에 대해 나누어 본다. "유혹이 올 때 하나님을 예배하지 않고 예수 그리스도 안에 거하지 않으면 피할 길을 기대할 수 없다."

5. 이 장의 진리를 어떻게 적용하는가?

8장

분노를 이기려면 어떻게 해야 하는가?

What's a Man to do with Anger?

분노를 이기려면 어떻게 해야 하는가?

하루 종일 이런저런 일로 피곤하고 불만족스럽고 좌절하다가 아론은 밤이 늦어서야 겨우 직장에서 빠져나왔다. 아내 로렌은 아기 기저귀를 수차례 갈고 밥을 태웠고 아론이 집안에 들어서기 직전 아이들과 대판 싸웠다. 밥 탄내를 맡은 아론은 이렇게 떠들었다. "오늘밤도 번제(燔祭)를 드렸구먼!"

이 말이 도화선이 되었다. "당신이 제때 집에 왔으면 이런 일 없잖아요!" 아내는 씩씩거렸다. "당신, 이번 주만 벌써 야근이 세 번째인데, 도대체 나한테 뭘 기대해요?"

아내 말이 채 끝나기도 전에 아론이 폭발했다. "내 성질 건드리지 마! 다들 늦게까지 일하는데 나만 어떻게 빠져나와?" 아내를 쳐다보지도 않고 지나가면서 아론이 두 번째 포문을 열었다. "당신 도대체 뭐가 문제야? 애들 몇 명 관리하고 밥 안 태우는 게 그렇게 힘들어?"

분노는 우상숭배에서 비롯된다

"왜 사람들은 화내고 성질을 부리고 비열하게 행동하고 남의 이름을 더럽히고 못된 말로 남을 저주하고 비하할까? 그들은 자기들이 원하는 대로 사람들을 움직이려고 그렇게 행동한다. 실제로 분노는 일시적으로 효과가 있긴 하다. 인간관계에서 분노를 이기지 못하는 사람이 많다. 화내고 회개하기를 반복한다. 분노에 계속 갇혀 있다. 마음의 문제를 다루지 않기 때문이다. 문제의 뿌리는 분노가 아니라 상대방이나 상황을 우상으로 숭배하는 마음이다."[10]

우상숭배라고 하면 깎거나 쪼아서 만든 형상에게 기도하는 장면을 떠올릴지 모른다. 그러나 이런 우상숭배와 똑같은 특징이 우리가 사람들에게 뭔가를 얻고 싶을 때 사람들을 이해하는 방식에도 존재한다. 위에서 아론의 경우에는 아내에게서 탄 밥을 대접받고 싶지 않아서였다. 사람들은 행복이나 위로나 안정의 원천으로 바라보던 대상이 위태로워지면 화를 낸다. 이런 것들을 얻고자 하나님을 바라봐야 하지만 대개는 그렇게 하지 않는다.

가만 보면 사람들은 자신이 애지중지하는 뭔가를 빼앗기거나 자신의 생각이 반박당할 때 화를 낸다. 예컨대 남자는 결혼하기 전에 마음속에 부부관계의 형상을 만든다. 아내가 이 형상을 따르지 않거나 자기 꿈의 실현을 위태롭게 할 때 남자는 화가 난다. 자신의 세계를 늘 잘 정돈해 놓고 이를 숭배하는 남자가 자신의 집안이 어수선해질 때 느낄 분노를 상상해 보라. 그의 집과 직장 환경은 완벽하게 정리되어 티끌 하나 없다. 그가 결혼을 해서 7년 동안 네 명의 자녀를 가졌다면 그의 신(神)이 어떻게 되었겠는가? 불 보듯 뻔하다. 그는 자신을 안심시켜주는 그 신을 아이들이 시도 때도 없이 위협했기 때문에 늘 화를 냈을 것이다.

우상숭배는 이기심에서 비롯된다

위 사례에서 어떤 우상이나 거짓 신을 만들도록 부추기는 요소는 분명 이기심이다. 우리는 자신을 위해 우상을 만든다. 우리는 뭔가를 원하거나 뭔가가 필요할 때 하나님을 예배하며, 하나님이 그것을 공급하시도록 기다리기는커녕 필요한 것이나 원하는 것을 얻으려고 물불을 가리지 않는다. 그것으로 만족할 만한 성공이나 행복이 일단 확보되면 우리는 그 신(神)과 한패가 된다. 이쯤 되면 그 신이 없는 삶은 생각할 수 없다. 누군가 접근해서 우리가 원하는 것을 건드리면 우리는 아무도 우리와 그 신 사이에 끼어들지 않기를 바라기에 폭발하고 만다.

자신이 얼마나 이기적인지를 깨닫지 않고는 분노를 절대로 이기지 못한다. 누군가 당신의 생각에 동의하지 않으면 화를 내는가? 일이 당신의 방식대로 되지 않으면 투덜대거나 비판하는가? 아내가 당신의 요구를 들어주지 않으면 속에서 분노가 치밀어 올라오는가? 화가 날 때마다 자신을 잘 들여다보면 그 이유가 당신이 다른 누구보다 당신 자신을 더 생각하기 때문이 아닌가? 우상숭배는 바로 이러한 자기숭배에서 나온다.

화를 돋우는 우상숭배 의식의 일곱 가지 특징

십계명의 첫 계명에 우상숭배의 모든 면이 나타난다.

나 외에는 다른 신들을 네게 두지 말지니라 너는 자기를 위하여 새긴 우상을 만들지 말고 위로 하늘에 있는 것이나 아래로 땅에 있는 것이나 땅 밑 물 속에 있는 것의 어떤 형상도 만들지 말며 그것들에게 절하지 말며 그것들을 섬기지 말라 나 네 하나님 여호와는 질투하는 하나님인즉 나를 미워하는 자의 죄를 갚되 아버지로부터 아들에게로 삼사 대까지 이르게 하거니와(신명기 5:7-9 개역개정판)

- 하나님만 주실 수 있는 것을 사람이나 사물이나 아이디어에 바란다.
- 자기가 원하는 것을 얻기 위해 사람들을 휘두르거나 조종한다.
- 이기심이 우상숭배를 하게 되는 주된 동기다.
- 잘못된 대상인 피조물을 숭배하는 것이 문제다.
- 자신의 행복을 위해 하나님을 바라보지 않고 다른 사람을 이용하는 사람은 하나님 대신에 그 사람들을 섬기게 된다.
- 우상숭배는 절대로 한 신만 섬기는 법이 없고 늘 여러 신을 동시에 섬긴다.
- 우상숭배는 하나님의 품격에 대한 공격이다.

우상숭배는 하나님을 모든 생명의 원천으로 바라보지 않는 사람들의 마음에 화를 돋운다. 자신의 이익을 위해 남을 이용하려는 사람은 참사랑을 할 수 없다. 우상숭배자는 원하는 것을 얻으려고 할 때 원하는 모양으로 얻지 못하면 마음에 화가 난다. 당신이 화를 낸 때를 생각해 보라. 낙심하거나 상처받거나 기대가 충족되지 않았기 때문이 아니었는가? 예수 그리스도와 타인보다 당신 자신을 가장 많이 생각하지 않았는가?

당신이 화를 내면 어떻게 되는가? 대개는 주변 사람들이 공포에 눌러 위축되고 당신이 원하는 것을 내놓거나 당신이 싫어하는 행동을 중단하게 된다. 그렇지 않은가? 당신이 화를 터뜨리면 많은 경우에 상대방을 당신이 원하는 모습으로 바꾸는 효과가 있다. 그러나 당신은 원하는 것을 얻을지는 몰라도 상대방은 사랑받는다고 느끼지 않는다. 실제로 상처를 받고 이용당한다고 느낀다.

우상숭배는 하나님의 분노를 돋운다. 하나님은 우상숭배자를 자신을 미워하는 자로 여기신다. 위의 성경구절에서도 '나를 미워하는 자'로 표현했다. 사도 바울은 우상숭배와 하나님의 진노 사이의 연관성을 거듭 강조했다.

> 그러므로 땅에 속한 지체의 일들, 곧 음행과 더러움과 정욕과 악한 욕망과 탐욕을 죽이십시오. 탐욕은 우상숭배입니다. 이런 것들 때문에, 순종하지 않는 자들에게 하나님의 진노가 내립니다. 여러분도 전에 그런 것에 빠져서 살 때에는, 그렇게 행동하였습니다(골로새서 3:5-7).

우상숭배는 5절에 언급된 다섯 가지 죄의 뿌리이다. 하나님은 우상숭배에서 비롯된 이런 것들이 하나님의 진노를 자초한다고 선언한다. 골로새 사람들에게 우상숭배를 회개하고 예수 그리스도를 그들의 생명의 원천으로 바라보라고 촉구하면서(3:3), 바울은 남을 교묘히 조종하는 죄 여섯 가지를 버리라고 명령했다. 그 중 분노가 첫 번째이다. "그러나 이제 여러분은 그 모든 것, 곧 분노와 격분과 악의와 훼방과 여러분의 입에서 나오는 부끄러운 말을 버리십시오. 서로 거짓말을 하지 마십시오. 여러분은 옛 사람을 그 행실과 함께 벗어버리고, 새 사람을 입으십시오……"(골로새서 3:8-10상) 분노를 이기는 길이 있다!

우상숭배를 회개하고 분노를 그친다

모든 생명이 하나님에게서 나온다면, 모든 관계와 상황에서 일어나는 일은 하나님이 당신을 더 확실히 예수 그리스도처럼 만들 목적으로 일으키시는 일이 된다. 아무리 당신에게 상처를 주고 불편하게 하는 사람이라고 해도 그는 당신을 더 확실히 그리스도처럼 만들려는 하나님의 대리인인데 왜 화를 내는가? 하나님 중심의 새 관점으로 다음 상황을 바라보자.

- 아내에게 당신의 관점을 주입하려고 화를 낼 필요가 없다. 아내의 관점을 알아야 아내에게 하나님의 사랑을 제대로 표현할 수 있기 때문이다. 당신이 귀담아듣고 사랑하고 자기 생각을 조용히 표현하는 동안 하나님은 원하시면 얼마든지 아내를 바꿔 놓으실 수 있다. 당신의 사랑은 아내에게 안정감을 준다.
- 자녀가 불순종할 때 화를 낼 필요가 없다. 아이의 불순종은 당신이 아버지로서 하나님의 말씀을 순종하고 자녀에게 하나님의 정의와 은혜를 일깨우고 관용과 부드러운 말씨로 아이들을 사랑하는 모습을 보여 줄 기회이기 때문이다. 이 얼마나 좋은 기회인가! 자녀는 타자에게 공을 던지는 투수와 같다. 타자인 당신은 홈런을 치면 된다.

- 사장이나 직원에게 분노할 필요가 없다. 그들에게 하나님의 사랑과 인내와 관심을 보여 줄 하나님이 주신 기회이기 때문이다. 얼마나 큰 영광인가!

축복과 시련을 모두 하나님에게서 온 것으로 받아들이고 하나님께 나아가 그분의 생명과 은혜를 찾을 때 분노는 설 땅을 잃는다. 욥은 하나님을 저주하고 죽어버리라고 시비를 거는 아내에게 대답할 때 이런 믿음의 자세를 보여줬다. "당신이 누리는 복도 하나님께로부터 받았는데, 어찌 재앙이라고 해서 못 받는다 하겠소?' 이렇게 하여, 욥은 이 모든 어려움을 당하고서도, 말로 죄를 짓지 않았다."(욥기 2:10) 이것이 로마서 8:28의 믿음이다.

하나님을 사랑하는 이들, 그분의 목적에 따라 부름 받은 이들에게는 모든 것이 협력하여 선을 이룬다는 것을 믿는다면, 일이 당신의 바람대로 되지 않거나 사람들이 당신의 기대대로 움직이지 않을 때 화를 내는 것은 마땅찮고 불가하다. 분노에게 연기할 무대를 주지 않기를 바란다. 그리스도의 믿음이 무대를 빛내기를 원하기 때문이다. 그러므로 사람들을 당신의 행복과 안전의 원천으로 보는 우상숭배 의식을 회개하라. 그러면 분노를 그치고 버릴 수 있다.

일이 자기 방식대로 되지 않을 때마다 예수 그리스도를 통해 하나님을 예배한다.

분노와 씨름하고 있다면 분노를 오랫동안 도구로 이용해 왔다는 반증이다. 당신은 분노를 쉽게 또는 빨리 내려놓지 못할 수 있다. 그러나 당신의 신들에게서 돌이켜 하나님을 모든 삶의 원천으로 바라보기를 거듭할수록 분노는 현저하게 줄어든다. 당신은 의도적으로 예수 그리스도를 예배함으로 분노를 떨쳐 버려야 한다.

아주 효과적인 방법은 우상과 분노의 죄로 가장 고통을 준 사람들에게 고백하는 것이다. 아내나 자녀를 자신의 신, 곧 행복의 원천으로 바라보았다는 사실을 가족에게 겸손히 인정하라. 분노로 그들을 닦달해서 두렵게 만들고 사랑받지 못한다고 느끼게 했던 시간들에 대해 용서를 구하라.

용기를 내서 가족에게 화를 냈던 때를 구체적으로 시인하라. 가족들이 어떻게 느꼈는지를 공감하고 그들이 당신을 참아준 것에 감사하라. 가족들이 자진해서 용서할 때까지 기다리라. 마지막으로 분노를 완전히 떨쳐 버리도록 가족들에게 기도해 달라고 부탁해도 좋다.

예배 중에 하나님은 자신의 존재와 힘을 드러내신다. 당신이 하나님으로 가득 차서 하나님을 예배할 때는 매번 분노를 이기게 된다. 이 예배 행위로 나는 많은 도움을 얻었다.

- 어떤 일이 벌어져서 실망이나 좌절이나 배신이 느껴지면 머리를 하늘로 향하고 예배하라. "주 예수님, 이 상황은 주님의 것이고 주님의 뜻에 따라 제게 왔습니다. 좋은 목적으로 이것을 받아들이며 주님을 경배합니다."
- 어떻게 해야 할 줄 모른다면 기도해도 좋다. "아버지, 저를 혼자 버려두지 않으셔서 감사드립니다. 아버지는 저를 도와주시는 분입니다. 이 상황에서 제가 어떻게 하면 아버지의 아들, 예수님을 높일 수 있을까요?"

- 누가 잘못했으면 우리가 예수님께 용서받았듯이 그들을 용서함으로 예배하라. 그러면 그들의 죄보다 예수님을 높이는 것이 된다.
- 위로나 지혜나 도움이 필요하면 이런 식으로 예배하라. "아버지, 이 상황에서 은혜를 찾고자 아버지의 은혜와 자비의 보좌에 나아갑니다. 아버지의 영광을 위해 저의 삶에서 아버지의 힘을 보여주옵소서."

요약

분노를 이기려면 어떻게 해야 하는가?

- 우상숭배를 회개한다.

- 분노를 떨쳐 버린다.

- 모든 상황과 인간관계에서 예수 그리스도를 통해 하나님을 거듭 예배한다.

소모임 나눔

1. 우상숭배(하나님만 주실 수 있는 것을 누군가에게 얻으려고 바라보기)와 분노의 연관성에 대해 나눈다.

2. 이기심과 분노의 연관성에 대해 이야기하고 삶에서 이기심이 분노를 불러일으킨 예를 나눈다.

3. 누군가 화를 낼 때 생기는 긍정적인 일과 부정적인 일을 하나 하나 적어 목록을 만든다.

4. 화가 나면 어떻게 하는가? (솔직히 고백하고 형제들에게 기도를 부탁한다.)

5. 이 장의 진리를 어떻게 적용하는가?

9장

죄를 지었을 때 어떻게 해야 하는가?

What's a Man to do
When he sins?

죄를 지었을 때는 어떻게 해야 하는가?

사람들은 대부분 죄를 지으면 어떻게 해야 하는지를 스스로 안다고 생각한다. 그러면 이 질문을 할 필요가 없어진다. 그러나 죄를 짓고 나서 같은 죄를 계속 되풀이하는 사람이 많다. 죄를 지으면 어떻게 해야 하는지를 모른다는 반증이다. 게다가 성경은 사람의 마음이 무지하고 교만하고 완고하고 무기력해서 죄를 효과적으로 다루지 못한다고 증언한다.

유다 사람들이 그런 경우이다. 선지자 예레미야가 하나님이 오래 참으신다고 증언하면서 사람들의 마음 상태를 꾸짖었다.

> 주님, 주님께서는 몸소 진실을 찾고 계셨습니다. 주님께서 그들을 때리셨어도 그들은 정신을 차리지 않으며, 주님께서 그들을 멸망시키신 것인데도 그들은 교훈받기를 거절합니다. 그들은 얼굴을 바윗돌보다도 더 굳게 하고, 주님께로 돌아오기를 거절합니다(예레미야 5:3).

너는 그들에게 전하여라. 나 주가 말한다. 누구나 넘어지면, 다시 일어나지 않겠느냐? 누구나 떠나가면, 다시 돌아오지 않겠느냐? 그런데도 예루살렘 백성은, 왜 늘 떠나가기만 하고, 거짓된 것에 사로잡혀서 돌아오기를 거절하느냐? 내가 귀를 기울이고 들어 보았으나, 그들은 진실한 말을 하지 않았다. '내가 이런 일을 하다니!' 하고 자책은 하면서도 자신의 악행을 뉘우치는 사람은 하나도 없었다. 그들은 모두 자기들의 그릇된 길로 갔다. 마치 전쟁터로 달려가는 군마들처럼 떠나갔다(예레미야 8:4-6).

이들은 죄를 지으면 어떻게 해야 하는지를 알았는가? 분명 몰랐다! 그들은 끊임없이 배교하고 마음이 굳어졌다. 그러므로 "죄를 지으면 어떻게 해야 하는가?" 하고 물어야 한다. 간단히 말해 남자는 그 죄에서 자유로워질 때까지 회개하고 주님을 찬양해야 한다. 회개의 필요성과 중요성은 성경 곳곳에서 찾을 수 있다.

죄를 지으면 회개한다

하나님은 예레미야를 통해 유다 사람들을 꾸짖으셨다. 사람은 넘어지면 어떻게 하는가? 당연히 일어난다! 하나님을 떠났을 때 어떻게 해야 하는가? 답은 분명하다. 회개하고 죄를 중단하고 하나님께 돌아가야 한다! 우리가 죄를 지었을 때 하나님의 말씀은 우리에게 회개하라고 거듭 명한다. '회개하다'의 히브리어 원말은 '다시 되돌아가다'라는 뜻이다. 헬라어 원말은 '죄에 대한 마음을 바꾸고 죄에서 의로움으로 돌아서게 되는 것'까지 의미한다. 죄를 지으면 어떻게 해야 하는지를 알려주는 성경의 사례가 있다.

그러므로 너는, 이스라엘 족속에게 말하여라. '나 주 하나님이 말한다. 너희는 회개하여라. 너희의 우상들에게서 돌아서라. 너희의 모든 역겨운 것에서 얼굴을 돌려라.'(에스겔 14:6)

나 주 하나님의 말이다. 그러므로 이스라엘 족속아, 나는 너희 각 사람이 한 일에 따라서 너희를 심판하겠다. 너희는 회개하고, 너희의 모든 범죄에서 떠나 돌이켜라. 그렇게 하면, 죄가 장애물이 되어 너희를 넘어뜨리는 일이 없을 것이다(에스겔 18:30).

죽을 죄를 지은 사람이라도, 그가 죽는 것을 나는 절대로 기뻐하지 않는다. 그러므로 너희는 회개하고 살아라. 나 주 하나님의 말이다(에스겔 18:32).

그 때부터 예수께서는 "회개하여라. 하늘나라가 가까이 왔다" 하고 선포하기 시작하셨다(마태복음 4:17).

그들은 나가서, 회개하라고 선포하였다(마가복음 6:12).

그렇지 않다. 내가 너희에게 말한다. 너희도 회개하지 않으면, 모두 그렇게 망할 것이다(누가복음 13:3).

그러므로 여러분은 회개하고 돌아와서, 죄 씻음을 받으십시오(사도행전 3:19).

하나님께서는 무지했던 시대에는 눈감아 주셨지만, 이제는 어디에서나 모든 사람에게 회개하라고 명하십니다(사도행전 17:30).

그러므로 네가 어디에서 떨어졌는지를 생각해 내서 회개하고, 처음에 하던 일을 하여라. 네가 그렇게 하지 않고, 회개하지 않으면, 내가 가서 네 촛대를 그 자리에서 옮기겠다(계시록 2:5).

생각은 행동을 낳는다. 죄를 지었으면 생각을 조정할 필요가 있다. 누구든지 죄를 지을 때 일반적으로 잘못된 생각을 한다. 죄는 무심하다. 건전한 생각을 마비시키고 마음에 죄의 자동항법장치를 달고 이기심을 추진력으로 삼는다.

- 하나님이 지켜보고 계시지 않는다는 생각 - 회개하라! 하나님은 늘 모든 것을 지켜보신다. 시편 36편에 따르면 죄는 하나님의 실존에 대해 거짓말을 한다. 죄는 우리가 하나님이 멀리 계시다고 생각하면 옆에 안 계신 듯 살게 된다는 점을 안다. "악인의 죄가 그의 마음속으로 이르기를 그의 눈에는 하나님을 두려워하는 빛이 없다 하니"(시편 36:1 개역개정판)
- 아무도 보는 사람이 없으면 하나님도 보지 않으신다는 생각 - 회개하라! "모든 것이 그의 눈앞에 벌거숭이로 드러나 있습니다. 우리는 그의 앞에 모든 것을 드러내 놓아야 합니다."(히브리서 4:13) "그가 스스로 자랑하기를 자기의 죄악은 드러나지 아니하고 미워함을 받지도 아니하리라 함이로다"(시편 36:2 개역개정판)
- 내가 원하느냐 원하지 않느냐가 가장 중요하다는 생각 - 회개하라! 하나님은 이렇게 말씀하신다. "무슨 일을 하든지, 경쟁심이나

허영으로 하지 말고, 겸손한 마음으로 하고, 자기보다 서로 남을 낮게 여기십시오."(빌립보서 2:3) 바울은 예수가 모든 것에서 첫째가 되어야 한다고 했다(골로새서 1:18).

근본을 회개한다

죄를 지었으면 삶의 근본 방식을 재고해야 한다. 계속 하나님을 앞에 모시고 살지 않는 한 철저하게 회개한 것이 아니다. 마음으로 자신이 결코 외롭거나 혼자가 아니라는 사실을 받아들여야 한다. 하나님이 "나는 결코 너를 떠나지도 않고 버리지도 않겠다."라고 말씀하셨기 때문이다. 예수님은 믿는 자와 늘 함께 하길 원하시고 실제로 함께 해 주신다. 그러므로 죄를 지었을 때 회개의 첫 단계는 예수님을 경멸했고 예수님이 함께 계시지 않는 것처럼 행동했음을 인정하는 일이다. 누가 우리를 똑같이 경멸했을 때 그 사람이 우리에게 어떻게 이야기하면 좋을지를 생각해 보면서 예수님을 무시한 것에 대해 마음에서 우러나는 슬픔을 표현한다. 무슨 말이나 행동을 하기 전에 예수님을 바라보고 그를 따라 말하고 행동하라.

자기중심으로 살며 자기를 신뢰하던 상태에서 돌아서서 그리스도께 나아가 삶을 맡기는 것이 근본적 회개이다. 예수님이 십자가에서 죽으셨을 때 우리는 자신을 위해 사는 것에 대해 죽었다. 이것이 복음이다. 예수님이 죽음에서 생명으로 되살아나셨을 때 우리는 모든 일에서 예수님을 높이는 새 삶을 살도록 예수님과 함께 되살아났다. 이것이 삶으로 새 열매를 맺는 회개, 곧 마음의 변화다. 죄를 짓는 까닭은 행동의 근본 동력이 예수님이 아닌 다른 것으로 변질되었기 때문이다. 예수님과 타인보다 자신을 먼저 생각한 것이다. 죄를 지었을 때는 자기 자신을 폭로하고 고발해야 한다. "주님, 저를 혼자 놔두셨습니다. 주님 없이는 이전처럼 죄를 지을 수밖에 없습니다." 과감히 예수님 발의 흙먼지 속에 자기 자신을 버려두고 또한 우리가 죄를 지은 대상 앞에 이기심과 교만과 무심함을 고백해야 한다.

사랑을 근본적으로 생각해 보면 마음의 변화가 어떻게 회개를 이루는지가 밝혀진다. 자세한 내용은 나의 책 『하나님처럼 사랑하기: 상대를 우상으로 섬기지 않고 관계 맺기』(홈앤에듀) 출판[11]를 참고하면 좋다. 사람들은 대부분 고마움을 사랑으로 오해한다. 누군가에게서 축복을 받거나 그 사람에게서 자기가 원하는 것을 계속 얻을 때 자기가 그 사람을 사랑한다고 생각한다. 결국 근본적으로 어떤 사람의 가치를 자기가 그 사람에게서 무엇을 얻을 수 있느냐로 판단한다. 우리는 뭔가를 얻을 수 있는 사람에게 사랑을 느낀다. 그러나 그 사람에게서 자기가 원하는 것(예컨대, 성관계)을 얻지 못하거나 자기가 원하지 않는 일(예컨대, 잔소리)을 당하면 사랑을 느끼지 못한다. 친구 관계와 부부 관계도 이 거짓말에 기초한다. 이렇게 완전히 망가진 생각으로 관계를 맺는 데서 온갖 죄가 싹튼다.

하나님의 사랑을 제대로 알 때 근본적인 회개가 시작되고 생각이 바뀐다. 하나님께 우리의 가치는 하나님이 우리에게서 무엇을 얻으시느냐에 있지 않다. 그러므로 하나님께서는 사람들이 하나님이 원하시는 것을 주지 않고 하나님이 기뻐하시지 않는 일을 해도 그들을 사랑하실 수 있다. 하나님의 사랑은 우리의 죄를 이기고 덮는다. 이것은 도대체 어떤 종류의 사랑일까?

하나님은 우리를 이렇게 생각하신다. "이들의 가치는 이들에게서 내가 무엇을 얻을 수 있느냐에 있지 않다. 이들의 가치는 내가 내 아들, 예수 그리스도를 통해 한 일을 빛내기 위해 이들의 상태가 내게 나의 능력과 사랑을 보여줄 기회를 주느냐에 있다." 내가 하나님과 그분의 사랑과 타인을 생각하는 마음을 바꾸면 모든 관계는 하나님께 나아가서 하나님이 나를 얼마나 사랑하셨는지를 보고 타인을 똑같이 사랑할 기회가 된다. 나는 하나님의 사랑이 나를 통해 타인에게 흘러가는 것을 경험했다.

그러므로 죄를 지으면 그리스도 안에서 하나님의 사랑에 대한 근본적인 생각을 살펴보고 하나님의 진리로 잘못된 생각을 바꿔야 한다. 성령께 이끌려 진리를 꾸준히 적용하는 사람은 진심으로 회개하게 된다. 그 결과 자신이 지은 죄를 죽이고(로마서 8:12-13) 자유를 누리게 된다.

이제 회개의 중요성을 알았으니 죄를 지은 사실을 깨달았을 때 왜 주님을 예배해야 하는지를 깊이 생각하라. 예배는 세 가지 형식으로 나타나야 한다.

하나님의 말씀을 묵상함으로 하나님을 예배한다

죄에서 근본적으로 돌아섰으면 마음을 하나님의 생각으로 가득 채워야 한다. 시편 기자가 이를 지혜롭게 말했다. "내가 주님께 범죄하지 않으려고, 주님의 말씀을 내 마음 속에 깊이 간직합니다."(시편 119:11) 죄를 지었을 때 이를 진지하게 다루려면 하나님의 말씀을 보고 하나님이 뭐라고 하시는지를 알아야 한다.

말씀 묵상은 성경을 읽고 암송하는 것으로 끝나지 않는다. 성령께서 하나님의 관점에서 일깨우시는 내용에 귀를 기울여야 한다. 땅의 관점으로는 자기 죄를 결코 명확히 볼 수 없다. 우리는 하나님의 말씀을 묵상하는 사이에, 예수님의 발판 밑에서 은혜로 겸손해지고, 십자가 밑의 흙먼지 속에 파묻혀 예수님의 피로 씻기고, 영원히 변함없는 사랑의 눈을 바라보며 하늘의 군대에 둘러싸일 때 죄를 가장 명확히 보게 된다. 예수님과 일대일로 마주하고 그분의 말씀의 프리즘을 통해 자기 죄를 바라보지 않으면, 자기가 못나 보이지 않고 죄가 끔찍해 보이지 않고 변화가 필요해 보이지 않는다. 죄를 되풀이하고 싶지 않으면 또 다른 예배 형식이 나타나야 한다.

예수 그리스도께 닻을 내림으로 하나님을 예배한다

예수 그리스도를 하나님의 아들로 믿는 사람이 죄를 지었을 때는 믿는 바에 따라 행동해야 한다. 죄를 지으면 어떻게 해야 하는가? 예수 그리스도를 하나님의 아들, 만물의 상속자(히브리서 1:2)로 예배해야 한다. 아들과 상속자라는 말은 하나님이 만물을 주셨다는 뜻이다. 하나님은 우리의 죄까지 다 그 아들에게 주셨다. 우리의 죄가 예수님 자신의 죄가 된 셈이다. 하나님이 자신의 아들을 우리 죄의 관리자로 삼으셨다. 예수님은 이 책임을 성실히 수행하여 죄가 되셨고 십자가에서 우리의 대용으로 죽으셨다.

이를 통해 그가 하나님의 법이 요구하는 대가를 지불했으므로 하나님이 우리를 옹호하고 속량하고 용서하고, 우리와 화해하고, 우리에게 자비와 은혜의 보좌에 계속 들어갈 권한을 주실 수 있었다. 우리가 하나님께 나아갈 때 하나님은 언제나 우리를 구원하고 구출하실 수 있다. 예수님이 늘 살아 계셔서 우리를 위하여 중재의 간구를 하시기 때문이다(히브리서 7:5).

예수님이 우리의 죄를 소유하신다면 죄는 더 이상 우리가 상관할 대상이 아니다. 다만 하나님의 영광을 위해 예수님께 속할 뿐이다. 죄악된 생각이나 언행을 했을 때 마음으로 예수님께 겸손히 엎드려 우리 죄에 대한 예수님의 소유권을 인정하는 것이 예수님을 높이는 것이다. 완전한 거룩함과 의로움이 가득한 자비와 은혜의 보좌에 우리가 나아갈 수 있다는 사실은 놀랍기만 하다. 죄를 지었을 때 그리스도께 닻을 내리면 우리는 이렇게 예배하며 하나님께 나아갈 수 있다.

"아버지, 아버지의 아들 예수님을 만물의 상속자로 삼으시고 예수님 안에 삶의 온갖 충만함이 머물게 하셔서 감사드립니다. 저의 죄가 무력해지도록 제게 예수님을 주시고 예수님께 저를 주신 아버지 하나님을 경배합니다. 저를 버리지 않으시고 혼자 두지 않으시고 영원히 단죄하지 않으셔서 감사드립니다. 아버지께서 예수님을 통해 이루신 일보다 저의 죄를 더 중요시했으면 아버지 앞에서 도망쳤을 터입니다. 저는 부끄럽고 무자격하지만 저의 죄와 사탄의 비난과 저의 마음의 자책에도 불구하고 아버지를 예배하고 예수 그리스도를 통해 아버지의 용서를 받으려고 아버지께 나아갑니다."

"주 예수님, 저의 구세주며 구원자이신 주님을 예배하고 주님께 영광을 돌리고자 저의 죄를 갖고 예수님께 나아갑니다. 주님을 하나님의 아들이며 저의 대제사장으로 경배합니다. 저의 부끄러운 죄, 제가_____한 것을 주님의 죄로 소유해 주셔서 감사드립니다. 주님의 의로움이 저의 유일한 희망임을 고백합니다. 율법을 충족한 주님의 희생을 감사드립니다. 제가 죄를 지었을 때 주님을 경멸하고 벌거벗기고 능욕하고 못 박은 저를 용서하옵소서. 이제 회개하고 주님께로 돌아서서 저의 죄를 이기는 주님의 힘을 경배합니다. 저의 죄를 주님이 보시듯 보고 주님이 미워하시듯 미워하는 마음과, 의로움을 주님이 사랑하시듯 사랑하는 마음을 주옵소서."

감사를 표함으로 하나님을 예배한다

하나님의 은혜로 죄에서 구원되었다는 사실이 정말 놀랍지 않은가? 하나님의 복을 받았으면 당연히 감사할 일이다. 단지 고맙다고 말하는 것은 감사가 아니다. 히브리서 저자는 이점을 잘 포착했다. "그러므로 우리는 흔들리지 않는 나라를 받으니, 감사를 드립시다. 그리하여, 경건함과 두려움으로 하나님이 기뻐하시도록 그를 섬깁시다. 우리 하나님은 태워 없애는 불이십니다."(히브리서 12:28-29) 이것은 성전에서 제사장으로 섬겼던 남자들에게 쓴 글이다. 제사장이 제단에 제물을 바칠 때 하나님이 기쁘게 보시고 거룩한 불로 그것을 태워 없애는 모습에는 심오한 뜻이 숨어 있었다. 핵심은 우리가 하나님에게서 구원과 용서의 복을 받았으면 감사하는 마음은 당연히 행동으로 나타난다는 점이다.

우리의 몸은 이제 성령의 성전이다. 우리는 죄로 성전을 더럽혔지만 예수님은 우리의 대제사장으로서 자신의 희생으로 성전을 깨끗하게 하셨다. 보이는 성전과 나라는 그 체계가 불안정하여 예배자들의 죄를 영원히 없앨 수 없었기 때문에 파괴되었지만, 그리스도의 희생이 단 한 번에 예배자들의 죄를 말끔히 없앴기 때문에 성령의 전인 새 성전은 파괴되지 않는다. 그러므로 무너지지 않는 나라이다. 우리의 몸, 곧 하나님 성전의 제사장으로서 우리는 이제 감사를 표하고 행동을 보이고 그리스도를 경외하는 마음으로 섬겨야 한다. 하나님이 기쁘게 받으시고 태워 없애실 줄을 안다면 죄를 회개한 후에 그리스도 안에서 시작하는 새 삶은 얼마나 멋지겠는가! 우리는 이렇게 기도해도 좋다.

"하나님께 기쁨이 되고 제가 죄를 범한_____에게 축복이 된다면 무엇이든 고치거나 배상함으로 저를 구원해 주신 데 감사를 표하고 싶습니다. 이 상황에서 제가 하나님을 드높이려면 어떻게 해야 할까요? 그들이 하나님과 맺는 관계의 힘을 알기 원하오니 제게 제대로 회개하고 변화된 삶을 사는 데 필요한 지혜와 은혜를 주옵소서."

죄를 지으면 어떻게 해야 하는가? 회개하고 하나님을 예배해야 한다. 하나님의 자비와 은혜에 감사하는 마음이 드러나도록 배상할 것을 배상하고 바꿀 것을 바꾼다.

 **요약**

죄를 지었을 때 어떻게 해야 하는가?

- 하나님의 존재를 무시하고 자신을 위해 산 것을 근본적으로 회개한다.

- 자기 죄에 대한 하나님의 말씀을 묵상함으로 하나님을 예배한다.

- 그리스도께 닻을 내리고 그분을 하나님의 아들과 대제사장으로 인정함으로 하나님을 예배한다.

- 배상과 적절한 행동을 통해 하나님께 감사를 표함으로 하나님을 예배한다.

소모임 나눔

1. 이 장에서는 하나님의 존재를 아는 것을 어떻게 말하는가?

2. 남자들이 흔히 짓는 죄들과 묵상할 성경구절의 목록을 함께 만든다.

3. 죄를 지었을 때 그리스도께 닻을 내림으로 그분을 예배한다는 발상이 어떤 감동을 주었는가?

4. 배상을 통해 하나님께 감사를 표하는 것이 왜 그렇게 중요하다고 생각하는가?

5. 이 장의 진리를 어떻게 적용하는가?

10장

강직한 남자가 되려면 어떻게 해야 하는가?

What's a Man to do to be a Man of Integrity?

강직한 남자가 되려면 어떻게 해야 하는가?

경영의 대가 톰 피터스는 강직함의 중요성을 이렇게 표현했다. "강직함에 사소한 과오란 없다"[12] 사업 거물 워런 버핏은 고용의 원칙을 말할 때 강직함의 중요성을 강조했다. "직원을 뽑을 때 세 가지 자질을 보라. 강직함과 지력과 활력이다. 첫째 덕목이 없는 사람은 나머지 두 덕목으로 회사에 치명적 해를 끼칠 것이다."[13] 우리는 강직한 남자인가? 좀 더 정곡을 찌르면 강직한 남자가 되고 싶은가?

메리엄 웹스터 사전은 'integrity'를 정직하고 공명정대한 성격 또는 완전무결한 상태로 정의한다(역주: 표준국어대사전은 강직함을 '마음이 꼿꼿하고 곧음'으로 정의함). 위 질문에 답하기 위해 이 정의의 개념을 남자의 정체성과 연결해 보자. 강직함에 대한 나의 기능적 정의는 이렇다. 강직함이란 어디서든 모든 사람에게 똑같은 정체성을 유지하는 것이다. 다중 정체성이 아닌 단일 정체성을 가진 남자는 강직한 남자가 된다. 강직한 남자가 되기 위해 어떻게 해야 하느냐에 대한 답을 짧게 말하면, 24시간씩 365일 평생 똑같은 정체성을 유지하는 것이다.

당신이 강직하게 살 수 있도록 좀 더 자세히 설명해 보겠다.

우리는 우리의 정체성으로 규정된다

『Equipping Men: Practical Tools for Life's Issues(남자 만들기: 삶의 문제를 푸는 실제적 도구들)』에서 남자로서 우리가 누구인지를 규정하는 네 가지 정체성 원리를 제시했다.[14] 이 네 원리는 예수님의 질문에 대한 베드로의 대답에서 나왔다. "너희는 나를 누구라고 하느냐?" 시몬 베드로가 대답하였다. "선생님은 살아 계신 하나님의 아들 그리스도십니다."(마태복음 16:16) 네 가지 정체성 원리는 다음과 같다.

- 우리의 정체성은 아버지에 의해 확립된다. 이것은 아버지가 하거나 하지 않은 일을 통해 이루어진다. "너는 아들이다." 한 남자를 그의 아버지의 아들로 알게 되면 그 남자가 누구인지, 왜 그런 식으로 사는지가 이해된다. 베드로는 예수님을 하나님의 아들로 이해하지 않으면 예수님이 누구인지를 절대로 알 수 없다는 사실을 깨달았다.
- 우리의 정체성은 힘을 가리킨다. 우리가 우리를 행복하거나 중요하거나 성공하게 해 주는 힘의 근원으로 바라보는 대상이 정체성의 근원이 된다. 베드로는 예수님의 힘이 '살아 계신' 하나님에게서 나왔음을 알았다.
- 우리의 정체성은 우리와 연계된 대상으로 규정된다. 베드로의 대답에 따르면 예수님은 자신과 연결된 하나님 아버지로만 규정될 수 있었다. 하나님 아버지는 아들 예수의 모든 말과 행동을 통해

활발히 활동하셨다.
- 우리는 자신을 행복하거나 중요하거나 성공하게 해 줄 힘이 있다고 생각하는 대상을 모방하는 것으로 정체성을 드러낸다. 베드로에게는 분명 예수님의 삶이 살아 계신 하나님의 정확한 모습이었다. 예수님을 보았으면 하나님을 본 것이다.

이 네 가지 정체성 원리는 우리가 누구이고 왜 그렇게 행동하는지도 알려준다. 삶에서 우리의 정체성은 아버지에 의해 확립된다. 우리가 자기를 아버지와 비슷하다고 느끼는 이유는 아버지 때문이기도 하고 그렇지 않기도 하다. 아버지가 우리와의 관계에서 희망을 주지 않았다면 우리는 행복과 가치와 성공을 가져다줄 관계를 찾아 나서게 된다. 자연히 우리의 소망을 이루어 줄 힘이 있어 보이는 사람들에게 붙는다. 그들의 힘을 얻으려면 그들과 연결되어야 하므로 그들을 모방하며 우리가 그들과 같음을 보여 줄 길을 찾는다. 이 과정에서 정체성이 설정된다. 그러나 그 힘의 근원이 흔들리면 또 다른 힘의 근원을 찾기 시작하고 하나를 찾으면 또 다른 정체성 하나를 더하게 된다.

이해를 도울 짧은 사례가 있다. 나는 열한 살 때 집에 수영장이 있는 밥이라는 친구가 있었다. 수영을 무척 좋아했기에 이때부터 어떻게 하면 밥의 수영장에서 수영을 할지만 궁리했다. 나는 밥과 연결되려고 그에게 귀를 기울이고 그를 지켜보았다. 그러다 그가 나쁜 말을 쓴다는 것도 알게 되었다. 어느 날 아침 등교 전에 소프트볼을 했다. 내가 태그아웃을 당하면서 욕을 했는데 밥이 들었다. 이 일은 곧바로 밥의 6학년 선생님인 나의 어머니 귀에 들어갔다. 당신 아들이 운동장에서 욕을 했다는 말을 들으신 것이다. 그날 오후 집에 갔더니 부모님은 부적절한 언행을 한 나를 타이르셨다. 내가 그런 말을 쓸 학생이 아니라시며 왜 그런 말을 했는지를 물으셨다. 그때의 내 대답이 지금도 생생하게 들리는 듯하다. "모르겠어요."

이제는 내가 왜 그렇게 했는지를 정확히 안다. 나는 아버지가 내게 주었던 것보다 더 많은 것을 원했다. 우리 집에는 수영장이 없었고 밥에게는 수영장이라는 힘이 있었다. 밥과 연결되어 그의 힘을 누리기 위해서 나는 밥의 가치관을 그대로 따랐다. 내가 누구인지 몰랐기 때문에 나는 아버지의 병환과 상심한 마음을 달랠 그 무엇에서 행복을 찾았다. 나는 그때 아무나 마음대로 따 먹기 좋게 잘 익은 과실 같았다.

그러므로 남자는 자라가며 다중 정체성을 개발하기도 한다. 이것은 정체성을 규정하는 원천으로 가장 최근에 알려진 인간관계와 모방언행에 의해 개발된다. 남자는 다중 정체성을 갖는 데 익숙해진다. 학창시절부터 평생 여러 정체성 사이에서 줄타기를 한다. 남자는 부모님 집에서 사는 동안 부모를 모방한다. 부모가 의식주와 다른 필요를 채워 줄 힘을 가졌기 때문이다. 남자는 일단 학교 건물이나 운동장에 들어가면 자기에게 행복과 가치와 성공의 가장 큰 희망을 주는 친구들의 태도, 말, 가치관, 행동을 모방한다. 함께 있는 개인이나 무리에 따라 자기도 모르게 정체를 바꾸는 카멜레온이 된다. 결혼할 때까지 집과 직장과 교회에서 감춰둔 정체성들 사이에서 양심에 거리낌 없이 줄타기를 하기도 한다. 이처럼 정체성에 일체성이나 단일성이 없으므로 강직함도 없고, 그때그때 자기 생각에 가장 편리한 쪽으로 행동하게 된다. 아무도 이런 남자를 신뢰할 수 없다.

강직함이 없는 남자는 두려움 속에서 산다

정체성을 둘 이상 가진 남자는 그것이 밝혀지거나 폭로될까 봐 두려움 속에서 산다. 어떤 상황에서 어떤 정체성을 연기할지를 기억해야 한다. 이는 쉽지 않은 일이다. 직장에서 인정받는 그의 언어에는 집에서 그가 어떤 사람인지가 드러나지 않는다. 자기를 감추기 위해 거짓말로 갈등을 피하는 것이 그가 직장에서 살아남는 길이기도 하다. 그러나 그가 아내에게까지 그런 식으로 거짓말을 하면 가정생활과 부부관계는 깨지고 만다. 그는 직장 사람들과 밖에 나가면 자기가 다른 정체성으로 행세하는 또 다른 환경에서 자기를 아는 사람이 있는지를 무의식적으로 확인하게 된다. 어느새 두려움이 끊임없이 삶을 장악한다.

남자는 그리스도와 같아질수록 강직해진다

영적 정체성이 가장 중요하다는 사실을 심사숙고하기 바란다. 사람은 예수님을 만나지 않는 한 강직함이 있을 수 없다. 왜 그런가? 강직함의 힘은 속에서 나오기 때문이다. 강직함은 어디를 가든 동일한 정체성을 보이는 사람에게서 흘러나온다. 어떤 남자에게 하늘 아버지께서 예수 그리스도를 나타내셨다면 그 남자는 어디에 누구와 있든지 동일한 하나님 아버지를 힘의 원천으로 갖게 된다. 또 그리스도의 생명이신 성령께서 그 안에 거하시며 그의 현실을 복음으로 살아갈 힘을 주신다. 그가 그리스도 안에 거하여 그분과 연결되면 그 열매로 그리스도를 닮게 되고 그를 아는 사람들은 그에게서 하나님을 보게 된다.

의도적으로 예수 그리스도와 같아지려는 남자는 어디서든 모든 사람에게 같은 모습을 보이기 때문에 두려움 속에서 살지 않는다. 그는 예전처럼 행복해지고 중요해지고 성공하기 위해 세상 사람들이나 사물들을 힘의 원천으로 바라보지 않는다. 도리어 성령께서 자기를 예수님의 모습으로 탈바꿈하실 것을 믿기에 예수 그리스도를 통해 하늘 아버지와의 관계에 주력하며 산다. 따라서 그는 그리스도 안에 있는 자기 정체성으로 하나님과 관계를 맺고 한결같은 삶을 살기 때문에 주변 사람들이 그에게서 일관성, 정직함, 당당함, 겁 없음, 내적 힘을 보게 된다. 사람들은 당연히 그를 믿을 만하다고 느낀다.

한 남자가 그리스도께 닻을 내림으로 강직함을 가졌느냐는 타협이나 동조를 요구하는 외부 압력에 '안 됩니다.'라고 말할 줄 아느냐에 달려있다. '안 됩니다.'라고 말하는 모든 사람이 강직하다는 말은 아니다. 주변 사람들에게서 자기 정체성을 확인하는 사람들은 대부분 그 사람들이 원하는 일이라면 뭐든지 해야 한다는 압박감을 갖는다. 힘을 얻기 위해 붙어 있는 사람들과의 연결고리가 끊어질지 모른다는 두려움에 '안 됩니다.'라고 말하기가 무섭다.

강직함이 없는 남자는 왜 상사에게 사실대로 보고하지 않았는지를 속으로 쉽게 합리화하기도 한다. 그 유혹을 물리쳐야 했지만 직원들과의 친분을 유지하기 위해 어쩔 수 없었다고 말이다. 핵심 가치가 없이 자기를 먼저 생각하는 남자는 믿어서는 안 될 사람이다. 그는 자기를 가장 높이 평가해 주는 사람의 노리개가 되고 만다. 반대로 그리스도와 같아지려는 사람은 그리스도를 먼저 기쁘게 해 드리고 싶어 한다. 그러므로 남들에게 쉽게 휘둘리거나 조종당하지 않는다. 성령께 이끌리기 때문이다. 하나님의 영이 '안 된다.'라고 하시면 그는 '안 됩니다.'라고 말한다.

겸손은 강직한 남자의 또 다른 특징이다. 그는 자기 힘이 자기에게서 나오지 않고 자기를 통해 사시는 그리스도에게서 나온다는 사실을 알기 때문에 겸손하다. 세상 속에서 자기 정체성을 찾는 남자들은 자기의 소속이나 재산이나 업적을 자랑한다. 반대로 그리스도에게서 자기 정체성을 확인하는 남자는 자기가 아는 사람들, 자기가 가진 재산, 자기가 해낸 일들을 모두 아버지 하나님이 주신 기회와 선물로 여긴다(야고보서 1:17, 고린도전서 8:6).

강직한 남자가 되려면 어떻게 해야 하는가? 지금껏 삶에서 사람과 사물을 정체성의 원천으로 바라본 것을 회개하고 삶의 원천이신 예수 그리스도께로 돌아서야 한다. 사도 바울은 골로새 사람들에게 정체성과 강직함 사이의 연관성을 언급했다.

> 그러므로 여러분이 그리스도와 함께 살려 주심을 받았으면, 위에 있는 것들을 추구하십시오. 거기에는, 그리스도께서 하나님의 오른쪽에 앉아 계십니다. 여러분은 땅에 있는 것들을 생각하지 말고, 위에 있는 것들을 생각하십시오. 여러분은 이미 죽었고, 여러분의 생명은 그리스도와 함께 하나님 안에 감추어져 있습니다. 우리의 생명이신 그리스도께서 나타나실 때에, 여러분도 그분과 함께 영광에 싸여 나타날 것입니다(골로새서 3:1-4).

당신이 하나님의 아들이고 그리스도와 함께 죽음에서 다시 살아났으면 예수 그리스도와 연결되어 매일 하나님을 삶의 원천으로 바라보라. 그러면 당신과 그리스도가 하나임이 드러나고 행복과 가치와 기쁨에 대한 희망은 더할 나위 없이 커지게 된다. 강직함은 그리스도 안에서 찾은 정체성에서 비롯된다.

강직한 남자가 되고 싶은가?

당신은 아내에게 직장에서와 똑같은 남자인가? 목사님이 갑자기 당신 집에 들르셨다면 당황스럽겠는가? 직장에서 상사나 다른 직원들과 같아지려고 애쓰는가? 상사에게 달라붙어 직장에서 승진하려고 양심을 어긴 적이 있는가? 이들 중 하나라도 해당된다면 당신은 강직함을 버린 셈이다. 자신의 마음과 삶과 동기를 깊이 살펴보고 '나는 누구인가? 하고 스스로에게 물어보라.

당신의 영적 아버지는 누구인가? 이 세상의 신인가 아니면 예수 그리스도의 아버지이신가? 당신은 "허물과 죄 가운데서, 이 세상의 풍조를 따라 살고, 공중의 권세를 잡은 통치자, 곧 지금 불순종의 자식들 가운데서 작용하는 영을 따라" 사는가?(에베소서 2:2) 마음을 아버지 하나님께 돌리고 그분과 하나가 되겠는가?

당신의 힘의 원천은 무엇인가? 당신은 행복과 가치와 성공을 위해 그리스도를 바라보는가? 그렇지 않았다면 예수 그리스도를 예배하고 다른 신들을 힘의 근원으로 삼은 것에 대해 용서를 빌라. 이제 다른 사람들의 힘과 그들이 당신에게 제공하는 것들에서 눈을 떼고 돌아서서 그리스도를 바라보겠는가?

당신의 삶을 좌우하는 연결 고리는 무엇인가? 당신은 예수 그리스도와 같은 모습을 띠지 않는 생활방식과 가치관으로 사는 사람들과 관계를 쌓아 왔는가? 그리스도와 동행하는 강직한 남자들과 가까이 하는 것은 어떨까? 그들에게 배우고 그들과 함께 성장하라.

당신은 누구를 따라 하는가? 당신이 생각하고 말하고 일하고 아내와 가족에게 관계하고, 기분을 전환하고, 오락을 즐기는 방식을, 이 세상에 동화된 남자들이 마음대로 바꿔 놓도록 방치했는가? 당신이 예수 그리스도를 모방하며 그분과 같은 모습을 보이기 시작하면 어떤 일이 벌어지리라고 생각하는가?

강직한 남자가 되고 싶으면 우리는 자신이 그리스도와의 관계를 통해 완전무결하게 살기로 결의한, 살아 계신 하나님의 아들임을 명심해야 한다. 이런 사람이 강직한 남자다.

요약

강직한 남자가 되려면 어떻게 해야 하는가?

- 예수 그리스도 외에 다른 정체성의 원천들을 가졌던 점을 인식하고 회개한다.

- 여러 정체성을 가지면 삶의 두려움이 생긴다는 사실을 인식한다.

- 삶의 모든 면에서 예수님과 같아지고 그분을 따른다.

소모임 나눔

1. 당신이 가졌던 여러 정체성의 원천들이 무엇이었는지 나눈다.

2. 그 원천들과 같아지려고 무엇을 했는가?

3. 복수 정체성을 가질 때 두려움이 생기는 점을 어떻게 설명할지를 나눈다.

4. 삶의 모든 면에서 예수님과 같아지는 데 걸림돌은 무엇인가?

5. 이 장의 진리를 어떻게 적용하는가?

남자들을
위한
지혜

Part
3

결혼에 관한 질문
Marriage Questions

11. 아내를 사랑하려면 어떻게 해야 하는가?
12. 아내가 성적인 요구를 들어주지 않을 때 어떻게 해야 하는가?
13. 아내의 축복을 받으려면 어떻게 해야 하는가?
14. 아내와 의견 차이가 있을 때 어떻게 해야 하는가?
15. 아내가 화를 낼 때 어떻게 해야 하는가?

11장

아내를 사랑하려면 어떻게 해야 하는가?

What's a Man to do
to Love his Wife?

아내를 사랑하려면 어떻게 해야 하는가?

"우리 남편은 저를 사랑할 줄 몰라요." 라고 하소연하는 아내들이 많다. 내 아내도 그랬다. 결혼 첫 해에 나는 아내를 사랑한다고 생각했다. 물론 그때도 아내는 내게 사랑받는다고 느끼지 못했다. 내가 아내를 사랑했는데 아내가 사랑받는다고 느끼지 못했다면 그건 어쩔 수 없다는 식으로 나는 반응했다. 지나치게 이기적인 나의 편견으로는 아내가 문제였다.

대개 남자들은 아내를 사랑할 줄 모르는 자신의 무능함을 전혀 모른다. 남편은 아내에게 존경과 사랑을 받지 못한다고 느끼면 거부당한 아픔 때문에 아내와의 관계에서 자기에게 사랑이 없다는 점을 애써 감추기도 한다. 남자는 교만 때문에 자신의 잘못과 자신이 얼마나 아내에게 불편을 주는지를 왜곡된 시각으로 본다. 남편들이 아내를 사랑하기가 힘든 데는 많은 이유가 있지만 가장 큰 방해물은 사랑에 대한 잘못된 생각이다.

사랑에 대한 생각을 바꾸지 않으면 아내와의 관계에서 어떤 변화도 기대할 수 없다. 아내를 사랑하려면 어떻게 해야 하느냐는 질문에 사랑에 대한 일반적 생각으로 답한다면 오답을 낼 수밖에 없다. 차라리 이렇게 질문해 보자. 아내에 대한 사랑이 새 자동차나 맛있는 음식이나 스포츠에 대한 사랑과 같은가? 그래서는 안 된다. 아마 생각해 보지 않았겠지만 전혀 다른 종류의 사랑이 있다. 하나님의 사랑이다. 이 사랑은 많은 사람들이 생각하는 사랑과 매우 다르다.

이 장을 통해 당신이 현재 어떤 바탕에서 아내와 관계를 맺고 있는지를 보게 되기를 바란다. 또 두 가지 종류의 사랑을 비교해 보고 아내를 어떻게 사랑해야 할지를 다시 생각해 보라. 마지막으로 예수 그리스도께서 신부인 교회를 어떻게 사랑하셨는지를 살펴보고 그분의 본보기에서 실제적인 지혜를 찾아보자.

부부관계의 바탕은 무엇인가?

마크와 조니는 고등학교 2학년 때부터 서로 알았다. 두 사람 다 매력적이어서 서로에게 끌렸다. 마크는 데이트하는 동안 조니를 행복하게 해 주려고 뭐든지 다 했다. 조니도 마찬가지였다. 두 사람은 깨닫지 못했지만 이들이 맺은 관계의 바탕은 이렇게 요약될 수 있다. "내가 너를 행복하게 해 줄 테니까 너도 나를 행복하게 해 줘." 서로를 행복하게 해 주는 한 두 사람은 자신들의 관계를 좋게 느꼈고 몇 번 부딪친 것만 빼고는 서로 잘 맞았다.

한 번은 마크가 결혼 전에 육체관계를 원했다. 조니는 마크가 원하는 대로 해서 그를 계속 행복하게 해 줘야 한다는 부담을 느꼈지만 처녀성을 바치는 것은 양심이 허락지 않았다. 그래서 선을 그었지만 마크가 계속 그 선을 넘자 끝내 허락하고 말았다. 마크에게 그것을 허락지 않았으면 그를 놓쳤을 것이라고 양심을 어긴 자신을 애써 합리화했다. 그녀는 그가 원하는 것을 어느 정도까지는 해 줌으로 그가 사랑받는다고 느끼기를 바랐다. 그러나 깊은 속마음은 아팠고 더럽게 느껴졌다. 그녀는 마크가 친구이자 배필감이기를 정말 원했다.

마크 입장에서는 조니를 잃지 않으려고 그녀를 계속 행복하게 해주고 싶어서 그녀가 자기에게 허락하는 한도에서 일단 만족했다. 그녀를 줄곧 행복하게 해주면 결국 그녀도 그를 행복하게 해 주고 싶어져서 그가 원하는 것을 줄 것이라고 판단했다. 그때까진 음란물로 은밀히 욕구를 채우면서, 조니와 결혼해서 마음껏 성관계를 즐길 수 있으면 더는 음란물이 필요없을 것이라고 생각했다.

마크는 조니가 자기를 행복하게 해주고 싶어 한다고 생각했기 때문에 그녀가 자기를 사랑한다고 생각했다. 그녀가 그를 행복하게 해 줄 때 그는 자기가 그녀를 사랑한다고 생각했다. 그녀도 그가 자기를 행복하게 해 주고 싶어 했기 때문에 그가 자기를 사랑한다고 느꼈다. 그래서 마크와 조니는 결혼했고 서로 열렬히 사랑한다고 생각했다.

이들이 맺은 관계의 밑바탕은 무엇이었을까? 눈치챘겠지만 이 결혼의 바탕은 자기만족과 행복이었다. 마크에게 관계의 결속은 성적 만족이었다. 조니의 기대는 마크가 어떻게 자기의 감정적, 사회적 필요를 채워줄지에 쏠려 있었다. 우리가 예상하듯 이 결혼은 오래가지 못했다. 마크는 음란물 사용을 중단하지 않았다. 음란물은 마크에게 조니가 결코 충족시켜줄 수 없는 그릇되고 비현실적인 기대를 부풀릴 뿐이었다. 조니가 마크의 은밀한 음란물 생활을 발견했을 때 그녀가 느낀 역겨움과 불신과 거절감은 말할 필요도 없다. 그녀는 마크와 자기 몸을 나누고 싶은 모든 의욕을 잃었다. 이용당했다는 아픔에 자신이 무가치하게 느껴졌기 때문이다. 마크는 불만족스러울수록 조니에게서 멀어졌다. 그가 멀어질수록 그녀는 상처받았고 외로움을 느꼈다. 어느새 그들은 밤에 아무런 소통 없이 지나가는 두 배와 같았다. 두 사람은 서로에게 정이 떨어졌다.

마크와 조니의 관계는 우상숭배와 이기심에 바탕을 둔 관계의 대표적 사례이다. 남자가 아내와 맺는 관계의 행복을 아내에게서 무엇을 받느냐에 바탕을 두면 그 관계가 무너지는 것은 시간문제다.

당신과 아내의 관계는 무엇에 바탕을 두고 있는가? 아내가 당신을 행복하게 해 주려고 하는 것들이 부부관계의 바탕이면 당신은 아내를 절대로 사랑할 수 없다. 남편이 아내를 사랑할 수 있게 해 주는 관계의 유일한 기반이 있다. 아내를 대할 때 예수 그리스도와의 관계에서 하나님의 사랑을 경험함으로 하나님을 알고 사랑하는 것이 그 기반이다. 어떻게 이 기반을 다지는가?

아내가 우리의 바람대로 하지 않을 때 우리는 예수님이 우리에게 경험하신 것을 맛보게 된다! 우리가 예수님이 원하시는 것이나 마땅히 받으셔야 할 것을 드리지 않아도 예수님은 우리를 사랑하시고 우리에게 필요한 것을 계속 주신다. 예수님이 우리와 맺으시는 관계의 토대는 예수님이 우리에게서 무엇을 받으시느냐가 아니고 예수님이 우리를 사랑하시는 과정에서 아버지 하나님과 무엇을 경험하시느냐이다.

예수님은 제자들에게 말씀하셨다. "아버지께서 나를 사랑하신 것과 같이, 나도 너희를 사랑하였다. 너희는 내 사랑 안에 머물러 있어라." (요한복음 15:9) 예수님의 뜻이 보이는가? 예수님이 제자들에게 베푸신 사랑의 토대는 예수님과 아버지 하나님의 관계였다. 예수님이 당신에게 베푸시는 사랑도 똑같다. 그러므로 당신은 아내를 사랑할 수 있는 아주 단단한 기반을 가졌다. 하나님을 알면 사랑의 원천을 아는 셈이다. 그리스도 안에서 하나님의 사랑을 바라보고 경험하라. 당신은 아내를 사랑할 수 있는 기반을 가졌다.

사도 요한은 그의 첫 서신에서 똑같이 말했다.

> 사랑하는 여러분, 서로 사랑합시다. 사랑은 하나님에게서 난 것입니다. 사랑하는 사람은 다 하나님에게서 났고, 하나님을 압니다. 사랑하지 않는 사람은 하나님을 알지 못합니다. 하나님은 사랑이시기 때문입니다. 하나님의 사랑이 우리에게 이렇게 드러났으니, 곧 하나님이 자기 외아들을 세상에 보내주셔서 우리로 하여금 그로 말미암아 살게 해주신 것입니다. 사랑은 이 사실에 있으니, 곧 우리가 하나님을 사랑한 것이 아니라, 하나님이 우리를 사랑하셔서, 자기 아들을 보내어 우리의 죄를 위하여 화목제물이 되게 하신 것입니다. 사랑하는 여러분, 하나님께서 이렇게까지 우리를 사랑하셨으니, 우리도 서로 사랑해야 합니다(요한일서 4:7-11).

아내가 어떻게 하느냐가 이제껏 부부관계의 기반이었다면 당신은 아내를 사랑하기가 힘들어서 몹시 답답했을 것이다. 나는 아내와 하나님을 어떻게 사랑할지에 대한 새로운 발상을 제안한다. 원하는 것이 있으면 하나님께 가라. 하나님이 아내가 당신에게 만족을 주도록 허락하지 않으신 덕에 당신이 하나님을 알게 되었으니 감사하라. 아내가 실망스러웠을 때 이렇게 대처하면 이제 당신은 아내를 제대로 사랑하는 발걸음을 내딛는 것이다. 먼저 하나님과의 관계를 만끽하라. 이렇게 하면 된다. 누군가와 같은 경험을 하면 그 사람을 더 잘 이해하게 된다. 당신이 예수님을 기쁘게 해 드리지 못할 때 예수님이 당신을 어떻게 사랑하시는지를 깊이 생각해 보라. 당신이 잘못해서 예수님을 실망시켜 드렸을 때 예수님이 무엇을 경험하셨는지를 알려 달라고 성령님께 기도하라. 아내가 당신을 실망시킬 때 당신이 느끼는 것을 예수님도 똑같이 느끼셨을 것이다. 예수님은 어떻게 하셨을까? 예수님은 기꺼이 당신의 잘못이나 죄를 고스란히 짊어지셨고 당신을 용서하셨고 가까이 다가오셨다. 이런 사랑을 받으니 기쁘지 않은가?

한 걸음 더 나아가 예수님을 좀 더 가까이 살펴보자. 예수님도 당신을 그렇게 사랑하시는 것이 기쁘셨다. 예수님은 자신의 용서와 사랑이 당신에게 어떤 복을 가져다주는지를 아셨기 때문이다. 예수님은 십자가를 견디시며 부끄러움을 마음에 두지 않으시고(히브리서 12;2) 당신과 관계가 회복되리라는 소망과 하나님 아버지를 기쁘게 해 드린다는 흥분에 초점을 맞추셨다. 당신은 예수님이 당신을 사랑하신 것처럼 아내를 사랑하면서 똑같은 기쁨과 소망을 맛볼 수 있다. 당신이 예수님을 실망시켜 드릴 때 예수님이 당신을 어떻게 사랑하시는지를 깨닫게 하시고 당신 안에 하나님의 사랑을 가득 채워 달라고 간구하라. 그래야 당신이 하나님을 알고 하나님 안에서 새로운 삶을 찾을 수 있다.

사도 바울도 에베소 사람들을 위해 기도하면서 이 기도의 중요성을 분명히 알았다.

> 아버지께서 그분의 영광의 풍성하심을 따라 그분의 성령을 통하여 여러분의 속사람을 능력으로 강건하게 하여 주시고, 믿음으로 말미암아 그리스도를 여러분의 마음속에 머물러 계시게 하여 주시기를 빕니다. 여러분이 사랑 속에 뿌리를 박고 터를 잡아서, 모든 성도와 함께 여러분이 그리스도의 사

랑의 너비와 길이와 높이와 깊이가 어떠한지를 깨달을 수 있게 되고, 지식을 초월하는 그리스도의 사랑을 알게 되기를 빕니다. 그리하여 하나님의 온갖 충만하심으로 여러분이 충만하여지기를 바랍니다(에베소서 3:16-19).

아내를 사랑하려면 어떻게 해야 하는가? 아내와 맺는 관계의 기반이 아내에게서 무엇을 받느냐가 아닌지 먼저 확인하고, 행복과 만족과 사랑의 원천으로 하나님을 바라봄으로 하나님을 알고 그분을 사랑해야 한다.

어떤 식의 사랑으로 아내를 사랑하는가?

『하나님처럼 사랑하기: 상대를 우상으로 섬기지 않고 관계 맺기-홈앤에듀 출판』에서 나는 세상의 사랑과 하나님의 사랑을 이야기했다. 어떻게 아내를 사랑하는가라는 질문에 대한 대답에 유용하리라고 본다. 사랑하기를 더 자세히 배우고 싶으면 www.spiritofelijah.com에서 책과 학습 안내서를 구하기를 바란다. 다음은 1장에서 뽑아낸 글이다.

나는 '사랑'이라는 말이 너무 흔하게 많이 쓰이기 때문에 세상의 사랑과 하나님의 사랑을 명확히 구분했다. 여러 면에서 참 유용했다. 이 둘은 극과 극이다. 위에 언급했듯이 세상의 사랑은 받고 이용하는 데 집중한다. 사도 요한은 첫 서신에서 이것을 밝혔다.

여러분은 세상이나 세상에 있는 것들을 사랑하지 마십시오. 누가 세상을 사랑하면, 그 사람 속에는 하늘 아버지에 대한 사랑이 없습니다. 세상에 있는 모든 것, 곧 육체의 욕망과 눈의 욕망과 세상 살림에 대한 자랑은 모두 하늘 아버지에게서 온 것이 아니라, 세상에서 온 것이기 때문입니다(요한일서 2:15-16).

요한이 말하는 세상은 예수님께 속하지 않은 자들을 가리킨다. 예수님은 제자들에게 성령의 은사를 이야기하실 때 세상에 속한 자들과 예수님께 속한 자들을 구분하셨다.

> 내가 아버지께 구하겠다. 그리하면 아버지께서 다른 보혜사(도와주시는 분)를 너희에게 보내셔서, 영원히 너희와 함께 계시게 하실 것이다. 그는 진리의 영이시다. 세상은 그를 보지도 못하고 알지도 못하므로, 그를 맞아들일 수가 없다. 그러나 너희는 그를 안다. 그것은, 그가 너희와 함께 계시고, 또 너희 안에 계실 것이기 때문이다(요한복음 14:16-17).

세상은 성령을 받지 못한다. 그렇기에 세상의 사랑이 하나님의 사랑과 같을 수 없다. 이야기 끝에 예수님은 세상의 사고방식과 예수님께 속한 사람들의 사고방식의 차이점을 밝히셨다. 우리는 세상이 자신을 사랑하고 예수님과 그분의 사람들을 미워한다는 사실을 안다.

> 세상이 너희를 미워하거든, 세상이 너희보다 먼저 나를 미워하였다는 것을 알아라. 너희가 세상에 속하여 있다면, 세상이 너희를 자기 것으로 여겨 사랑할 것이다. 그러나 너희는 세상에 속하지 않았고 오히려 내가 너희를 세상에서 가려 뽑아냈으므로, 세상이 너희를 미워하는 것이다(요한복음 15:18-19).

세상의 사랑은 사도 요한의 첫 서신에서 가장 잘 묘사되었다. 요한은 세상의 사랑을 '육체의 욕망과 눈의 욕망과 세상 살림에 대한 자랑'으로 요약했다(요한일서 2:16).

세상은 이용 가치에 따라 사물과 사람을 평가한다. 아마도 눈치챘겠지만 세상 사람들이 '사랑한다.'라고 할 때는 사랑을 받는 대상이 자기에게 원하는 것을 해준다는 뜻이다. 예컨대 어떤 사람이 '나는 내 차를 사랑해.'라고 말할 때 십중팔구 그는 자기 이미지가 상승했다든지, 차의 무결점 성능으로 운행이 편리했다든지, 아무튼 그 차를 통해 삶에서 얻은 유익을 생각하는 것이다.

세상 남자가 아내를 사랑한다고 할 때는 대체로 자기가 원하는 것을 자기가 원할 때 아내가 대부분 다 해 준다는 뜻일 것이다. 남자는 아내가 자기를 행복하고 편안하게 해 주는 한 자기에게 가치가 있다는 것을 '사랑한다.'라는 말로 표현한다.

뒤집어서 어떤 사람은 자기 삶을 편하게 해 주지 않는 대상들에게 '미워한다.'라는 반대말을 사용하기도 한다. 남편은 자기가 원할 때에 자기가 원하는 대로 아내가 어떤 것을 해 주지 않기 때문에 자기 아내를 미워한다고 말할지 모른다. 대개 이런 증오심은 시간이 지나면서 커지지만 개념은 명확하다. 세상의 사랑은 받고 이용하는 데 집중한다.

반대로 하나님의 사랑은 주고 섬기는 데 집중한다. 나의 죄악스러움이 오히려 하나님 아버지께서 순수한 사랑, 주는 사랑을 보여주실 기회가 된다. 예수님이 '내가 너를 사랑한다.'라고 하실 때는 내가 그분에게서 받는 하나님 아버지의 사랑 때문에 내가 중요하다고 말씀하시는 것이다. 당신이 사랑하기 힘든 아내에게 큰 가치가 있는 것은 바로 당신이 아내를 사랑하기 위해서 하늘 아버지께 가야한다는 데 있다는 것을 생각해 보았는가? 아내의 진가는 바로 아내가 하나님이 임명하신 대리인이라는 데서 나온다. 아내의 임무는 당신에게서 하나님의 사랑을 끌어내어 하나님께 영광을 돌리게 하는 일이다.

사람과 상황은 결국 하나님과 우리의 관계가 어떠한지 그 실상을 보여주실 기회가 된다는 사실을 깨달을 때 우리는 하나님 안에서 큰 자유를 누린다. 하나님은 시험을 통해 누가 자기 자녀인지를 밝히시려는 목적을 갖고 계신다. 하나님이 우리를 통해 아내를 사랑하실 때 우리는 하나님께 사랑받음을 깨닫는다. 사람과 상황은 하나님의 사랑의 대상인 하나님의 자녀를 시험하고 드러낼 목적으로 하나님이 주신 것이다. 아내가 우리가 원하는 것을 주지 않을 때 우리는 우리 안에 죄의 힘과 사랑의 힘이 동시에 작동함을 깨닫게 된다. 우리에게 세상의 사랑만 있으면 마음이 죄에 사로잡혀 사랑을 할 수 없다. 그러나 예수님이 우리 안에 거하시면 우리를 통해 흐르는 하나님의 강력한 사랑을 경험하게 된다. 두 경우 모두 이들은 우리 안에 가득 채워진 것을 드러내는 하나님의 도구이다. 내게 좋은 친구이자 정신적 스승인 제리 화이트가 한 말을 잊을 수 없다. "모든 인간관계는 사랑을 할 기회이고 모든 상황은 신뢰를 쌓을 기회이다."

우리가 세상의 사랑만 알면 우리는 아내를 이용해 육체적 욕구를 채울 수 있을 때만 아내와 행복을 느끼게 된다. 우리의 관계가 이것을 나타낸다. 우리는 아내를 조종하기 위해 몹시 애쓸 뿐만 아니라 분노와 질투가 자주 튀어나와 쉽게 상처를 받기도 한다.

그러나 우리가 그리스도의 사랑을 알면 그리스도로 충만하여 살기에 우리 안에서 '주는 사랑'이 흘러나온다. 이것이 두 사람을 하나로 묶어주는 사랑이다. 모든 사람을 위해 최선의 결과를 바라고 남을 먼저 배려하기 때문에 질투하거나 상처를 주는 일 없이 아내를 섬길 수 있다. 이 사랑은 예수 그리스도와의 연합에서 흘러나오기 때문에 요한이 말한 것과 같이 모든 영광이 하나님께 돌아간다.

> 사랑하는 여러분, 서로 사랑합시다. 사랑은 하나님에게서 난 것입니다. 사랑하는 사람은 다 하나님에게서 났고, 하나님을 압니다. 사랑하지 않는 사람은 하나님을 알지 못합니다. 하나님은 사랑이시기 때문입니다(요한일서 4:7-8).

생소하게 들리겠지만 아내가 쓸모없거나 무능하거나 완고할수록 우리가 하나님의 사랑을 경험하고 나타낼 가능성이 커진다. 당신은 사랑해야 하는 줄은 알지만 이렇게 사랑하는 것은 정말 어렵지 않겠는가? 사랑에 대한 세상 철학이 당신의 생각 속에 깊이 자리 잡았기 때문은 아닐까? 그러나 당신은 지금 하나님의 사랑을 확실하게 경험하는 문턱에 서 있는 셈이다.

하나님이 이 생각을 내게 알려주셨을 때 나는 어떻게 세상의 사고방식이 나와 아내의 관계를 무너뜨리거나 훼손했는지를 보여 달라고 주님께 기도했다. 철저히 회개하자 자유가 보였고 나는 하나님의 영광을 위해 하나님의 사랑을 드러내고 싶어졌다. 아내가 내게서 어떤 사랑을 느끼길 바라는지에 대해 내 생각과 마음을 바꿀수록 점점 더 많은 자유를 누렸고 사랑할 수 있는 능력도 부쩍 늘어 갔다.

당신은 요즘 아내를 사랑하기가 힘든가? 마땅히 받아야 할 그 무엇을 아내에게서 얻지 못해서 속이 상하는가? 아내가 당신을 불편하게 하는가? 아내가 당신이 원할 때 당신이 원하는 대로 해 주면 아내를 더 사랑할 것 같은가?

하나님이 사랑에 대한 새 통찰력으로 당신의 마음을 살펴보시도록 시간을 좀 내어드려 보라. 아내와 당신의 관계는 당신이 아내를 얼마나 이용할 수 있느냐에 의존해 왔는가? 그렇다 해도 자신의 모습에 힘겨워하거나 낙심할 필요가 없다. 오히려 용기를 내라. 하나님은 신비롭게 일하시고 기적을 행하신다! 우리가 죄악스럽고 사랑이 없기에 오히려 예수 그리스도께서 우리에게 아버지 하나님의 사랑을 증명하실 기회가 열린 것이다. "그러나 우리가 아직 죄인이었을 때에, 그리스도께서 우리를 위하여 죽으셨습니다. 이리하여 하나님께서는 우리들에 대한 자기의 사랑을 실증하셨습니다."(로마서 5:8)

하나님의 사랑으로 아내를 사랑할 수 있도록 먼저 하나님의 사랑과 용서를 받기를 적극 권한다. 아내를 사랑하려면 어떻게 해야 하는가? 아내를 사랑하기 위해 할 수 있는 두 번째 일은 절대로 세상의 사랑이 아닌 하나님의 사랑으로 사랑하는 것이다. 바로 바울이 에베소 교회 남자들에게 한 말이다. "남편 된 이 여러분, 아내를 사랑하기를 그리스도께서 교회를 사랑하셔서 교회를 위하여 자신을 내주심 같이 하십시오."(에베소서 5:25) 남편이 아내를 어떻게 사랑하는 것이 좋을까?

그리스도께서 교회를 사랑하셨듯이 사랑한다

이와 같이 남자들도 마땅히 자기 아내를 자기 몸같이 사랑할지니 자기 아내를 사랑하는 자는 자기를 사랑하느니라. 지금까지 아무도 자기 육체를 미워한 적이 없고 오히려 그것을 양육하고 소중히 여기기를 주께서 교회에게 하신 것 같이 하나니 우리는 그분의 몸과 그분의 살과 그분의 뼈들에 속한 지체들이니라(에베소서 5:28-30 킹제임스흠정역).

결혼에 대한 바울의 기본 생각은 두 사람이 한 몸이 되었다는 것이다. 그러므로 자기 아내를 사랑하는 남자는 자신의 몸, 곧 자기 자신을 사랑하는 것이라고 말했다. 그렇다면 남자는 어떻게 자기 몸을 돌보아야 하는가? 첫 번째로 해야할 일은 자신의 몸에 영양분을 공급해서 자신의 몸이 자라도록 하는 것이다. 이것이 바울이 쓴 헬라어 원어의 개념이다. 그러므로 남자가 어떻게 아내를 사랑하는 것이 좋으냐는 질문에 답하려면 아내가 인격적으로 그리고 그리스도와의 관계에서 자라고 성숙해지도록 돕는 길이 무엇인지를 물을 필요가 있다. 우리가 아내에게 그것을 할 수 있는 몇 가지 길이 있다.

- 집, 음식, 옷 등 육체적 필요를 채운다.
- 아내가 시간과 책임을 잘 관리하도록 돕고 필요할 때 섬김으로 아내를 스트레스로부터 지킨다.
- 농부가 씨를 뿌린 밭을 가꾸듯 아내가 아기를 갖기 전에 아이를 돌볼 수 있는 능력과 건강을 갖추도록 배려한다. 농부는 토양의 상태와 식물의 성장을 고려해 지혜롭게 씨와 씨 사이에 간격을 둔다.
- 성적인 면에서 아내를 보살핀다. 자신을 위해 아내를 이용하지 않고 아내의 요구를 들어준다. 아내의 몸을 보살필 책임이 바로 남편에게 있다. 아내를 언제 어떻게 만지고 보살필지는 성령의 인도를 구하면서 대가를 바라지 않고 베푼다.
- 아내를 위해 기도한다.

- 아내와 함께 하나님의 말씀이나 다른 책을 읽고 나누어 본다.
- 아내에게 사랑으로 진리를 말한다.
- 아내가 잘할 때와 낙심할 때 아내를 격려한다.
- 아내가 하나님의 말씀으로 영과 혼을 먹일 시간을 꼭 갖게 한다.
- 남편이 앉아서 아내에게 시선을 집중하는 것이 아내의 영혼을 살찌우는 것이다. 아내의 일일 복용량을 채워주기 바란다. 당신은 아내와 함께 앉아 보내는 15분이 어떻게 아내를 활짝 꽃피우는지에 놀라게 될 것이다. 아내가 불평이나 비판을 하더라도 무엇이든지 마음에 있는 것을 다 털어놓게 가만 놔두라. 자신을 방어하지도 문제를 해결하려고 하지도 않겠다고 결심하라. 주님께 아내를 어떻게 격려할지를 여쭈라. 긍휼히 여기거나 공감하거나 안아주거나, 성경 말씀을 들려줘도 좋다.

남자가 자신의 몸에 해야하는 두 번째 일은 자기 몸을 소중히 여기는 것이다. 바울이 생각한 개념(이와 같이 남자들도 마땅히 자기 아내를 자기 몸같이 사랑할지니)은 헬라어 원어의 의미에 따르면 자신의 몸을 따뜻하게 해준다는 뜻이었다. 실제적으로 어떻게 하면 아내가 자신을 귀하게 느낄 수 있을까를 스스로에게 물어보라. 관계를 냉랭하게 하는 언행과 반대로 관계를 따뜻하고 훈훈하게 하기 위해 할 수 있는 일이 있다. 그것이 자기몸, 곧 아내를 따뜻하게 해준다는 의미이다.

- 하던 일을 멈추고 아내에게 마음과 귀를 기울이라. 딴 생각을 하면서 듣지 말라.
- 아내가 다른 의견을 말해도 자신을 방어하지도 아내를 공격하지

도 말라. 오히려 자기 견해를 말해 준 아내에게 감사하라. 잘 생각해 보고 다시 이야기하자고 말함으로 아내를 격려하라. 아내는 위협의 두려움 없이 자기 의견을 표현할 자유가 있어야 한다. 우리가 아내의 조언을 중요하게 생각하면 아내는 사랑받는다고 느낀다.

- 아내가 우리를 섬겨줄 때 고마워한다.
- 결혼관계에 충성하고 헌신하라. 아내로만 만족하고 부부의 잠자리를 더럽히지 말라(히브리서 13:4).
- 야한 옷을 입은 여자나 음란물을 보지 않는다.
- 부부관계에서 아내에게 희망을 주는 일을 한다.

이것들이 아내를 사랑할 수 있는 실제적 방법이다. 남자가 자신에 대한 하나님의 사랑을 깨달으면 자신을 통해 아내도 하나님의 사랑을 만끽하기를 소원하게 된다. 하나님은 매일 여러 가지 실제적인 방법으로 우리를 사랑하신다. 아내의 요구에 잘 맞는 아이디어를 많이 달라고 기도하라.

아내는 그리스도 앞에서 당신의 사랑을 증언할 일차 증인이기도 하다

마지막으로 삶에서 하나님의 영광을 위해 무엇을 했는지를 예수님 앞에 서서 이실직고할 날이 오기 전에 미리 생각해 보기를 권한다. 당신의 아내 사랑에 대해 증언할 증인으로 아내가 불려나가면 어떻게 되겠는가? 예수님이 당신을 통해 얼마나 아내를 사랑하셨는지를 아내가 감사하길 바라지 않겠는가? 아니면 예수님이 "이 남자가 다른 사람을 얼마나 사랑했는지 누가 증언하겠는가?"라고 물으시면 어떻게 되겠는가? 아내가 증인석으로 뛰어가 "주 예수님, 주님의 사랑이 이 남자를 통해 흘러나오는 것을 제 눈으로 직접 보아 왔습니다."라고 말하면 하나님께 얼마나 큰 영광이겠는가? 그 순간을 맞을 때 당신이 이 장을 적용한 열매로 더 큰 행복을 누리기를 희망한다.

요약

아내를 사랑하려면 어떻게 해야 하는가?

- 첫 번째, 아내와의 관계의 기초가 아내에게서 무엇을 얻을 수 있느냐가 아니라 하나님을 알고 사랑하는 것, 곧 행복과 만족과 사랑의 원천으로 하나님을 바라보는 것에 있음을 확실히 한다.

- 두 번째, 세상의 사랑, 곧 자기 이익을 위해 아내를 이용하는 것이 아니라 하나님의 사랑, 곧 대가를 바라지 않고 아내의 이익을 최대한 추구함으로 아내를 사랑한다.

- 세 번째, 그리스도께서 교회를 사랑하시듯 아내를 보살피고 소중히 여김으로 아내를 사랑한다.

소모임 나눔

1. 마크와 조니의 이야기에서 와 닿은 것은 무엇인가?

2. 지금껏 아내를 어떤 사랑으로 사랑해 왔는가?

3. 아내의 성장과 성숙을 돕는 데 가장 유익한 제안은 무엇이었는가? 또 다르게 할 수 있는 일은 무엇인가?

4. 아내를 '따뜻하게' 해주기 위해 가장 유익한 제안은 무엇이었는가? 또 다르게 할 수 있는 일은 무엇인가?

5. 아내가 그리스도 앞에서 당신의 아내 사랑에 대해 증언하게 된다는 점을 이야기해보라.

6. 이 장의 진리를 어떻게 적용하는가?

12장

아내가 성적인 요구를 들어주지 않을 때 어떻게 해야 하는가?

What's a Man to do When his Wife isn't Meeting his Sexual Needs?

아내가 성적인 요구를 들어주지 않을 때 어떻게 해야 하는가?

　성생활은 우리가 하나님을 가장 영화롭게 할 수 있는 영역임에 틀림없다. 왜냐하면 사탄의 공격을 이처럼 많이 받는 영역이 없기 때문이다. 남자는 성에 대해 왜곡된 정보에 너무 많이 노출되어 성경적이고 복음적이고 예수님 중심적인 관점을 도리어 이상하게 보고 그런 관점으로 사는 것을 불가능하다고 여긴다.
　이 장에 소개될 내용은 당신에게 예수 그리스도와의 관계뿐 아니라 성관계에 대해서도 새로운 사고방식처럼 들릴 것이다. 하나님을 영화롭게 하는 부부의 육체관계는 몸과 혼을 둘 다 만족시킨다. 어떻게 하면 부부의 성관계가 하나님의 기쁨을 누리는 흥분되고 만족스런 예배가 될 수 있는지 당신이 깨달을 수 있기를 바란다.
　아마 당신은 예수 그리스도를 예배하는 것과 성생활이 어떻게 연관되는지를 생각해본 적이 없을 것이다. 실제로 아내와의 육체관계를 통해 어떻게 예수 그리스도를 예배하는지를 배운 남자는 거의 없다. 어쩌면 사탄이 이것을 싫어하는 것은 당연한 일이다. 이 장에서 나는 예배로 드러지는 성생활에 대한 두 가지 요점을 설명할 것이다. 첫 번째로 나는 하나님의 관점에서 이 주제의 심각성을 설명할 것이다. 두 번째로 결혼생활에서 성관계를 예배로 경험하는 것이 성경의 요구임을 밝힐 것이다. 이 장을 읽는 동안 성에 대한 자신의 생각을 되짚어보기 바란다. 아내가 당신의 성적인 요구를 들어주지 않을 때 당신은 하나님의 은혜를 통해 죄를 짓지 않고 하나님을 높이는 행동으로 아내에게 반응할 수 있다.

당신의 성생활은 하나님께 절대로 사소한 일이 아니다

음행(혼전 성관계), 간음, 동성연애를 하는 남자들은 하나님의 진노를 살 줄 알라. 하나님의 말씀은 이런 죄를 엄히 경고하고 금한다. 우리의 적이 계획적으로 남자들을 유혹하여 잘못된 숭배로 하나님의 질투와 심판을 부르고 하나님의 이름을 부끄럽게 하는 죄들을 짓게 한다는 사실을 예상해야 한다. 다음은 하나님이 성적 죄를 얼마나 심각하게 보시는지를 가리키는 구절이다.

> 모두 혼인을 귀하게 여겨야 하고, 잠자리를 더럽히지 말아야 합니다. 음행하는 자와 간음하는 자는 하나님의 심판을 받을 것입니다(히브리서 13:4).

> 하나님의 뜻은 여러분이 성결하게 되는 것입니다. 여러분은 음행을 멀리하여야 합니다. 각 사람은 자기 아내를 거룩함과 존중함으로 대할 줄 알아야 합니다. 하나님을 알지 못하는 이방 사람과 같이, 색욕에 빠져서는 안 됩니다. 또 이런 일에 탈선을 하거나 자기 형제를 해하거나 하지 말아야 합니다.

우리가 여러분에게 전에도 말하고 경고한 대로, 주님께서는 이런 모든 일을 징벌하시는 분이시기 때문입니다(데살로니가전서 4:3-6).

불의한 사람들은 하나님 나라를 상속받지 못하리라는 것을 알지 못합니까? 착각하지 마십시오. 음행을 하는 사람들이나, 우상을 숭배하는 사람들이나, 간음을 하는 사람들이나, 여성 노릇을 하는 사람들이나, 동성애를 하는 사람들이나, 도둑질하는 사람들이나, 탐욕을 부리는 사람들이나, 술 취하는 사람들이나, 남을 중상하는 사람들이나, 남의 것을 약탈하는 사람들은, 하나님 나라를 상속받지 못할 것입니다(고린도전서 6:9-10).

대부분의 남자는 자신의 양심과 하나님의 말씀, 그리고 분명한 하나님의 길을 무시한 채 계속 불순종하고 욕망을 채우기 때문에 이미 죄책감에 사로잡혀 있다. 이 책을 읽는 당신도 자신이 살아 온 방식 때문에 죄책감과 수치심에 붙들려 있어서 죄책감 없이 성을 누릴 수 있다는 사실을 믿지 못할지도 모른다. 그러나 분명한 것은 죄책감 없이 성을 누릴 수 있다는 것이다! 하지만 이에 앞서 하나님이 당신의 성생활을 얼마나 중요하게 생각하시는지를 깨닫고 왜 그것이 하나님께 중요한지를 알아야 한다. 성은 예수님을 예배하는 것과 연관되어 있기 때문이다.

성생활은 숭배를 표현한다

로마서 말씀은 하나님이 남자의 성생활을 어떻게 보시는지를 밝히고 있다. 남자의 성적 표현은 자신의 마음이 무엇을 숭배하고 있는지를 보여준다. 남자가 창조주 대신에 피조물을 숭배하면 하나님의 진노를 산다는 것이 신호가 된다. 바울은 하나님의 진노를 볼 수 있다고 말했다. 하나님의 진노는 불의한 행동으로 진리를 가로막는 불경건한 사람들을 겨냥하여 하늘로부터 나타난다(로마서 1:18). 사람들이 자기가 하나님의 권위보다 높다고 생각하고 하나님을 무시하기 때문에 하나님은 자신의 권위를 보이시고자 사람들을 그들 마음이 숭배하는 것에 넘겨주어 성적 죄를 짓게 내버려 두시는 것이다. 그래서 피조물 숭배자들은 창조주 대신에 피조물을 즐겁게 하고 만족시킨다.

> 그러므로 하나님께서는, 사람들이 마음의 욕정대로 하도록 더러움에 그대로 내버려 두시니, 서로의 몸을 욕되게 하였습니다. 사람들은 하나님의 진리를 거짓으로 바꾸고, 창조주 대신에 피조물을 숭배하고 섬겼습니다. 하나님은 영원히 찬송을 받으실 분이십니다. 아멘. 이런 까닭에, 하나님께서는 사람들을 부끄러운 정욕에 내버려 두셨습니다. 여자들은 남자와의 바른 관계를 바르지 못한 관계로 바꾸고, 또한 남자들도 이와 같이, 여자와의 바른 관계를 버리고 서로 욕정에 불탔으며, 남자가 남자와 더불어 부끄러운 짓을 하게 되었습니다. 그래서 그들은 그 잘못에 마땅한 대가를 스스로 받았습니다(로마서 1:24-27).

이런 생각은 지금의 포스트모던 사회에는 맞지 않는 당시의 문화에서 비롯된 바울의 낡은 생각일 뿐이라고 주장하는 사람들도 있다. 이것을 주장하는 사람들은 두 가지 사실을 간과하고 있다. 첫 번째, 바울은 이런 죄에 대해 개인의 의견을 표현하지 않고 하나님이 생각하시고 행하시는 것을 썼다. 두 번째, 하나님의 성령에 감동된 사람만이 하나님을 위해 말할 확신을 갖는다. 바울은 미친 사람이거나 아니면 하나님의 대변인 중 하나였다. 바울의 글을 조금만 분석해 보면 알겠지만 그는 명석하고 매우 논리적이다. 위의 말은 바울의 의견도 아니고 종교적 문화의 구식 가치관도 아니다. 바울은 이 문제에 대한 하나님의 마음을 글로 옮겼을 뿐이다. 하나님은 우리의 성생활도 예배 행위로 보신다. 그러나 사탄은 깨끗한 마음으로 하나님을 예배하는 사람들을 미워한다. 그렇기 때문에 세상 체계에서는 이 주제에 대해 거짓말, 유혹, 혼돈이 난무할 수밖에 없다. 그래서 우리는 하나님이 하시는 말씀에 최대한 경청해야 한다.

우리의 몸은 성령의 성전이다

성령께서 우리의 영혼에 들어오신 후부터 우리의 몸은 성령의 성전이 된다. 우리는 '거룩한 제사장단'의 일원이 되는 것이다. 몸으로 무엇을 하느냐가 하나님의 성전에서 하나님을 섬기며 예배하는 것이 된다. 우리 대부분은 이 진리를 잘 안다. "여러분의 몸은 여러분 안에 계신 성령의 성전이라는 것을 알지 못합니까? 여러분은 성령을 하나님으로부터 받아서 모시고 있습니다. 여러분은 여러분 자신의 것이 아닙니다."(고린도전서 6:19) 그 까닭에 결혼에서 지조와 신의는 하나님의 사람들에게 당연히 지켜야 할 기준이 된다. 사실 바울은 에베소 사람들에게 글을 썼다. "음행이나 온갖 더러운 행위나 탐욕은 그 이름조차도 여러분의 입에 담지 마십시오. 그렇게 하는 것이 성도에게 합당합니다."(에베소서 5:3)

이 구절들은 남자로 하여금 아내와의 성관계를 경건한 하늘의 관점으로 보게 해 준다. 솔로몬 성전의 제사장이 하나님의 율법에 따라 하나님께 제물을 바쳤듯이 하나님은 당신과 당신의 아내가 몸으로 어떤 제물을 바쳐야 기쁘신지를 알려주셨다. 남편과 아내는 자기 몸을 서로에게 내어줌으로써 서로를 섬긴다. 이는 성을 창조하신 예수 그리스도를 사랑하고 예배하기 때문이다. 하와가 남자에게서 나오기 전에 그랬듯이 남편과 아내가 결혼이라는 테두리 안에서 한 몸이 될 때 이것은 하나님의 형상을 담아내는 것과 같다. 결혼의 연합은 사람 안에 있는 하나님의 원래 형상을 예배하는 것이다.

하나님의 말씀과 지혜를 깨닫고 받아들인 사람만이 남편과 아내의 성관계를 이 관점에서 본다. 혼외 성행위는 이 예배를 보여줄 수 없다. 동성연애, 음란물 보기, 자위행위, 양성애, 수간(獸姦), 근친상간, 음행(혼전 성관계), 간음은 하나님의 형상을 담아내지 않으므로 하나님이 기뻐하시는 예배를 왜곡시킨 것이다. 신자가 이런 성행위에 참여하는 것은 제사장이 성전에서 하나님께 돼지나 자기들이 만든 향을 제물로 바치는 것과 같다. 얼마나 심각한 일인가?

이것은 매우 심각한 일이다! 아론의 두 아들 나답과 아비후는 하나님이 예배 때 미리 정하신 규정을 무시해도 괜찮다고 결정했다가 목숨을 잃었다. 우리의 유익을 위해 성경의 증언을 살펴보자.

> 아론의 아들 가운데서, 나답과 아비후가 제각기 자기의 향로를 가져다가, 거기에 불을 담고 향을 피워서 주님께로 가져갔다. 그러나 그 불은 주님께서 그들에게 명하신 것과는 다른 금지된 불이다. 주님 앞에서 불이 나와서 그들을 삼키니, 그들은 주님 앞에서 죽고 말았다. 모세가 아론에게 말하였다. "주님께서 '내게 가까이 있는 이들에게 나의 거룩함을 보이겠고, 모든 백성

에게 나의 위엄을 나타내리라' 하신 말씀은, 바로 이것을 두고 하신 말씀입니다."(레위기 1:1-3)

하나님을 예배할 때 표현의 자유란 없다. 하나님의 성전에서 제사장으로 섬기는 자는 모두 하나님을 거룩하게 대해야 한다. 당신과 아내는 하나님의 성전에서 제사장으로 함께 섬긴다. 하나님의 말씀을 근거로 강력히 주장하는 점이 이것이다. 아내와의 성관계는 당신이 원하는 것을 얻는 것이나 아내가 원하는 것을 얻는 것이 중심이 아니다. 하나님이 원하시는 것을 당신이 드리는 것이다. 그렇게 할 때 하나님이 예수 그리스도를 통해 영광을 받으시고 결혼생활의 성적인 면이 성취되고 충족된다. 부부의 잠자리는 당신이 배우자를 섬길 때 하나님께 예배를 드리는 제단이 된다.

성관계에서 배우자를 섬기는 것은 예배로 하나님을 섬기는 것이다

결혼의 성관계에 대한 하나님의 말씀과 지혜를 무시하는 세상 사람들은, 성을 침해할 수 없는 무제한적 권리로 본다. 자기만족, 행복, 표현의 자유가 이들의 성생활을 좌우한다. 영화, TV, 음악, 미디어, 인터넷, 출판물에는 거짓말과 거짓 선전이 판을 치고 있다. 이들 메시지에는 성적 표현이 자신을 위하는 것이라는 거짓 전제가 깔려 있다. 여기에 바로 문제의 핵심이 있다. 성에 대한 세상의 관점은 적그리스도의 영에서 비롯된다. 자신 곧 피조물을 하나님의 자리에 두고 예배의 대상으로 삼는 것이다. 세상은 당신이 아내를 섬기고 당신의 관심사보다 아내의 관심사를 먼저 챙기게 하기는커녕 아내를 이용해 자신을 섬기게 만든다.

당신의 생각과 경험에서 세상의 영향을 받은 부분이 감지되는가? 세상의 철학과 전통에 영향을 받았는가? 그렇지 않은 남자를 상상하기는 어렵다. 아내를 이용해 자신을 섬기는 것이 예배에서 하나님을 쫓아냄으로 하나님을 불쾌하게 해 드리는 것임을 생각해 보라.

성경에 따르면 예수님은 남자가 성관계를 통해 아내와 함께 하나님을 예배할 수 있다는 것에 대해 침묵하지 않으셨다. 아마도 바울은 이 부분을 주님께 배웠던 것 같다.

> 우리가 주 예수의 이름(권위)으로 무슨 지시를 여러분에게 내렸는지를, 여러분은 알고 있습니다. 하나님의 뜻은 여러분이 성결하게 되는 것입니다. 여러분은 음행을 멀리하여야 합니다. 각 사람은 자기 아내를 거룩함과 존중함으로 대할 줄 알아야 합니다(데살로니가전서 4:2-4).

믿는 남자가 아내를 얻고 아내를 돌보는 데 필요한 덕목은 성결과 존중이다. 남자는 아내를 자신에게 하나밖에 없는 거룩한 자로 대해야 한다. 아내는 하나님 앞에서 드려지는 남편의 예배에 있어서 다른 어떤 여자도 누릴 수 없는 존귀한 위치에 있게 된다. 남편은 성에 대해 자신의 욕망을 추구하지 않고 아내의 유익을 위해 자신을 버린다. 자기만족을 위해 여자를 이용하지 않는다는 말이다. 남자에게 바라시는 주님의 뜻은 아내를 이용하기보다 아내를 존중하는 것이다. 주님이 남자의 마음에 주시는 방법대로 남자는 아내를 섬기며 아내를 귀하게 여기는 자신의 마음을 보여줘야 한다.

부부에 대한 성경의 지도원리는 자기만족보다 배우자의 필요를 먼저 살피고 돌보는 것이다. 이는 누구나 쉽게 알 수 있다. 바울이 그리스도인 부부의 성관계에 대해 고린도 사람들에게 준 조언에 이 생각이 잘 설명되어 있다.

> 그러나 음행에 빠질 유혹 때문에, 남자는 저마다 자기 아내를 두고, 여자도 저마다 자기 남편을 두도록 하십시오. 남편은 아내에게 남편으로서의 의무를 다하고, 아내도 그와 같이 남편에게 아내로서의 의무를 다하도록 하십시오. 아내가 자기 몸을 마음대로 주장하지 못하고, 남편이 주장합니다. 마찬가지로, 남편도 자기 몸을 마음대로 주장하지 못하고, 아내가 주장합니다. 서로 물리치지 마십시오. 여러분이 기도에 전념하기 위하여 얼마 동안 떨어져 있기로 합의한 경우에는 예외입니다. 그러나 그 뒤에 다시 합하십시오. 여러분이 절제하는 힘이 없는 틈을 타서 사탄이 여러분을 유혹할까 염려되기 때문입니다(고린도전서 7:2-5).

부부가 서로 배우자의 성적 요구를 들어주는 것은 그리스도의 마음을 드러내고 복음을 빛나게 한다. 바울은 빌립보 사람들에게 주 예수님과 복음에 합당한 생활을 하라고 하면서(빌립보서 1:27) 그것이 어떤 삶인지를 명확하게 그렸다. "무슨 일을 하든지, 경쟁심(이기심)이나 허영으로 하지 말고, 겸손한 마음으로 하고, 자기보다 서로 남을 낫게 여기십시오. 또한 여러분은 자기 일만 돌보지 말고, 서로 다른 사람들의 일도 돌보아 주십시오."(빌립보서 2:3-4) 고린도교회 부부들에게 그가 한 조언이 바로 복음에 합당하게 사는 유일한 길의 단면처럼 보이지 않는가?

바울이 빌립보 사람들에게 생활방식과 인간관계에서 복음의 신앙을 위해 함께 애쓰라고 권면했듯이, 당신도 아내와 함께 부부의 성생활에서 복음과 예수 그리스도께 합당하게 행동하려고 노력하기를 바란다. 하나님의 성전인 아내의 몸을 잘 돌보라. 자신의 관심사보다 아내의 관심사에 더 집중하라.

아내가 나의 성적인 요구를 들어주는 것과 이것이 무슨 상관이 있는가?

위에서 한 말이 어떻게 이 질문에 답이 되는지가 궁금할 것이다. 아내가 당신의 요구를 들어주거나 혹은 거절하는 것이, 대부분은 아내가 좌우하는 것이 아니라 다른 무엇보다 우선한 하나님의 공급에 달려있다는 점을 생각해본 적이 있는가? 당신이 자신을 만족시킬 생각만 한다면 하나님이 아내의 마음을 움직여 당신의 요구를 들어주게 하실 이유가 있을까?

당신이 하나님의 성전에서 가증스런 제물을 바쳤다면, 예컨대 성적 욕망을 채우기 위해 음란물을 보거나 자위행위를 하거나 창녀와 간음하여 하나님이나 아내에게 거룩함과 영예를 지키지 않았다면 하나님이 아내를 당신의 성적 소모품으로 내주실 이유가 있을까? 게다가 당신이 모든 형태의 성적 음행을 절제하지 않아서 아내를 존경하지도 아내의 성을 존중하지도 않는다면 아내가 당신과 성관계를 맺고 싶어야 할 이유가 있을까? 더욱이 여자들은 사랑받지 못하고 이용당하고 창피당하고 무시당한다고 느끼면 보통 성적 의욕이 생기지 않는다.

남자들이 먼저 아내를 축복하지 않으면 아내의 축복을 받는 것은 어려워진다.

내 말을 잘 이해하기를 바란다. 하나님이 당신의 아내를 다스리신다. 하나님은 자신의 목적을 당신의 삶에서 이루시기 위해 아내의 마음을 움직여 성생활에서 당신을 원하게 하실 수도 있고 꺼리게 하실 수도 있다. 당신이 정말 하나님의 것이면 하나님은 당신을 거룩하게 하시고 예수 그리스도의 형상과 같게 하시기로 작정하실 것이다. 아내는 이 작업의 핵심이 되는 자산이다.

당신을 칭찬해 주고 하나님을 예배하는 아내가 있어야 하기 때문이다. 자신을 숭배하거나 성적인 면에서 아내를 숭배하면 하나님은 아내의 마음을 움직여 당신을 꺼리고 멀리하게 하시기도 한다. 그런 일이 있지 않았는가? 아내가 당신의 성적 요구를 들어주지 않은 이유가 당신이 잘못된 대상을 숭배하고 부부의 성생활에 대한 하나님의 목적을 무시했기 때문은 아닌가?

혼전 음행을 회개한다

하나님은 이런 성 문제를 보복하시고 음행(혼전성관계)하는 자와 간음하는 자를 심판하신다. 시작부터 하나님의 말씀을 무시하고 자신을 숭배하면 성관계에서 하나님의 복을 기대할 수 없다. 내 상담 경험에 따르면 결혼 후 성관계를 전혀 하지 않게 된 많은 부부가 있었는데, 그 원인은 결혼 전에 성적인 면에서 절제하지 않았기 때문이었다. 남편이 성적인 면에서 접근할 때마다 아내는 결혼 전 남편의 욕망이 떠올랐고 자신을 허락한 것에 대한 죄책감에 시달려야했다. 첫 성관계부터 하나님의 보복과 허망함을 맛보았다. 하나님과 서로에게 죄를 고백하고 예수님의 대속의 피를 감사하고 이제 깨끗하게 용서받았음을 알지 않는 한, 이런 부부는 성관계로 하나님을 예배할 수 없다. 이 허물과 죄책감은 두 사람을 갈라놓고 하나님과 멀어지게 한다.

남자가 부부관계의 지도자이므로 음행(혼전 성관계)에 대한 책임은 전부 남자가 져야 한다. 이 음행만 고백하는 것으로는 부족하다. 거기에는 훨씬 더 깊은 죄가 깔려 있기 때문이다. 예컨대 하나님 대신에 자신을 숭배한 것, 결혼 전에 하나님과 아내 될 여자를 사랑하지 않은 것, 자기만족을 위해 아내 될 여자를 지배하고 조종한 것 등이다. 당신이 결혼 전에 음행을 욕망하게 된 근본 문제를 찾지 않는 한, 십중팔구 하나님은 자유를 주지 않으신다. 그러나 근본 문제를 찾아 회개하고 그 죄를 통해 예수 그리스도를 예배하면 하나님의 자비와 은혜를 기대해도 좋다. 자신의 죄보다 예수 그리스도를 중시하라. 이 죄에 묶이지 말고, 당신을 용서하고 깨끗하게 하신 하나님께 감사하라.

히브리서 저자는 하나님이 간음한 자를 심판하신다고 명확히 말했다(히브리서 13:4). 간음한 남자는 아내와의 성관계에서 하나님의 실존과 은혜를 기대할 수 없다. 고통스럽겠지만 간음 사실을 인정하고 반드시 회개해야 한다. 그래야만 이 영역에서 하나님의 복을 경험할 수 있다.

첫 번째, 간음 사실을 인정해야 한다. 간음은 어떤 행동으로 이루어지는가? 결혼을 한 남자가 다른 여자와 성관계를 맺으면 간음죄이다. 예수님의 말씀에 따르면 이혼하고 다른 사람과 결혼한 사람이나 이혼 경력이 있는 사람과 결혼한 사람은 간음죄를 지은 것이다. "자기 아내를 버리고 다른 여자에게 장가드는 사람은 간음하는 것이며, 남편에게서 버림받은 여자에게 장가드는 사람도 간음하는 것이다."(누가복음

16:18) 이 두 경우의 성관계는 죄로 시작되었다. 하나님이 성전에서 어떻게 이런 제물을 받고 자신의 실존과 기쁨으로 복을 주실 수 있겠는가? 그러실 수 없다!

두 번째, 성관계가 하나님의 복을 받기 위해서는 간음죄를 회개해야 한다. 간음죄만 고백해서는 안 된다. 앞에서 음행에 대해 말했듯이 간음 역시 그 동기와 행동이 순결하지도 바람직하지도 않은 예배이다. 당신은 십자가에서 예수님을 만나고 이 죄를 통해 예수님 앞에서 예배해야 한다. 주님이 당신을 용서하고 깨끗하게 하셨음을 알 때까지 가만히 있으라. 회개는 결혼의 성에 대한 새로운 마음과 관점을 갖는 것이다. 그 까닭에 나는 이 장의 질문에 대한 답을 결혼의 성에 대한 하나님의 관점에서 찾았다. 하나님의 관점에서 부부의 성관계는 남편과 아내가 서로를 섬김으로 하나님을 섬기는 것, 곧 하나님의 성전에서의 예배 행위이다.

셋째, 당신과 아내는 성관계에서 이기심의 죄책감으로부터 자유로워져야 한다. 사랑 없음과 이기심으로 파멸을 자초한 데 대해 서로를 용서하지 않는 한 서로 자유를 주고받을 수 없다. 자기만족을 위해 아내와 딴 여자들을 이용하면서 아내가 당신의 요구를 들어주는 시종인 것처럼 아내를 대했다면 회개하고 아내 앞에서 성적인 면에서 이기적이었고 아내의 관심사와 요구에 대해 무관심했음을 고백할 필요가 있다.

넷째, 가장 중요한 단계로 잘못된 예배에 대해 하나님께 회개해야 한다. 아내가 성적 요구를 들어주지 않을 때 어떻게 해야 하느냐는 질문에 답할 때 예수 그리스도를 예배하는 것에 초점을 맞춰야 한다.

아내를 섬길 때 예수 그리스도를 예배한다

과거의 성적 죄를 씻고 난 후 우선순위를 바로잡고 성관계를 하나님 앞에서 예배 행위로 보면 하나님이 자신의 실존과 복을 당신과 아내에게 넘치게 부어주시게 된다. 그러면 어떻게 남자가 하나님의 성전인 자신의 몸으로 아내와 함께 예수 그리스도를 예배할 수 있을까?

예수님이 아내를 깨끗이 하시도록 예수님처럼 자신을 비운다

어떤 형태로든 아내가 당신의 요구를 들어주도록 조종하거나 움직이게 할 생각 없이 아내에게 다가가야 한다. 예수님을 예배함으로 자신을 비워야 한다. 예수님이 어떻게 하나님으로서 자신의 권리를 주장하지 않고 자신의 아버지께서 신부를 깨끗이 하실 줄 믿고 스스로 굴복하여 고난을 달게 받으셨는지를 보라. 바울은 예수님의 자세를 이렇게 묘사했다. "여러분 안에 이 마음(자세)을 품으십시오. 그것은 곧 그리스도 예수의 마음(자세)이기도 합니다. 그는 하나님의 모습을 지니셨으나, 하나님과 동등함을 당연하게 생각하지 않으시고, 오히려 자기를 비워서 종의 모습을 취하시고, 사람과 같이 되셨습니다."(빌립보서 2:5-7) 예수님은 신부인 우리를 찾아오실 때 우리를 섬기기 위해 자신을 비우셨다.

아내를 감정적으로 신체적으로 섬길 때 계속 기도하며 성령과 대화하라. 이것이 예배이다. 주님을 아내에 대한 관심과 사랑의 근원으로 바라보라. 당신이 아내의 필요를 살필 때 주님이 자신의 실존을 드러내실 줄 믿으라. 자신의 바람은 제쳐놓고 아내에게 무엇이 필요한지를 분별하게 해 달라고 주님께 간구하라. 시선을 집중하는 것이 가장 중요하다. 종일 성적 접촉을 하지 않는 것도 스트레스를 풀어 주는 데 도움이 된다. 집안일을 거들어 주는 것도 정말 아내를 섬기는 것이다.

당신이 자신의 성적 욕구를 채우려는 속셈으로 이런 일을 하면 아내는 우상숭배의 영과 지배하려는 마음을 느낀다. 그러나 예배를 통해 먼저 자신을 비우고 아무런 보답을 바라지 않고 아내를 사랑하고 아내의 필요를 우선하여 돌보면 하나님은 당신을 통해 자신의 사랑을 아내에게 부어주신다. 이미 알아챘겠지만 그리스도를 예배하고 아내를 섬기는 것은 잠자리에 들기 전부터 시작된다.

성령으로 가득 차서 성령의 안내를 받는다

잠자리에 들어서도 계속 아내에게 귀를 기울이고 아내의 관심사에 흥미를 갖고 아내를 섬기라. 내가 성령 충만할 때는, 아내가 나의 성적 요구를 들어주지 않아도 하나님께 내가 성령으로 충족된다고 고백하면서 이렇게 아내를 섬길 수 있다. 이것은 말로 표현할 수 없지만 내가 전심으로 믿는 바이고 아내에게도 영적으로 쉽게 와 닿는다. 성령으로 가득 차면 예수님이 내가 아내를 어떻게 사랑해야 하는지를 지도해 주신다. 나는 예수님이 내가 아내를 만져야 하면 어디를 어떻게 만질지를 생각나게 하실 줄 믿는다.

주님과 계속 교제한 결과로 나의 영혼은 주님의 실존과 기쁨으로 가득 찬다. 말하자면 내 몸을 주님의 손에 맡기는 셈이다. 나는 주님을 믿고 주님과 마음껏 교감하면서 주님께 내 아내를 사랑하고 돌보고 아내의 필요를 채워 달라고 청한다. 이런 만족이 있으면 나는 육체적 요구를 자제하고 주님이 자신이 생각하시는 최적기에 내 필요를 채우실 줄 믿고 기다릴 수 있다. 하나님이 내 필요를 바로 채워 주실 때도 있지만 내가 아내에게 아무런 보답을 받지 않아도 아내에게 그저 주기만 하게 하실 때도 있다. 그것이 내게 가장 좋다는 것을 아시기 때문이다. 내 아내는 자기가 나를 위해 뭔가를 해 주는 것 때문이 아니라 내가 그리스도와의 관계 때문에 자기가 사랑받는다는 것을 알 필요가 있다.

당신이 하나님이 만드신 피조물(아내)을 바라보지 않고 하나님을 모든 공급의 근원으로 바라보는 예배를 통해 하나님 앞에 있을 때 성령께서 당신을 채우신다. 필요할 때 도움을 청하기 위해 예수 그리스도의 자비와 은혜의 보좌에 나아가는 사람은 누구나 이것을 경험할 수 있다(히브리서 4:16). 이것은 성적 경험을 하나님의 생명과 복이 있는 영적 영역으로 승화시킨다. 하나님이 계신 곳에는 예수 그리스도를 예배하는 사람만 아는 생기와 충족과 기쁨이 있다. 이 세상의 결혼생활에서 이 기쁨을 경험할 수 있다.

아내가 성적인 요구를 들어줄 수 없을 때(또는 미혼이면) 어떻게 해야 하는가?

아내가 성적인 요구를 들어줄 수 없을 때가 있다. 출장 때문에 집을 떠나 있거나 미혼일 경우에 사탄은 때를 놓치지 않고 당신이 육신의 욕망을 채우기 위해 갖은 유혹을 한다. 유혹을 어떻게 이기는지에 대한 지혜는 7장 '유혹을 받을 때 어떻게 해야 하는가?'에서 밝혔다. 이런 상황에서는 믿음과 마음의 상태가 그대로 드러난다. 마음에 가득한 것이 행동으로 나온다. 이것이 진실이다.

당신은 누구인가? 당신의 삶에서 힘의 근원은 무엇인가? 하나님의 실존 속에서 산다고 믿고 있는가? 아내와 떨어져 있거나 미혼이어서 혼자일 때 예수 그리스도를 예배하고 강직함을 굳게 지키기로 결단했는가? 하나님이 당신의 요구를 아시고 딱 알맞은 때에 바른 방법으로 들어주실 줄을 믿는가? 이미 하나님의 영으로 새롭게 태어났고 지금 성령께서 당신 안에 사시면 아내와 함께 있지 않거나 미혼이어서 혼자이더라도 혼자가 아님을 알게 된다. 주님께 합당하게 살고 싶은 남자는 아내를 존중하고 아내에게 부끄럽지 않도록 자신을 성결하게 하기 위해 생명과 은혜가 충만하신 주님을 겸손히 바라본다.

아직 미혼이라면 누가 아내가 될지 아직 모르더라도 아내를 존중하고 아내에게 부끄럽지 않도록 자신을 성결하게 하는 것이 좋다. 성전인 자신의 몸을 더럽히지 않았으면 아내에게 줄 소중한 선물을 갖추게 된다. 데살로니가전서 4장에서 계시된 하나님의 지시에 순종하여 순결을 지키면 하나님이 아내를 당신에게 데려오실 때 성적인 면에서 당신의 사랑이 아내에게 전달된다. 하나님이 은혜롭게 아내를 허락하실 때까지 예배하는 자세로 기다리는 것이 좋다. 이것은 아내를 사랑하는 충실한 남편이 될 준비를 갖추는 것이다.

기혼이든 미혼이든 딴 여자들을 바라보고 이용하는 행동을 거부하면 주님을 기쁘게 해 드리는 제물을 바치는 것과 같다. 하나님이 필요를 채우실 때까지 기다리는 것이 주님을 예배하며 바라보는 것이다. 하나님이 아내를 위해 우리 자신을 깨끗이 지킬 은혜를 주시리라고 믿는다는 말이다. 이렇게 하면 성적 음행을 피함으로 성적인 면에서 아내를 섬기면서 예수님을 예배하는 것이기도 하다. 성령께서는 이런 예배에 응답하셔서 성전을 채우신다. 주님은 아내가 채워줄 때까지 성적 욕망을 자제하는 데 필요한 은혜를 공급하신다.

이런 것들로 무엇을 하겠는가?

아내가 성적인 요구를 들어줄 수 없을 때 이런 예배 자세를 지켜 왔는가? 만일 이런 관념을 들어 본 적이 없다면 하나님이 많이 참으신 줄 알고 회개하고 죄를 고백하라. 하나님이 응답하실 것이다. 아마 이 격려의 말씀을 기억할 것이다. "우리가 우리 죄를 자백하면, 하나님은 신실하시고 의로우신 분이셔서, 우리 죄를 용서하시고, 모든 불의에서 우리를 깨끗하게 해주실 것입니다."(요한일서 1:9)

고린도 교회에는 심각한 성적 음행을 저지른 사람들이 많았다. 바울은 그들에게 보낸 첫 편지에서 그들의 삶을 구원하고 변화시키시는 하나님의 은혜로운 일을 증언했다.

> 불의한 사람들은 하나님 나라를 상속받지 못하리라는 것을 알지 못합니까? 착각하지 마십시오. 음행을 하는 사람들이나, 우상을 숭배하는 사람들이나, 간음을 하는 사람들이나, 여성 노릇을 하는 사람들이나, 동성애를 하는 사람들이나, 도둑질하는 사람들이나, 탐욕을 부리는 사람들이나, 술 취하는 사람들이나, 남을 중상하는 사람들이나, 남의 것을 약탈하는 사람들은, 하나님 나라를 상속받지 못할 것입니다. 여러분 가운데 이런 사람들이 더러 있었습니다. 그러나 여러분은 주 예수 그리스도의 이름과 우리 하나님의 성령으로 씻겨지고, 거룩하게 되고, 의롭게 되었습니다(고린도전서 6:9-11).

이 말씀으로 용기를 내라. 이 남자들도 예수 그리스도를 모르거나 영과 진리로 예수님을 예배할 줄 몰랐던 때가 있었지만 복음이 들어오자 이들의 삶이 바뀌었다. 이런 성적 죄들은 과거 행실이었고 '옛사람'의 습관이었다. 몰라서 성적 경험을 우상시하며 살았을 것이다. 어쩌면 우리의 삶이 바울이 묘사한 이방인들의 삶과 같았을지도 모른다. "그들은 자기들 속에 있는 무지와 자기들의 마음의 완고함 때문에 지각이 어두워지고, 하나님의 생명에서 떠나 있습니다. 그들은 수치의 감각을 잃고, 자기들의 몸을 방탕에 내맡기고, 탐욕을 부리며, 모든 더러운 일을 합니다."(에베소서 4:18-19) 순결하게 살 줄 몰라서 탐욕과 온갖 더러운 일에 자신을 내준 적이 있는가? 이 남자들은 몰랐지만 지금 우리는 그렇지 않다. 새롭게 자유를 누리며 살 희망이 있다.

오늘 지금 이 순간이 예수님이 십자가에서 확실하게 죄를 깨끗하게 하신 일을 통해 회개하고 하나님께 돌아설 때이다. 예수님은 우리를 대신해 죽으셨다. 예수님은 우리의 성적 죄를 갖고 하나님의 진노를 받으셨다. 덕분에 우리는 예수님의 이름으로 깨끗해졌고 거룩해졌고 의롭게 되었다. 이것이 하나님 앞에서 우리의 요구이다. 예수님의 대속과 구원을 통해 당당하게 하나님의 자비의 보좌에 나아가라. 그러면 필요할 때 도와주시는 주님의 자비와 은혜를 받게 된다. 주님께 지금 나아가겠는가?

기도

하늘에 계신 아버지, 예수 그리스도의 풍요로움에 따라 성령의 능력으로 이 책을 읽는 남자들과 여자들의 눈을 열어 주시기를 간구합니다. 이들이 결혼에서 성관계에 대해 가졌던 세상적이고 이기적인 관점을 회개할 때 주님의 성전인 몸으로 주님을 예배하는 모습을 보게 하옵소서. 죄를 고백하고 자비와 은혜를 얻으려고 주님께 나갈 때 용서하시고 깨끗하게 하옵소서. 이들 가운데에는 주님을 기쁘게 해 드리고 싶은 갈망을 넣어주셔야 할 사람들도 있을 것입니다. 이들은 사탄과 세상에 학대당하고 이용당하고 더럽혀졌습니다. 주님의 영광을 위해 고치시고 회복하게 하옵소서. 아버지, 이들이 성적인 면에서 배우자를 섬길 때, 아버지의 영으로 가득 채우시고 인도하옵소서. 주님이 사랑하시는 사람들이오니 예수님을 위해 이들의 삶에 놀라운 일을 행하시옵소서. 예수님의 이름으로 기도합니다. 아멘.

요약

아내가 성적인 요구를 들어주지 않을 때 어떻게 해야 하는가?

- 성관계가 하나님께 중대함을 인식한다.

- 성적인 활동은 예배의 표현이다.

- 우리의 몸은 성령의 성전이며 우리는 그분의 제사장이다.

- 성적인 면에서 배우자를 섬기면 예배로 하나님을 섬기는 것이다.

- 우선순위를 바르게 하고 하나님을 예배할 때 하나님은 아내를 조정하여 아내를 통해 당신의 요구를 들어주신다.

- 과거 성적인 음행을 회개하고 용서받고 깨끗해지라.

- 다음과 같이 아내를 섬김으로 예수 그리스도를 예배하라.
    - ▶예수님이 자신의 신부를 섬기기 위해 하셨듯이 자신을 비움으로
    - ▶성령께서 가득 채우시고 인도하심으로

소모임 나눔

1. 남편과 아내의 성관계에 대한 새로운 견해는 무엇이었는가?

2. 남자들이 몸으로 하는 일이 하나님께 드리는 예배라는 진리를 안다면 교회에서 무엇이 달라질지를 나누어 보라.

3. 이 장을 통해 성령께서 무엇을 말씀하셨는가?

4. 이 장의 진리를 어떻게 적용하는가?

13장

아내의 축복을 받으려면 어떻게 해야 하는가?

What's a Man to do
to be Blessed by His Wife?

아내의 축복을 받으려면 어떻게 해야 하는가?

부부관계가 어려울 수 있다. 감사하게도 하나님은 남편들이 어려운 배우자를 어떻게 대해야 할지 몰라 어둠 속에 헤매도록 내버려 두지 않으셨다. 예수님이 제자들의 지도자로 뽑으신 시몬 베드로에게 배울 중대한 교훈이 있다. 아내의 축복을 받기 위해 무엇을 할 수 있는지를 알기 전에 먼저 아내와 영원히 깨지지 않는 관계를 맺는 법을 배워야 한다.

베드로는 첫 서신에서 어려운 관계에서 어떻게 처신해야 하는지를 간략히 밝혔다. 베드로는 예수님과 함께했던 경험에서, 그리고 체질(역주: 체로 가루를 치거나 액체를 거르거나 받는 일)을 당하고 나서 회복한 후에 예수님이 충고하신 일을 완수하는 과정에서 이것을 배웠을 것이다. 기억하는가? "시몬아, 시몬아, 보아라. 사탄이 밀처럼 너희를 체질하려고 너희를 손아귀에 넣기를 요구하였다. 그러나 나는 네 믿음이 꺾이지 않도록, 너를 위하여 기도하였다. 네가 다시 돌아올 때에는, 네 형제를 굳세게 하여라."(누가복음 22:31-32)

베드로는 번번이 예수님을 실망시켰다

베드로는 늘상 예수님과 아슬아슬한 관계에 있었을 것이다. 잠깐 바르게 대답했다가 1분 후에 사탄이 자기를 통해 말하는 것처럼 대답했다. 그의 실수는 대부분 공개적 실수였다. 예수님이 자신의 죽음을 말하자 베드로는 예수님을 말렸다(마태복음 16:22). 부활은 그에게 알 수 없는 신비였다(요한복음 20:9). 겟세마네에서는 기도해야 하는 상황에서 잠을 잤다. 정신을 바짝 차리고 침묵해야 할 때에는 압도적으로 우세한 세력 앞에서 칼을 뽑아 들었다. 자기가 약속한 대로 그리스도 편에 견고히 서 있지 않았고 도리어 예수님을 세 번이나 부인했다. 예수님이 부활하신 직후 예수님을 보고도 베드로는 예수님을 만나기 전처럼 물고기를 잡으러 돌아갔다. 그때 호숫가에서 만남이 있었다. 예수님이 부활 후 세 번째 베드로에게 나타나신 장면을 읽어보자.

예수께서 죽은 사람들 가운데서 살아나신 뒤에 제자들에게 자기를 나타내신 것은, 이번이 세 번째였다. 그들이 아침을 먹은 뒤에, 예수께서 시몬 베드로에게 물으셨다. "요한의 아들 시몬아, 네가 이 사람들보다 나를 더 사랑하느냐?" 베드로가 대답하였다. "주님, 그렇습니다. 내가 주님을 사랑하는 줄을 주님께서 아십니다." 예수께서 그에게 말씀하셨다. "내 어린 양 떼를 먹여라." 예수께서 두 번째로 그에게 물으셨다. "요한의 아들 시몬아, 네가 나를 사랑하느냐?" 베드로가 대답하였다. "주님, 그렇습니다. 내가 주님을 사랑하는 줄을 주님께서 아십니다." 예수께서 그에게 말씀하셨다. "내 양 떼를 쳐라." 예수께서 세 번째로 물으셨다. "요한의 아들 시몬아, 네가 나를 사랑하느냐?" 그 때에 베드로는, [예수께서] "네가 나를 사랑하느냐?" 하고 세

번이나 물으시므로, 불안해서 "주님, 주님께서는 모든 것을 아십니다. 그러므로 내가 주님을 사랑하는 줄을 주님께서 아십니다" 하고 대답하였다. 예수께서 그에게 말씀하셨다. "내 양 떼를 먹여라."(요한복음 21:14-17)

시몬의 관계가 회복되었다

시몬 베드로는 예수님이 자신을 '시몬'이라고 부른 사실을 놓치지 않았다. 예수님은 베드로에게 교훈을 가르치시고 싶을 때나 문제가 생겼을 때만 그를 시몬이라고 불렀다. "요한의 아들 시몬아, 네가 이 사람들보다 나를 더 사랑하느냐?"라는 소리가 들렸을 때 시몬 베드로가 가장 두려워했던 일은 현실이 되었다. 베드로는 예수님이 자신을 가장 필요로 할 때 예수님을 실망시켜드린 적이 있었다. 사탄에게 시험받아 처참하게 실패했다. 그는 자기가 지은 죄를 알고 있었다. 이제 마땅히 받아야 할 보응을 받으리라 확신했지만 예수님은 베드로가 예상한 대로 하지 않으셨다.

오히려 예수님은 시몬 베드로를 긍휼과 형제애와 친절과 겸손으로 대하셨다. 예수님은 그를 시몬이라고 부르시면서 그의 죄와 혼동과 육신의 연약함을 알고 계신다고 전달하셨다. 시몬 베드로가 그 뜻을 알고 "주님, 주님께서는 모든 것을 아십니다."라고 대답했다. 예수님이 시몬에게 나를 사랑하느냐고 세 번 물으신 것 때문에 분명 시몬은 자신이 예수님을 세 번 부인한 일을 떠올렸을 것이다. 고통스러운 기억이었다.

시몬 베드로는 자신의 사랑에 대한 예수님의 질문에 답할 때 아첨하지 않고 솔직했다. 첫 질문에서 예수님은 무조건적 사랑인 아가페라는 단어를 쓰셨고, 베드로는 특별한 형제애를 뜻하는 필레오라는 단어를 선택하여 답했다. 마지막으로 세 번째는 예수님이 시몬에게 필레오라는 단어로 사랑하느냐고 물으시자, 베드로는 예수님의 뜻을 알아챘다. "주님, 내가 주님을 사랑하는 줄을 주님께서 더 잘 아십니다."

여기서 예수 그리스도께서는 시몬 베드로에게 '예수님이 주님이고 목자이시다.'라는 놀라운 사실을 계시하셨다. 이때까지 베드로는 예수님과의 관계에서 예수님이 주님이며 메시아이심을 알았지만 그것도 세상적인 이해였을 뿐이다. 베드로는 예수님이 주님이고 왕이시니까 예수님이 세상 왕국을 세우실 것으로 기대했다. 왕은 일반적으로 법과 힘으로 다스린다. 예수님이 로마인들과 바리새인들을 그냥 놔두고 죽으셨다는 사실은 베드로에게 충격 그 자체였다. 베드로는 예루살렘을 떠나 다시 물고기를 잡으러 돌아갔다. 환멸과 실망과 혼동을 느꼈기 때문일 것이다.

호숫가에서 예수님을 만나 받은 계시는 베드로의 삶을 바꿔놓았다. 예수님은 시몬 베드로에게 말씀하셨다. "시몬아, 내가 너를 안다. 너는 완전히 망가졌지만 나는 너를 포기하지 않았다. 내가 주이며 왕이지만 나는 주로 내 양을 돌보는 목자란다. 너는 길을 잃은 내 양이고 내가 너를 위해 생명을 내려놓았다. 나는 너의 죄와 환멸과 실망의 주이며 너의 모든 삶의 주이기 때문이다. 시몬아, 나는 너의 주이며 너의 목자이다. 나와의 경험에서 배운 대로 네가 내 양들을 먹이고 돌보기를 바란다."

이 순간 예수님의 모든 말씀을 베드로가 다 알아들었는지는 모르겠다. 아마도 다 이해하지는 못했을 것이다. 나중에 성령께서 베드로가 새 관점으로 예수님을 볼 수 있도록 그의 눈을 열어주시기 전까지는 아마 알아채지 못했을 것이다. 베드로가 의아해하지 않았을까 싶다. "내가 예수님께 그렇게 했는데 어떻게 예수님이 여전히 내게 오셔서 나를 사용하실 수 있을까? 내가 그런 나쁜 짓을 했는데 어째서 예수님은 여전히 나와 관계를 유지하실까? 나는 가장 부적합한 제자인데 어떻게 나를 쓰실 수 있을까?" 당신에게도 이런 질문이 떠오른 적이 있는가?

베드로와 예수님이 호숫가에서 나누셨던 대화는 베드로의 첫 서신에서 성도들을 격려하는 뼈대가 된다.

- 하나님이 나를 택하고 사랑하신 것은 내가 한 일이나 하지 않은 일 때문이 아니다(1:2).
- 예수님이 부활하신 순간에 하나님은 나를 다시 태어나게 하셨다. 예수님의 부활은 나의 새로운 탄생이었다(1:3).
- 나는 예수 그리스도를 통해 시들지 않고 더러워지지 않고 깨지지 않는 하나님과의 관계를 상속의 선물로 물려받았다(1:4).
- 계시는 곧 관계를 뜻하며 언제나 순종의 은혜를 가져다준다(1:13).
- 예수 그리스도께서는 명령과 무력이 아닌 사랑으로 다스리시는 나의 선한 목자이시다(2:25, 5:7).
- 부활은 예수님이 죽음과 죄와 사탄의 세력, 어둠의 세력을 포함한 모든 것의 주님이심을 뜻한다(3:22).

호숫가에서 예수님과 만난 일을 기반으로 베드로는 어려운 관계에 직면한 성도들을 짧게 격려한다. "마지막으로 말합니다. 여러분은 모두 한 마음을 품으며, 서로 동정하며, 서로 사랑하며, 자비로우며, 겸손하십시오. 악을 악으로 갚거나 모욕을 모욕으로 갚지 말고, 복을 빌어 주십시오. 여러분으로 하여금 복을 상속받게 하시려고, 하나님께서 여러분을 부르셨습니다."(베드로전서 3:8-9)

복의 상속자로 부름받았다

우리는 하나님과 다른 사람들에게 복을 받도록 부름받았다. 상속은 일해서 얻는 것이 아니다. 우리의 아버지가 일해서 얻은 것이고 우리는 그 혜택을 받는다. 우리가 상속받으라고 부름받은 이 복은 하늘 아버지께서 일해서 얻은 복이고, 이 복을 우리에게 주셔서 우리가 그분께 돌봄을 받은 것처럼 타인을 돌보게 하신다. 달리 말하면 예수 그리스도를 통해 경험한 은혜와 사랑으로 그들과 영원히 깨지지 않는 관계를 맺으라는 것이다.

아내의 축복을 받으려면 어떻게 해야 하는가? 하나님이 그리스도 안에서 하신 일을 토대로 아내와 영원히 깨지지 않는 관계를 맺어 아내를 사랑하고 돌봐야 한다. 어떻게 타인에게서 복을 상속받아야 하는지에 대해 베드로가 제시한 논거를 보면서 자세히 살펴보자.

당한 대로 갚지 않는다

예수님이 우리가 그분에게 행한 대로 갚지 않으신 것이 기쁘지 않은가? 주님의 나라에서 보조 목자로서 섬길 베드로의 소명을 예수님이 재확인하셨을 때 베드로가 그날 호숫가에서 느꼈을 기쁨과 안도감이 상상이 된다. 베드로는 자기 행실이나 부족함에 따라 예수님이 자신을 대하지 않으셨음을 확실히 깨달았다. 예수님이 자신을 부당하게 대한 사람들에게 어떻게 응하셨는지를 베드로는 이렇게 묘사했다.

> 바로 이것을 위하여 여러분은 부르심을 받았습니다. 그리스도께서는 여러분을 위하여 고난을 당하심으로써 여러분이 자기의 발자취를 따르게 하시려고 여러분에게 본을 남겨 놓으셨습니다. 그는 죄를 지으신 일이 없고 그의 입에서는 아무런 거짓도 찾아볼 수 없었습니다. 그는 모욕을 당하셨으나 모욕으로 갚지 않으시고, 고난을 당하셨으나 위협하지 않으시고, 정의롭게 심판하시는 이에게 다 맡기셨습니다. 그는 우리 죄를 자기의 몸에 몸소 지시고서, 나무에 달리셨습니다. 그것은, 우리가 죄에는 죽고 의에는 살게 하시려는 것이었습니다. 그가 매를 맞아 상함으로 여러분이 나음을 얻었습니다(베드로전서 2:21-24).

베드로는 예수님의 반응을 생각하면서 바리새인과 군사뿐 아니라 자기 자신도 떠올리지 않았을까? 그날 호숫가에서 베드로는 불신, 실망, 환멸, 죄의식, 교만에서 치유되었다. 그는 예수님의 반응에서 배운 대로 모든 사람에게 대했다. 당한 대로 갚지 말라.

하나님께 받은 대로 사람들과 영원히 깨지지 않는 관계를 맺는다

신자들이 세상 주권자인 왕에게 어떻게 복종할 수 있는가?(2:13) 신자는 세상 주권자의 정책이나 행동이 아닌 예수 그리스도를 통해 받은 영원히 깨지지 않는 관계에 따라 주권자를 대하기 때문에 복종할 수 있다.

종이 못된 주인에게 왜, 그리고 어떻게 복종해야 하는가?(2:18) 종은 예수님의 인도에 따라 하나님의 사랑으로 영원히 깨지지 않는 관계를 받았기 때문에 주인의 행실에 상관없이 주인에게 후히 대할 수 있다.

믿는 아내가 말씀에 복종하지 않는 남편에게 왜 복종해야 하는가?(3:1) 아내는 남편에게 당한 대로 되갚음하지 않기 때문이다. 아내는 예수 그리스도의 죽음과 삶을 토대로 받은, 시들지 않고 더러워지지 않고 깨지지 않는 관계를 남편과 맺는다.

왜 남편은 연약한 아내와 함께 살면서 생명의 은혜를 함께 상속받을 자로서 아내를 존중해야 하는가?(3:7) 남편은 아내의 행실과 상관없이 예수 그리스도를 통해 하나님께 받은 관계를 아내와 맺기 때문이다. 남편은 예수 그리스도께서 남편 자신을 대하신 자세에 근거한 불멸의 관계를 아내에게 주어야 한다.

모든 관계의 종합 - 복을 상속받았기에 복을 줄 수 있다

어려운 관계를 베드로는 이렇게 요약했다. "악을 악으로 갚거나 모욕을 모욕으로 갚지 말고, 복을 빌어 주십시오. 여러분으로 하여금 복을 상속받게 하시려고, 하나님께서 여러분을 부르셨습니다."(3:9) "오히려 복을 빌어 주십시오. 여러분으로 하여금 복을 주게 하시려고, 하나님께서 여러분을 부르셨습니다."라고 했어야 자연스럽겠지만 베드로는 그렇게 쓰지 않았다. 베드로전서 1:3-5을 보면 하나님 아버지가 우리로부터 받으시는 복이 나와 있다.

우리 주 예수 그리스도의 하나님 아버지께 찬양[복]을 드립시다. 하나님께서는 그 크신 자비로 우리를 새로 태어나게 하셨습니다. 그리하여 그는, 죽은 사람들 가운데서 예수 그리스도가 부활하심으로 말미암아 우리로 하여금 산 희망을 갖게 해 주셨으며, 썩지 않고 더러워지지 않고 낡아 없어지지 않는 유산을 물려받게 하셨습니다. 이 유산은 여러분을 위하여 하늘에 간직되어 있습니다. 하나님께서는 여러분의 믿음을 보시고 그의 능력으로 여러분을 보호해 주시며, 마지막 때에 나타나기로 되어 있는 구원을 얻게 해 주십니다.

우리 주 예수 그리스도의 아버지 하나님이 우리의 행실과 상관없이 오히려 자신의 자비에 따라 우리를 상대하시고, 우리에게 시들지 않고 더러워지지 않고 깨지지 않는 관계를 주시니 큰 복을 받으셔야 마땅하다. 사람들의 행실이 아니라 하나님의 자비에 따라 사람들을 대하면, 복 받을 자격이 없는 자에게 복을 주시는, 바로 그 복을 상속받는다!

하나님은 우리가 겨우 아내에게 받은 대로 똑같이 대하는 정도의 삶을 살게 하시려고 아들 예수 그리스도를 보내신 것이 아니다. 고작 그것 때문에 우리의 죄를 짊어지게 하시고 죽으시고 부활하여 하나님 오른편에 앉게 하신 것이 아니다. 하나님의 자비 때문에 복을 받았으면 예수 그리스도를 통해 받은 자비를 토대로 아내를 대하라. 배우자, 자녀, 부모, 믿음의 형제들에게뿐 아니라 우리를 욕하고 배척하는 사람들에게까지 영원히 깨지지 않는 관계를 선물로 줄 때 참으로 복음의 은혜를 드러내는 것이다. 예수 그리스도 안에서 주신 자비와 은혜에 대해 우리가 하나님을 축복해 드리고 싶은 것처럼 그들도 우리를 축복하게 된다.

예수님과 '호숫가 만남'을 경험해 보았는가?

아내를 대하는 자세에서 하나님과의 관계를 어떻게 인식하는지가 드러난다. 옳은 일을 하고 잘못된 일을 하지 않았을 때만 중요한 사람이고 그럴 때만 하나님께 복되다고 느낀다면 하나님과의 관계를 썩고 더러워지고 낡아 없어지는 기초에 세운 것이다. 우리는 하나님께 받았다고 믿는 만큼만 아내와 타인에게 전달할 수 있다. 예수님과 '호숫가 만남'을 경험해야 한다. 그래야 주님이 우리가 과거에 한 일이나 앞으로 할 일에 따라 우리와 관계를 맺지 않으심을 알게 된다.

하나님이 큰 자비로 예수님의 죽음과 부활을 통해 우리를 새로 태어나게 하셨다면 중생은 우리와 무관하게 이뤄진 것이다. 하나님은 우리를 택하시고 사랑하셔서 예수님이 부활하신 순간에 새로 태어나게 하셨다. 베드로가 바로 중생을 그렇게 보고 베드로전서 1장 3절에서 성도들을 격려한 것이다. 그러므로 이렇게 결론지어도 좋다. 하나님이 자신과 우리의 관계를 우리가 한 일이 아닌 예수님이 하신 일에 의존하기로 결정하셨기 때문에 하나님과 우리의 관계는 시들지 않고 더러워지지 않고 깨지지 않는다!

당신은 아내에게 어떤 목자인가?

예수님과의 '호숫가 만남'이 없었다면 베드로는 틀림없이 왕처럼 상벌로 규범과 규율을 관리하고 집행하면서 가족과 초대 교회를 이끌 뻔했다. 또 예수님을 종을 부리는 주님으로 보았기에 아내를 종처럼 부릴 뻔했다. 그러나 그는 예수님의 왕권과 주권이 세상 왕이 아닌 목자와 같다는 사실을 깨닫고 지도력에 대한 생각이 달라졌다.

　5장에서 그가 교회 장로들에게 쓴 글에 이 만남의 충격이 고스란히 묻어 있다.

> 여러분 가운데 있는 하나님의 양 떼를 먹이십시오. 억지로 할 것이 아니라, 하나님의 뜻을 따라 자진하여 하고, 더러운 이익을 탐하여 할 것이 아니라, 기쁜 마음으로 하십시오. 여러분은 여러분이 맡은 사람들을 지배하려고 하지 말고, 양 떼의 모범이 되십시오. 그러면 목자장이 나타나실 때에 변하지 않는 영광의 면류관을 얻을 것입니다(베드로전서 5:2-4).

　왕들은 법과 무력으로 백성 위에 군림한다. 목자는 사랑으로 본을 보여 양떼를 이끈다. 와! 아내와 가족에게 이렇게 대하면 얼마나 큰 차이가 날까. 남자는 공포와 위협을 써서 아내 위에 군림해서는 안 된다. 목자는 양을 그렇게 대하지 않는다. 왕처럼 아내를 지배하려는 남자는 절대로 아내에게 축복을 받지 못할뿐더러 예수님이 자신의 신부에게 영원히 깨지지 않는 관계를 주실 때 누렸던 복을 경험하지 못한다. 아내에게 축복을 받고 싶으면 예수님의 본을 따라 아내를 인도하고 예수 그리스도의 보조 목자처럼 아내를 돌보라. 그러면 아내가 당신을 축복하고 따르고 존경할 것이다. 이것은 아내가 기대했던 행동 기준 때문이거나 징벌에 대한 두려움 때문이 아니라 아내가 당신을 사랑하는 마음에서 나오는 존경이다. 아내는 자신의 부족한 점에도 불구하고 당신이 아내를 사랑으로 보살피는 것을 알기 때문이다.

　어떤 젊은 목자가 좋은 정보를 알려줬다. "우리가 젖병으로 먹인 양들은 언제나 우리 목소리를 잘 따르는데 어미젖을 직접 빤 양들은 그렇지 않죠." 처음 들었지만 연관성이 분명해서 금방 와 닿았다. 아내는 양과 같다. 당신이 아내를 사랑으로 보살피며 곁에서 함께 걸어가 주면 아내는 이를 알고 사랑의 힘 때문에 당신의 목소리에 경청하며 따르게 된다.

자비로운 사람은 복되다. 아내에게 예수 그리스도를 통해 하나님께 받은 복, 곧 영원히 깨지지 않는 관계를 선물로 주는 남자는 복되다.

이해하는 마음으로 아내와 함께 살아간다

베드로가 편지에서 알려준, 어려운 관계를 푸는 원리를 깨달으면 베드로가 남편에게 하는 말이 이해될 것이다.

> 남편이 된 이 여러분, 이와 같이 여러분도 아내가 여성으로서 자기보다 연약한 그릇임을 이해하고 함께 살아야 합니다. 그리고 생명의 은혜를 함께 상속받을 사람으로 알고 존중하십시오. 그리해야 여러분의 기도가 막히지 않을 것입니다(베드로전서 3:7).

여기서 베드로가 생각한 '이와 같이'는 예수님이 우리를 대하시는 자세를 뜻한다. 우리는 예수님의 삶에서 어려운 상대였다. 당신이 예수님께 힘든 상대였다는 사실을 아는가? 당신은 아직도 예수님께 어려운 상대인가? 예수님은 자신보다 약한 자를 대하듯 이해하는 마음으로, 아내이며 신부인 당신과 함께 살아가신다. 생명의 은혜를 함께 상속받을 사람으로 당신을 존중하신다. 그렇게 당신과 함께 살아가신다. 당신을 위한 예수님의 희생을 통해 아버지 하나님께서 하신 일에 따라 영원히 깨지지 않는 관계를 우리에게 주셨기 때문이다.

아내에게 축복받고 싶고 복된 삶을 누리고 싶은 남자에게 베드로의 마지막 요약은 훌륭한 조언이 된다.

> 마지막으로 말합니다. 여러분은 모두 한 마음을 품으며, 서로 동정하며, 서로 사랑하며, 자비로우며, 겸손하십시오. 악을 악으로 갚거나 모욕을 모욕으로 갚지 말고, 복을 빌어 주십시오. 여러분으로 하여금 복을 상속받게 하시려고, 하나님께서 여러분을 부르셨습니다.

이제 이어지는 구절을 아내를 대하는 자세에 적용해 보겠다. 이것이 남편이 복을 상속받는 길이다. 당신이 하나님이 명하신 복을 상속받기 위해 왜 아내와 영원히 깨지지 않는 관계를 맺고 이해하는 마음으로 아내와 함께 살아가야 하는지를 베드로가 8-12절에서 밝혔다.

> 생명을 사랑하고 좋은 날을 보려는 남자는 아내에게 악을 저지르지 않도록 혀를 조심하고 거짓을 말하지 않도록 입술을 조심해야 한다. 악을 멀리하고 선을 행하며 평화를 찾고 또 추구해야 한다. 주님의 눈은 그리스도의 의를 통해 영원히 깨지지 않는 관계를 맺은 남자를 굽어보시고, 그분의 귀는 그의 간구를 들으신다. 주님께 복을 받은 남자답게 아내와 함께 살아가기 때문에 기도가 가로막히지 않고 주님이 들으신다. 그러나 주님의 얼굴은 아내에게 악을 행하는 자들에게 맞서신다. 아버지 하나님이 주시는 중생의 복을 경험한 적이 없는 자이기 때문이다.

지금까지 당신은 아내를 어떻게 대해 왔는가? 예수님이 당신을 사랑하시듯 아내를 사랑했는가? 그리스도께서 당신을 보살피시듯 아내를 보살폈는가? 그렇다면 아내의 축복을 받기 위해 어떻게 해야 하는지를 이미 아는 것이다. 그러나 이것을 처음 깨달았다면 지금 하나님이 당신을 축복하시며 복을 상속받으라고 부르시는 것이다. 아내와 당신의 관계를 그리스도께서 당신과 아내를 위해 하신 일 위에 세우겠는가? 아내와 영원히 깨지지 않는 관계를 맺겠는가?

■■ 요약

아내에게 축복받으려면 어떻게 해야 하는가?

- 하나님이 그리스도 안에서 하신 일을 토대로 아내와 영원히 깨지지 않는 관계를 맺어 아내를 사랑으로 보살펴야 한다.

- 예수님이 우리를 더 약한 그릇으로 이해하고 함께 살아가시듯이 아내를 더 약한 그릇으로 이해하는 마음으로 아내와 함께 살아가야 한다.

- 생각을 같이하고 동정하고 형제처럼 사랑하고 자비를 베풀며 겸손해야 한다. 또 악을 악으로 갚거나 모욕을 모욕으로 갚지 않고 오히려 축복해야 한다.

- 목자장께서 나타나실 때 시들지 않는 영광의 화관을 받을 것을 알고, 온화한 목자처럼 아내를 보살펴야 한다.

소모임 나눔

1. 베드로전서 1:3-5을 읽는다. 하나님이 예수 그리스도를 통해 영원히 깨지지 않는 관계를 맺으셨다는 사실이 어떤 의미로 와 닿는가?

2. 예수님은 더 약한 그릇인 우리를 어떻게 대하시는가? 어떤 덕목을 보여주시는가?

3. 왕처럼 아내와 가족을 다루는 것과 목자처럼 가족을 이끄는 것의 차이점을 나누어 보라.

4. 이 장의 진리를 어떻게 적용하는가?

14장

아내와 의견 차이가 있을 때 어떻게 해야 하는가?

What's a Man to do When his Wife Disagrees with Him?

아내와 의견 차이가 있을 때 어떻게 해야 하는가?

　남편과 아내의 의견 차이는 까다로운 문제이다. 특히 둘 다 개성이 강하면 더 어렵다. '의논'은 두 기관차가 같은 선로에서 서로 속도를 낮추라고 빽빽대는 것과 같기도 하다. 이런 부딪침은 난잡하여 대개 부상자가 발생한다. 그러나 의견 차이가 반드시 비명을 지르거나 권력을 휘두르는 것으로 이어질 필요가 없다. 혹시 당신과 아내가 어려운 일과 의견 차이를 이런 식으로 대응하는 부부라면 이제는 이런 부딪침이 지겨워서 그런 상황에서 서로를 대하는 좀 더 건강한 방법을 찾고 싶어지길 바란다. 우선 의견 차이를 하늘의 관점에서 바라보자. 다음으로 우리가 꼭 버려야 할 육의 세 가지 파괴적 태도를 깊이 생각하자. 마지막으로 의견 차이를 처리할 때 하나님의 지혜를 적용하자. 그러면 의견 차이를 통해 하나님이 의도하시는 유익을 자연스레 얻게 된다.

하늘의 관점에서만 명확히 보인다

　어떤 상황에서든 기도는 자신에게서 시선을 돌려 하나님과 그분의 목적에 시선을 집중하게 한다. 당신과 아내 사이에 의견 차이가 불거지면 고개를 들고 이 갈등에 대한 소유권과 주도권이 모두 예수님께 있음을 인정하라. 이것이 바로 하나님의 아들이 된다는 뜻이다. 모든 것은 상속자인 예수님의 것이고 하나님은 모든 것을 예수님께 복종시키셨다(히브리서 1:2, 2:8-10). 의견 차이가 나는 부분은, 우리가 하나님께 그것을 가지고 나아가 그분의 은혜와 지혜를 구할 때 우리의 삶에 좋은 것을 풍성히 이루시려고 하나님께서 기획해 놓으신 것이다.

　갈등을 땅의 관점에서 바라보면 늘 자신의 이기적 관점에서 보게 된다. 그러면 대개 구름이 낀 듯 상황이 흐려져 하나님의 지혜를 찾지 못하게 된다. 의견 차이가 생기자마자 아내와 함께 기도하고 하나님의 보좌에 나아가 하늘의 관점에서 상황을 바라봄으로 그분을 예배하면 결국 상황이 명확해진다.

　하나님 앞에서 차이점을 조율하듯 그분의 보좌 앞에 서라. 하나님이 가까이 계셔서 지켜보시고 귀 기울이시는 줄 알면 무엇을 어떻게 말할지 한 번 더 생각하게 된다. 게다가 이 갈등에서 가장 중요하게 생각해야 할 대상이 예수 그리스도이심을 깨달으라. 서로를 대하는 당신과 아내에게서 주님은 무엇을 보시는가? 의견 차이를 느끼는 순간 고개 숙여 기도하며 그리스도를 바라보고, 주님의 영광을 가리는 육신의 파괴적 태도를 벗어버리게 도와 달라고 주님께 청하라.

파괴적 태도 1: 교만

어느 관계에서든 자기가 제일 잘 안다고 생각할 때마다 사실은 험한 길을 걷게 된다. 하나님이 교만한 자를 대적하신다는 사실을 우리는 알고 있다. 하나님이 당신을 적으로 여기시게 하고 싶지 않으면 교만의 기미가 조금이라도 보이는 곳으로부터 반대 방향으로 달아나라. 자기주장을 내세우거나, 어떤 점을 강하게 부각시키려하거나, 비판이나 반대에 극도로 예민하게 반응하거나, 강조하려고 비꼬거나, 잘못을 인정하지 않거나, 말이나 행동을 변호하도록 해명을 요구할 때 목소리가 높아지는 것으로 교만이 드러나기도 한다. 다른 의견을 가지고 있는 사람이나 당신의 논리를 깨닫지 못하는 사람을 공격하는 것도 교만에서 비롯된다. 당신의 교만은 어떤 모양과 행동으로 나타나는가?

파괴적 태도 2: 이기심

이기심은 교만과 밀접하게 연결되어 있어서 타인의 이익과 관심을 생각하기보다 사물을 자기 방식대로 보도록 요구한다. 남편이 아내와 의견 차이를 보이면 아내의 마음은 상처와 오해, 거절감으로 인해 남편으로부터 멀어질 것이다. 이기심은 교만에서 촉발된다. 즉, 자기가 제일 좋게 생각하거나 자기에게 가장 잘 어울리는 일을 성취하기 위해 자신의 지성, 설득력, 소통 능력, 전략적 기술을 확신하는 것이다. 이렇게 하면 논쟁에서는 이겨도 사랑을 놓치게 된다. 이 과정에서 아내와의 관계에 금이 간다.

아내와 의견 차이가 있으면 자문하라. "내 의견이 내 취향이나 의도나 기대에 얼마만큼 바탕을 두고 있는가? 아내가 느끼거나 생각하거나 요구하거나 과거에 경험한 것을 참작했는가?" 바울은 빌립보 사람들에게 이기심이나 허영심으로는 아무 일도 하지 말라고 했다(빌립보서 2:3). 아무 일도 하지 말라! 복음에 합당하게 사는 사람이 이기적으로 자기 의도를 남에게 강요하는 것은 불가능한 일이다.

파괴적 태도 3: 지배 심리

남자는 어떤 일에 많은 감정과 시간, 생각을 투자해서 결과와 기대, 비전에 집착하게 될수록 자연스럽게 그에 상응하는 대립상황을 계획하거나 만들게 된다. 대개 남자는 체스를 두는 것처럼 상황에 임한다. 경기 내내 머릿속으로 논쟁과 토론을 주고받는다. 이런 태도는 차이점을 토론할 때 금방 드러난다. 남편은 자기 속에 지배하려는 마음이 있다는 사실을 깨닫지 못하고 운동경기에서 상대편을 대하듯 아내를 대한다. 아내의 약함을 이용해 유리한 자리를 선점한다. 논쟁을 이기고 자기가 생각했던 결론이 나오도록 확실한 계획을 세운다.

파멸로 치달을 것은 불 보듯 뻔하다. 남자가 하나님의 능력과 지혜를 믿지 않고 자기 뜻을 드러내고 이루기 위해 자신의 능력과 지혜를 확신하면 아내든 누구든 길을 가로막는 사람을 교묘하게 조종한다. 지배하려는 마음이 남편에게서 나타나면 아내는 대개 자기를 변호하기 시작한다. 남편에게 지지 않으려고 자기 입장을 고수하며 더 고집을 부린다. 성격에 따라 감정이 복받치면 남편의 약함을 공격하거나 과거의 죄들을 들먹인다. 지배하려는 마음은 늘 관계에 죽음을 가져오므로 원하는 결과를 억지로 만들어내려는 강압적 표현이나 행동을 삼가야 한다. 오히려 차분히 차이점을 소통하면서 각자의 마음속에 하나님이 자신의 뜻을 행하실 줄 믿어야 한다. 우리의 삶에 대한 주님의 소유권과 지배권을 알면 육신의 파괴적 태도를 피하는 데 도움이 된다.

의견 차이는 그리스도처럼 사랑할 기회이다

아내나 누군가가 당신의 의견에 동의하지 않을 때마다 하나님이 당신에게 그리스도처럼 아내나 그 사람을 사랑할 기회를 주신다는 사실을 말하고 싶다. 나의 아내, 알마와 나에게는 인생의 중대한 문제를 결정해야 할 때가 있었다. 한 사람은 푸른 신호등을 켰고 한 사람은 빨간 신호등을 켰다. 왜 하나님이 우리 부부에게 이 문제에 대해 상반된 의견을 주셨는지에 대해 기도하던 중 내가 보는 장단점들을 가지고 아내를 설득하려는 태도를 버려야 한다는 생각이 들었다.

오히려 두 가지 적용점이 보였다. 나는 이것을 사랑의 원리라고 부른다. '우리는 자신이 우상처럼 섬기는 사람을 진정으로 사랑할 수 없다.' 그러므로 첫 번째 적용점은 그리스도를 사랑하는 것이다. 즉, 우리 부부의 의견 차이를 해결하고 마지막 결론을 끌어내기 위해 아내를 바라보는 대신 주님을 바라보아야 한다. 두 번째는 아내를 사랑하는 것이다. 우리의 의견 차이 가운데 하나님이 자신의 뜻을 드러내시고 자신의 목적을 이루실 줄 믿으면 아내를 지배하거나 조종하지 않게 된다. 하나님이 아내에게 일하실 줄을 믿고 아내를 사랑하게 된다. 하나님이 자신의 뜻을 드러내셔서 내 결정에 확신을 주시기를 기도하며 기다리게 된다.

우리 부부는 결정을 내렸냐고 상대방에게 매주 물어보았다. 서로의 생각이 어떤지 의논하면서 8주 동안 갈라져 있었다. 주님 앞에서 자신의 의견을 잘 지키라고, 나도 그렇게 하겠다며 알마를 격려해주었다. 우리는 주님이 우리의 마음속에서 일하시고 현명한 결정에 필요한 추가 정보를 주시기를 계속 기다렸다. 아홉째 주에 하나님이 알마의 마음을 놀랍게 움직이셨다. 알마는 이 결정에 대해 태도를 180도로 바꿨고 우리는 극적으로 한마음이 되었다. 상황이 완전히 반전되었다. 하나님이 우리를 서로 반대편에 서게 하신 것에 무척 감사했다. 덕분에 하나님이 장애물이었던 우리의 의견 차이를 없애시자 우리는 하나님의 뜻을 한 점의 의심도 없이 확실히 알게 되었다.

우리 부부는 이 경험을 통해 의견 차이가 있을 때 하나님과 그분의 목적에 대해 알아야 할 아주 중요한 두 가지 사실을 배울 수 있었다. 첫 번째, 알마는 나를 통해 하나님의 사랑을 느끼고 매우 감동했다. 알마는 내가 자기를 사랑한다는 것을 알았다. 내가 자기를 짓밟지도, 어떤 식으로든 압박하지도, 자기와 논쟁하지도 않았기 때문이다. 실제로 알마는 내가 자기에게 자신의 의견을 잘 지키라고 요구한 점에서 존중받는다고 느꼈다. 알마의 의견이 하나님의 관점에서 필요했기 때문이다. 그것이 불필요했다면 하나님이 아예 우리 부부의 갈등을 허락하지 않으셨을 것이다.

두 번째, 우리는 결정 과정에 장애물을 놓으신 하나님의 지혜에 압도되었다. 하나님이 그것을 없애시자 우리는 결정에 대한 강한 확신이 들게 되었다. 결정 과정에서 이기적인 마음을 내려놓을수록 하나님은 자신의 뜻을 드러낼 기반을 다지셨다. 이 관점은 의견 차이를 다루는 방식을 완전히 바꿔놓았다.

하나님이 아내가 당신과 다르게 생각하게 하신다면 하나님이 복을 주셨다고 생각하라. 그리스도처럼 아내를 사랑할 기회를 주고 계신 것이다. 그리스도께서는 우리에게 자신을 강요하지 않으신다. 또 우리 마음속에 일하셔서 장애물을 없애실 때 우리의 결정에 확신을 갖도록 토대를 마련하신다.

의견 차이는 그리스도처럼 겸손해질 기회이다

아내나 누군가가 다른 의견을 낼 때만큼 그리스도처럼 겸손해질 기회를 많이 주는 상황은 아주 드물다. 누군가와 의견 차이가 있을 때는 인생의 목적이 자기를 위해 사는 것인지 예수 그리스도의 복음을 위해 사는 것인지를 결정해야 한다. 당신과 아내가 신자이고 그리스도 안에서 같은 하나님의 은혜를 경험했다면 한 가지 목적의식으로 연합해야 한다. 즉, 가장 중요한 것은 예수 그리스도의 모습이 더 많이 드러나는 방식으로 이 갈등을 통과하는 것이다.

복음을 위해 함께 애쓰려면 분명 겸손해져야 한다. 우리 삶으로 복음의 능력을 증언하려면 서로 간에 의견 차이가 꼭 필요하다. 그리스도를 모르거나 이런 소명의 목적을 잊은 사람들은 차이점에 직면하면 자신의 중요성과 자부심을 높이고자 자기 신념이나 견해를 꼭 관철시키려고 한다.

그리스도인의 삶에 대한 이런 생각을 어디서 얻었을까? 사도 바울이 빌립보에 보낸 편지를 통해 성령께서 알려주셨다. 빌립보서 1:27에서 모든 신자가 삶의 모든 것을 어떻게 대해야 하는지에 대한 소명을 말한다. "여러분은 오로지 그리스도의 복음에 합당하게 생활하십시오. 그리하여 내가 가서, 여러분을 만나든지, 떠나 있든지, 여러분이 한 정신으로 굳게 서서, 한 마음으로 복음의 신앙을 위하여 함께 싸우며"(빌립보서 1:27) 결혼에 적용하면 의견 차이가 있을 때를 비롯한 결혼의 모든 면에서 그리스도인 부부의 생활 방식은 하나가 된다. 그것은 바로 한 가지 목적으로 연합하는 것이다. 즉, 복음이 어떻게 자기 삶을 다스리는지를 보여주려고 협력하는 것이다. 바울은 2장에서 우리의 목적을 다시 강조한다.

> 그러므로 그리스도 안에서 여러분에게 무슨 격려나, 사랑의 무슨 위로나, 성령의 무슨 교제나, 무슨 동정심과 자비가 있거든, 여러분은 같은 생각을 품고, 같은 사랑을 가지고, 뜻을 합하여 한 마음이 되어서, 내 기쁨이 넘치게 해 주십시오(빌립보서 2:1-2).

바울은 빌립보 사람들에게 권면했다. 성령께서는 모든 신자에게 그리스도의 사랑과 그리스도의 선한 이름과 복음을 공동체 생활의 핵심 원리로 삼으라고 명하신다. 이것은 당연히 그리스도인의 결혼에도 적용된다. 당신과 아내는 서로의 차이점을 이런 마음, 이런 방식, 이런 목적의식으로 다루는가? 그리스도의 사랑을 경험했다면 이렇게 해야 한다.

예수님이 차이점에 대해 우리를 어떻게 대하셨는가? 예수님이 우리를 얼마나 인내하시는가? 우리가 잘못된 생각과 세상의 의견을 가질 때 예수님이 우리를 등지시거나, 하나님 아버지께 고자질하시거나, 우리에게서 성령을 돌이키시거나, 우리를 적대시하셨는가? 우리가 그리스도께 그런 나쁜 대우를 받지 않았다면 아내도 그리스도께 그런 대우를 받지 않았으므로 주님의 사랑과 겸손이 드러나는 방식으로 서로 동행하라.

그리스도처럼 서로 사랑하는 일은 예수 그리스도 안에 있던 겸손한 자세를 똑같이 가질 때만 일어난다. 바울이 쓴 글을 주목하라.

> 무슨 일을 하든지, 경쟁심[이기심]이나 허영으로 하지 말고, 겸손한 마음으로 하고, 자기보다 서로 남을 낮게 여기십시오. 또한 여러분은 자기 일만 돌보지 말고, 서로 다른 사람들의 일도 돌보아 주십시오. 여러분 안에 이 마음[자세]을 품으십시오. 그것은 곧 그리스도 예수의 마음[자세]이기도 합니다 (빌립보서 2:3-5).

겸손한 마음을 가진 사람이 무엇을 하는지를 성령께서 밝혀주셨다. 그는 당면한 문제에서 자신을 알고 낮춘다. 그리고 타인의 관심과 이익을 높인다. 이것이 복음의 중심에 있는 그리스도의 자세이다. 예수 그리스도 안에 이 자세가 없었다면 복음은 없었다. 예수님은 자기 이익보다 하나님과 우리의 이익을 우선시하셨다. 명심하라, 우리는 예수님을 반대한 자들이다! 우리가 적대적이었고 악행에 빠져있었을 때 예수님은 말없이 고통당하셨다. 덕분에 우리는 하나님의 사랑을 알았다. 궁극적으로 예수님은 하나님의 사랑이 우리의 반대를 이길 줄 믿으셨다. 그리고 이기셨다!

의견 차이의 과정에서 하나님의 사랑과 겸손이 드러나는 것이, 논쟁과 직무상 권한, 개성으로 반대편을 제압하여 원하는 바를 얻는 것보다 더 중요하다고 믿는가? 자신의 이익보다 하나님과 아내의 이익에 더 관심이 있는가? 의견 차이를 이런 자세로 처리하지 않았다면 주 예수 그리스도와 아내 모두에게 잘못한 것이다. 당신이 한 일이나 말을 변호하거나 해명하지 말고, 가능한 한 빨리 교만과 이기심에 대해 책임 있는 행동을 하라. 당신이 그리스도와 아내를 사랑하지 않았다는 사실이 드러났다. 가능하면 앞으로 이러한 의견 차이를 어떻게 처리할지 계획을 소통하는 것이 필요하다.

의견 차이는 아내의 약함을 대신 짊어질 기회이다

예수님이 십자가에서 우리를 대신해 어떻게 고통당하셨는지를 생각할 때 놀랍지 않은가? 예수님의 겸손한 자세는 예수님 자신보다 우리의 필요를 우선시하셨고 그 뿐 아니라 영예와 영광의 자리를 내려놓고 우리의 죄와 약함을 대신 짊어지셨다. 바울이 예수님의 자세에 대해 감탄한 글을 보라.

> 그는 하나님의 모습을 지니셨으나, 하나님과 동등함을 당연하게 생각하지 않으시고, 오히려 자기를 비워서 종의 모습을 취하시고, 사람과 같이 되셨습니다. 그는 사람의 모양으로 나타나셔서, 자기를 낮추시고, 죽기까지 순종하셨으니, 곧 십자가에 죽기까지 하셨습니다(빌립보서 2:6-8).

예수님은 하나님 아버지께서 자신을 보내어 성취하게 하신 복음에 합당하게 살기 위하여 우리의 무지, 교만, 우상숭배, 적대감 등 무한대의 죄를 대신 짊어지셨다. 자신의 결백을 변호하거나 해명하는 말 한마디 없으셨다. 자신을 비우고 결과를 하나님 아버지께 전부 맡기셨다.

아내가 다른 의견을 내면 아내의 약함을 이용하지 말고 아내의 약함을 짊어지라. 약함은 호르몬이나 당신에 대한 과거 경험, 두려움이나 불안감 탓일지 모른다. 시간을 내어 아내의 관심과 흥미, 정신적 또는 감정적 장벽을 이해하라. 아내는 당신을 통해 격려, 사랑의 위로, 애정, 복음의 긍휼을 경험해야 한다. 그래야 당신과 아내의 관계가 견고해지고 복음이 확실하게 생활화된다. 이것이 하나님이 부부 사이에 의견 차이를 허락하시는 좋은 이유이다. 쟁점 자체가 논쟁의 중심이 아니다. 실제로는 복음과 그리스도의 사랑과 겸손이 쟁점이다!

의견 차이가 죄에서 비롯되기도 하지만 그렇다고 자기 생각을 강요하거나 밀어붙여도 된다는 뜻은 아니다. 오히려 그리스도의 겸손이 어떤 것인지를 아내에게 보여 줄 기회이다. 우리가 아내의 죄를 대신 짊어질 때 아내는 예수 그리스도를 더 친밀하게 알게 된다. 예수님처럼 하나님이 자신의 뜻과 목적을 이루실 줄 믿고 복음을 위해 불평 없이 기꺼이 의도적으로 아내의 죄를 짊어지면 감동은 훨씬 더 커진다.

자신을 비우고 의도적으로 기꺼이 아내의 약함과 죄를 짊어지면 아내만 그리스도를 알게 되는 것은 아니다. 타인의 약함과 죄를 짊어지면 바로 우리가 그리스도를 더 깊이 알게 되며 예수님이 겪으신 것을 직접 경험하게 되는 것이다. 자신을 비우는 어려움을 통과해야 하고, 오해받고 비판받아도 입을 꾹 다물고 스스로 탈출하려 하지 않아야 하고, 자기 대신 하나님을 신뢰해야 한다. 타인을 위해 자신을 희생할 때 겪게 되는 수많은 상황을 겪어야 하는 것이다. 사도 바울은 이것을 삶의 목표로 선언했다. "내가 바라는 것은, 그리스도를 알고, 그분의 부활의 능력을 깨닫고, 그분의 고난에 동참하여, 그분의 죽으심을 본받는 것입니다."(빌립보서 3:10) 아내와 차이점을 느끼는 순간 그리스도를 아는 것을 목표로 삼으라.

아내와 갈등이 생길 때마다 우리는 예수 그리스도를 더 친밀하게 알고 그분의 사랑과 겸손을 확실하게 드러낼 기회를 얻는다. 희망을 갖고 예수님의 본을 따르라.

의견 차이는 하나님이 우리 삶에 자신의 뜻을 이루시는 과정을 볼 수 있는 기회이다

당신이 정말 원하는 것은 무엇인가? 무엇을 바라는가? 하나님의 길보다 자기 방법대로 하고 싶은가? 자신의 계획과 생각과 기대를 하나님께 내려놓을 뜻이 있는가? 아내가 우리와 다르게 생각하도록 하나님이 허락하실 때 우리는 전혀 상상도 못한 방법으로 하나님이 자신의 뜻을 우리 삶에 이루시는 과정을 볼 수 있는 위치에 있는 것이다. 여기서 확신이 필요하다. 하나님의 뜻대로 하고 있다는 확신을 갖고 싶은가?

예수님은 하나님 아버지의 뜻을 확신하셨다. 위에서 읽은 대로 예수님은 자신을 비우셨다. 자신을 내려놓으셨다. 아버지께, 바리새인들에게, 사두개인들에게, 로마 군사들에게 군중의 뜻에 자신을 맡기셨다. 어떻게 그렇게 하실 수 있었을까? 예수님은 그 상황에서 하나님이 자신과 관련된 뜻을 이루실 줄 확신하셨다. 예수님은 하나님 아버지만 빼고 모든 사람과 의견 차이가 있으셨다. 수십 만 천사를 불러 자신을 방어하게 할 수도 있었고 모든 사람이 들이쉴 숨을 막으실 수도 있었다. 그러면 갈등은 사라졌을 것이다. 그러나 아니었다. 예수님은 이미 하나님 아버지께 자신을 맡겼기 때문에 그렇게 하실 수 없었다.

아내와 의견 차이가 있을 때가 바로 자신을 맡김으로 확신을 견고히

할 기회이다. 자신의 바람과 계획과 기대를 하나님의 뜻 아래 내려놓고 사람들을 지배하고 조종하기를 멈추면 하나님이 알맞은 때에 우리를 높이시리라는 확신이 굳어진다. 단지 자신의 생각만 전달하고 나서 하나님이 일하시는 과정을 지켜보라.

성경은 우리가 완전히 망가졌다고 말한다. 우리가 생각하는 것보다 더 안 좋은 상태이다. 예레미야 17:9는 이렇게 말한다. "만물보다 더 거짓되고 아주 썩은 것은 사람의 마음이니, 누가 그 속을 알 수 있습니까?" 잠언 28:26은 이렇게 경고한다. "자기의 생각만을 신뢰하는 사람은 미련한 사람이지만, 지혜롭게 사는 사람은 구원을 받는다." 이 두 구절을 종합하면, 우리는 자신의 생각이나 계획을 믿지 말고 하나님이 자신의 뜻을 우리 삶에서 이루시리라고 믿어야하고 사람이나 상황을 조종하지 않는 지혜가 필요하다. 그래서 남편과 아내는 서로에게 자신을 맡겨야 한다(에베소서 5:21).

의견 차이가 하나님의 뜻에 대한 확신을 굳힐 기회라는 점을 이해하면 우리가 지배할 수 없는 부분에서 하나님이 일하시는 다양한 모습을 찾고 싶은 의욕이 생기게 된다. 많이 맡길수록 확신은 더 강해진다. 성경에 계시된 하나님의 뜻과 방법에 자신을 맡기는 것이 첫 번째 순서이다. 또 결과에 따라 이익이 갈리지 않는 겸손한 사람들에게 기도와 조언을 부탁한다. 그들은 삶의 모든 영역에서 하나님께 자신을 맡기는 사람들이어야 한다. 하나님은 사람과 상황을 통해 자신을 드러내신다. 자신들의 마음속에서 하나님이 하시는 일을 발견하는 사람들의 조언을 경청할 때는 미리 우리의 의견을 말하지 않는 것이 좋다. 자기 노력을 의지하거나 직권을 이용하거나 개성을 내세우지 않고 하나님이 자신의 뜻을 이루시는 과정을 볼 때 확신이 온다.

그리스도 예수 안에 있었던 자세, 즉 자신을 겸손히 낮추고 자신을 비우고 의도적으로 기꺼이 아내의 약함을 짊어지는 자세를 가지면 하나님이 자신의 뜻을 보여주시고 이루시리라고 확신해도 좋다. 바울은 이렇게 말한다.

> 그러므로 하나님께서는 그를 지극히 높이시고, 모든 이름 위에 뛰어난 이름을 그에게 주셨습니다. 그리하여 하늘과 땅 위와 땅 아래 있는 모든 것들이 예수의 이름 앞에 무릎을 꿇고, 모두가 예수 그리스도는 주님이시라고 고백하여, 하나님 아버지께 영광을 돌리게 하셨습니다(빌립보서 2:9-11).

하나님의 뜻은 예수 그리스도를 높여 하나님 아버지의 영광을 높이는 것이었다. 의견 차이가 있을 때 당신과 아내가 복음에 합당하게 행동하면 하나님이 당신을 적의 손에서 구출하시고 자신의 뜻을 이루시리라고 기대해도 좋다.

아내의 비전을 먼저 잘 듣고 그 다음 자신의 비전을 말한다

The Equipping Men Series(남자 만들기 시리즈)에서 가르치는 비전 원리 중 하나는 '비전이 모든 행동을 미리 결정한다.'이다. 누군가가 특정 상황에서 왜 그런 식으로 행동하거나 말하는지를 이해하고 싶을 때는 그 상황에 대한 그들의 비전을 알면 그들의 행동이 이해된다. 당신과 아내가 의견 차이가 있을 때는 언제나 서로에게 다른 비전이 있다. 결혼생활에서 비전이 둘이면 그것은 분열과 같다. 분열이 아니면 갈등이라고 한다.

갈등을 해결하고 싶으면 어디서 갈등이 생겼는지를 보기 위해 두 비전을 각각 명확히 말로 표현해야 한다. 그러면 두 비전을 평가해 그 상황에서 누구의 비전이 성경적이고 지혜로운지를 살필 수 있다. 예수 그리스도의 복음에 합당하게 살겠다는 한 목적으로 연합하면 어느 것이 이 목적을 성취하는 데 최상인지를 토론할 수 있다. 또 이 상황을 하늘의 관점으로 보는데 유익하다.

누구에게 권한이 있는가?

또 한 가지 생각해야 할 중요한 점은 바로 '권한'이다. 이 결정에 대해 누가 하나님께 답변하겠는가? 당신이 답변한다면 결정은 당신의 책임이다. 아내의 몫은 일단 자신의 비전과 생각과 바람을 남편에게 전달하는 것이다. 그리고 마지막 날 하나님 앞에 서서 우리가 어떻게 그리스도께 합당하게 사랑하며 살았는지를 말씀드릴 때 가장 행복하게 여길 결정을 하도록 남편에게 용기를 주어야 한다.

권한이 있는 사람이 하나님께 답변해야 하는 사람이고 비전을 제시할 책임이 있는 사람이다. 예를 들어 아내가 집을 어떻게 청소하느냐 하는 문제에 의견 차이가 있다고 해보자. 이때는 아내가 자신의 책임에 대해 하나님께 답변할 사람이다. 그러므로 남편은 복음에 합당하고 하나님을 영화롭게 하기 위해 집이 어떻게 기능하는 것이 최상인지 비전을 제시해야 한다. 자신의 아이디어를 아내가 생각해 보도록 전달한다. 아내가 책임을 완수하는 데 어떤 도움이 필요한지를 아내에게 물어도 좋다. 아내를 위해 기도하겠다는 말로 아내를 격려해야 한다. 아내가 해야 할 일을 하지 않으면 남편은 복음을 위해 그리스도의 자세로 그 차이점을 짊어져야 한다.

아내의 약함을 짊어진다는 말은 특정 영역에서 아내에게 진실을 터놓고 말한다는 뜻이기도 하다. 아무것도 말하지 않고 아무 일도 하지 않는 것은 쉽다. 그러나 때로는 진실을 말하는 것이 진짜 사랑이다. 터놓고 말하기가 어렵다는 점을 알기 때문에 남편은 그리스도의 자세를 갖고 하나님이 하라고 하신 말씀을 사랑하는 마음으로 말해야 한다. 아내의 반응은 아내의 마음속에서 일하시는 하나님의 권한에 있으므로 남편은 아내를 조정하거나 지배하지 않기 위해 온 힘을 다해야 한다. 인내로 아내를 사랑하며 예수 그리스도의 자세를 똑같이 본받는 동안 하나님이 일하실 것을 믿으라.

요약

아내와 의견 차이가 있을 때 어떻게 해야 하는가?

- 하늘의 관점을 갖도록 기도한다.

- 파괴적 태도 1: 교만을 버린다.

- 파괴적 태도 2: 이기심을 버린다.

- 파괴적 태도 3: 지배 심리를 버린다.

- 의견 차이가 그리스도처럼 사랑할 기회임을 인식한다.

- 의견 차이가 그리스도처럼 겸손해질 기회임을 인식한다.

- 의견 차이가 아내의 약함을 짊어질 기회임을 인식한다.

- 의견 차이가 하나님의 뜻을 더 확실히 알 기회임을 인식한다.

- 서로의 비전을 확인하고 어느 쪽이 예수 그리스도를 더 높일지를 살핀다.

- 누구에게 권한이 있는지를 인식한다.

소모임 나눔

1. 당신과 아내의 의견 차이를 하늘의 관점에서 보면 어떻게 달라지는가?

2. 교만과 이기심과 지배 심리, 이 세 태도의 파괴적 성질을 이야기해본다.

3. 의견 차이가 주는 기회 중 어느 것을 가장 의식해야 하겠는가? 왜 그런가?

4. 아내와 겪은 의견 차이와 서로 다른 두 비전을 나눈다.

5. 이 장의 진리를 어떻게 적용하는가?

15장

아내가 화를 내면 어떻게 해야 하는가?

What's a Man to do
When his Wife gets Angry?

아내가 화를 내면 어떻게 해야 하는가?

아내가 이 장을 읽고 화를 이기는 법을 배우게 하는 것이 답이라면 얼마나 간단할까? 적어도 이미 폭발한 순간에는 답이 통하지 않는다. 아내가 전혀 화를 내지 않는다면 남편은 행복한 남자다. 그런 사람은 이 장을 건너뛰어도 좋다. 그러나 하나님이 부부관계에서 아내의 마음에 안정감을 주고 싶으시면 아내가 화를 못 참게 하시기도 한다. 이때가 바로 남편이 아내를 진짜로 사랑한다는 것을 보여줄 기회이다. 그러면 아내는 남편에게 큰 위안을 느낄 것이다.

아내가 내는 화에도 하나님의 선한 목적이 있다

어떤 상황이든지, 심지어 아내가 남편에게 화를 내는 경우라고 해도 신학적 관점으로 크게 보면 모든 것이 하나님으로부터 나와 예수 그리스도 안에서 또 그분을 통해서 하나님의 영광을 향해 나아간다. 바울은 로마 사람들에게 이렇게 말했다. "하나님을 사랑하는 사람들, 곧 하나님의 뜻대로 부르심을 받은 사람들에게는, 모든 일이 서로 협력해서 선을 이룬다는 것을 우리는 압니다.……만물이 그에게서 나고, 그로 말미암아 있고, 그를 위하여 있습니다. 그에게 영광이 세세에 있기를 빕니다. 아멘."(로마서 8:28, 11:36) 하나님은 모든 것을 통해 일하신다. 모든 사람을 통해 좋은 일을 하신다. 그것을 찾는 것이 관건이다. 그래서 아내가 내는 화에도 하나님의 선한 목적이 적어도 하나는 있다고 말할 수 있다.

하나님이 아내가 화를 내도 가만히 계시는 데는 아내가 남편을 통해 용서의 힘을 경험하게 하시려는 좋은 뜻도 있다. 용서는 예수님이 십자가에서 하신 일을 경험하는 것이다. 아내가 화를 내서 관계가 어려워진 것보다 예수 그리스도와 십자가 능력을 더 중요하게 생각하면 남편과 아내는 둘 다 큰 유익을 얻는다.

아내의 분노는 남편이 어떤 점에서 아내를 우상시하는지를 보여주기도 한다. 남편이 정체성, 안정감, 행복을 아내의 삶에서 찾으려고 하면 아내는 분노로 남편을 마음껏 조종하는 힘을 얻게 된다. 아내의 분노는 아내가 남편을 우상시한다는 뜻이다(8장 참조). 남편이 그리스도 안에서 안정감을 찾고 하나님이 어떻게 일하시는지를 깨달으면 아내가 화를 낼 때 아내의 분노에 반응하는 대신 아내를 돕는 입장이 될 수 있다. 아내는 잘못된 대상을 신으로 섬기고 있기에 몹시 좌절하고 혼돈스럽다. 남편이 부드럽고 참을성 있게 긍휼과 이해심으로 대처하면, 아내는 남편에게 기대하는 것이 무엇이든 다시 하나님께 돌아갈 수 있을 것이다.

어쩌면 아내의 분노를 통해 하나님이 남편에게 하실 말씀이 있는지도 모른다. 물론 화는 아내가 냈으니 아내의 책임이다. 그러나 남편이 변함없이 아내를 사랑하지 못하거나, 이전에 아내에게 잘못한 부분이 있다면 하나님은 남편의 죄나 잘못을 끝내시기 위해 아내의 분노를 사용하실 수 있다. 그렇게 해서라도 남편이 상황의 심각성을 깨닫게 하시려는 것이다. 아내가 소리를 지른다면 남편이 지금껏 경청하지 않았을 가능성이 크다.

하나님이 아내가 화를 내도 가만히 계시는 다른 좋은 이유가 더 있을 수도 있다. 하나님의 목적이 있으니까 그것을 핑계로 화를 내도 괜찮다는 말이 아니다. 하나님이 모든 것을 다스리신다고 해서 인간의 책임이 사라지는 것이 아니다. 그러나 아내가 화를 내면 우선 하나님이 그 상황을 통해 이루고자 하시는 선한 목적이 많다는 사실부터 깨달아야 한다.

같이 화를 낼 필요가 없다. 그 상황 속에서 하나님의 목적과 지혜를 찾기 위해 제일 먼저 찾아가야 할 곳은 하나님의 말씀이다.

자신을 낮추고 겸손해진다

아내가 화를 낼 때, 베드로전서 5:6에서 베드로가 말한 것처럼, 남편과 아내가 둘 다 하나님의 강한 손 아래 있다는 사실을 생각해 보았는가? 하나님의 손 아래 있을 때는 모든 걱정을 맡기고 자신을 낮추는 길밖에 없다. 이것이 성령께서 베드로를 통해 주신 답이다. 우리가 자신을 낮추면 엄청난 은혜가 우리의 삶과 그 상황에 쏟아진다. 하나님은 우리를 돌보시고 겸손한 자에게 은혜를 주시기 때문이다.

겸손한 생각은 이런 것이다. "주님, 감사합니다. 저는 지금 이것이 필요합니다. 이것이 중요하다는 것을 인정합니다. 주님께 겸손히 나아갑니다. 어떻게 대처할지, 아내를 어떻게 사랑할지 모르겠습니다. 저를 좀 도와주십시오. 아내도 좀 도와주십시오. 아내가 아파하는데 어떻게 섬겨야 하죠? 뭐라고 말해야 아내에게 힘이 될까요? 제가 어떻게 망쳤는지 말씀해 주시겠습니까? 듣고 싶습니다."

주님을 이런 식으로 찾으면 주님이 지혜의 길로 안내해 주실 것이다. 주님이 할 말을 주시기 전까지는 다음 지침을 따르는 것이 최상이다.

하나님이 할 말을 주시기 전까지는 입을 다문다

자신을 변호하거나 자신의 행동을 설명하려는 마음을 내려놓는 것도 하나님 앞에 자신을 낮추는 행동이다. 입을 꽉 다물고 있는 것이 겸손이며 지혜다. 하나님의 말씀도 그렇게 가르친다.

> 내 영혼이 잠잠히 하나님만을 기다림은 나의 구원이 그에게서만 나오기 때문이다(시편 62:1).

> 내 영혼아, 잠잠히 하나님만 기다려라. 내 희망은 오직 하나님에게만 있다(시편 62:5).

> 지혜가 없는 사람은 이웃을 비웃지만, 명철한 사람은 침묵을 지킨다(잠언 11:12).

> 어리석은 사람도 조용하면 지혜로워 보이고, 입술을 다물고 있으면 슬기로

워 보인다(잠언 17:28).

아내가 화를 내더라도 우리가 말없이 하나님을 기다리면 하나님이 자신의 존재와 영을 확실하게 드러내실 것이다. 아내가 남편의 얼굴에서 주님의 평안을 보게 되면 마음이 평온해질 것이다. 또 하나님이 우리에게 할 말을 주실 때 아내는 우리를 통해 위로든 격려든 권면이든 무엇을 말씀하셔도 들을 준비가 될 것이다. 하나님이 우리에게 주실 말은 부드러운 대답일 것이다.

부드러운 대답은 무장을 해제시킨다

"부드러운 대답은 분노를 가라앉히지만, 거친 말은 화를 돋운다."(잠언 15:1) 이 잠언 말씀을 경험해 봤을 것이다. 나는 다른 사람이 화를 낼 때 거친 말이나 비난이나 책망으로 반응한 적이 많았지만 그것으로 상황이 나아진 경우는 없었다. 부드럽고 친절하고 섬세한 대답은 격한 감정을 확실히 가라앉힌다. 주님이 부드러운 대답을 주시기를 기다리면 그 상황에서 하나님의 능력을 경험할 것이다. 다음 구절들로 이것을 확인해 보자.

> 또 주께서 주의 구원하는 방패를 내게 주시며 주의 오른손이 나를 붙들고 주의 온유함이 나를 크게 하셨나이다(시편 18:35 개역개정판)

> 형제자매 여러분, 어떤 사람이 어떤 죄에 빠진 일이 드러나면, 성령의 인도하심을 따라 사는 사람인 여러분은 온유한 마음으로 그런 사람을 바로잡아

주고, 자기 스스로를 살펴서, 유혹에 빠지지 않도록 조심하십시오(갈라디아서 6:1).

겸손함과 온유함으로 깍듯이 대하십시오. 오래 참음으로써 사랑으로 서로 용납하십시오(에베소서 4:2).

하나님의 말씀에 담긴 지혜가 잘 보일 것이다. 온유함은 강한 힘이고 주 예수 그리스도의 모습이다. 많은 연습이 필요하지만, 하면 할수록 그 상황 속에서 하나님의 능력과 존재를 더 밝히 보게 될 것이다.

자신을 살핀다

아내가 남편을 공격하면 남편은 자신을 변호하고 아내의 주장에서 오류를 찾고 아내가 화를 낸 것을 비난하기 쉽다. 이것은 갈라디아서 6:1의 조언을 거스르는 행동이다. 아내가 화를 냈다면 잘못을 저지른 것이다. 바울은 이럴 때 먼저 자신을 살펴서 같은 죄에 빠지지 않도록 조심하라고 권했다.

예수님도 산상수훈에서 이 진리를 가르치셨다. "위선자야, 먼저 네 눈에서 보를 빼내어라. 그래야 네 눈이 잘 보여서, 형제의 눈 속에 있는 티를 빼 줄 수 있을 것이다."(마태복음 7:5) 자신이 화를 냈던 때를 잘 생각해 보라. 화를 내면 곧 비참해진다는 사실을 깨달을 것이다. 다른 사람이 우리를 비참하게 만드는 것이 아니다. 하나님께 기대해야 할 일을 사람들에게서 바라기 때문에 스스로 비참해지는 것이다. 이제 아내가 화를 내면 먼저 하나님이 예전에 당신이 어떻게 화를 이기도록 도와주셨는지를 생각하라. 그러면 아내를 도와줄 수 있을 것이다. 당신이 화를 냈을 때 주님이 자비롭게 대하신 것처럼 아내를 자비로 대할 것이기 때문이다. 계속 자기를 먼저 살피다 보면 다음 단계로 성장하게 된다.

비판이나 비난을 하는 대신 이해하려고 한다

화가 난 여자는 이해받고 싶어 한다. 당신이 아내를 이해하기 위해 아내의 말을 잘 들어주고 아내의 심정을 함께 느껴주면 아내의 화는 대부분 가라앉는다. "명철한 사람에게는 그 명철함이 생명의 샘이 되지만,……"(잠언 16:22) 상대방을 비판하거나 비난하지 않고 그의 아픔을 이해하고 공감해주면 그 사람은 우리에게 힘을 얻는다. 아무리 사납게 쏘아붙이던 사람도 이해만 해주면 금방 수그러질 때가 많다. 화는 자기에게 신경을 써주지 않는다는 생각에서 나오기 때문이다.

이해하는 마음으로 들으면 화가 나서 쏟아 붓는 아내의 잔소리가 귀에 들어온다. 반응하지 말고 잠언 15:32 말씀을 생각하라. "훈계를 싫어하는 사람은 자기 생명을 가볍게 여기는 사람이지만, 책망을 잘 듣는 사람은 지식을 얻는 사람이다." 아내의 말을 잘 경청하면 자기 자신을 더 깊이 알게 되고 남편과 아빠로서 바뀌어야 할 점이 보이기 시작한다. 현명한 남자는 아내를 알고 더 깊이 사랑하고 싶어서 아내가 쏟아내는 모든 감정과 아픔을 끝까지 들어줄 것이다. 잠언 20:5 말씀에서 배운 지혜다. "사람의 생각은 깊은 물과 같지만, 슬기로운 사람은 그것을 길어 낸다." 하나님이 아내의 마음속에서 하고 계신 심오한 일을 알아내기 위해서는 입을 다물어야 할 것이다.

"아는 것이 많은 사람은 말을 삼가고, 슬기로운 사람은 정신이 냉철하다."(잠언 17:27) 필요하면, 서로 감정을 가라앉히고 냉정을 되찾은 다음에 더 이야기하자고 할 수도 있다. 아내를 무시해서가 아니고 아내의 마음을 제대로 듣고 싶어서라는 점을 분명히 전달해야 한다. 분노와 감정이 진정되어야 아내의 말을 더 쉽게 들을 수 있을 것 같다고 고백해도 좋다. 아내가 물러서지 않고 계속 화를 내는데도 하나님이 가만히 놔두신다면 그것은 그 순간 아내의 심정을 그대로 읽어주라는 하나님의 뜻이다. 아내가 화를 내는 중에 아내를 이해하려고 애쓴다면 당신은 정말 냉철하고 멋진 남자다!

아내를 위해 기도한다

화가 난 아내는 악한 영의 공격을 받는다. 그러므로 당신이 이해해 주고 기도해 주어야 한다. 예수님은 제자들에게 이렇게 가르치셨다. "너희를 저주하는 사람들을 축복하고, 너희를 모욕하는 사람들을 위하여 기도하여라."(누가복음 6:28) 화를 내다 말고 기도하는 아내가 있을지 모르지만 대부분의 사람은 공격을 받으면 기도할 마음이 생기지 않는다. 아내의 말을 들으면서 아내를 대신해 주님께 기도하라. 아내와 악한 영 사이에 서서 그리스도의 사랑이 그 날 이긴다고 선언하라. 주님께 중보를 요청하고 악한 영과 거짓말을 잠재워 달라고 기도한다. 주님 앞에서 당신이 아내를 사랑하고 용서하겠다고 다짐하라. 굳이 소리를 내지 않아도 좋다. 마음으로 자신을 낮추고 아내를 위해 기도한다.

요약

아내가 화를 내면 어떻게 해야 하는가?

- 아내가 내는 화 속에서 하나님의 선한 목적을 찾으라.

- 겸손히 자신을 낮춘다.

- 하나님이 할 말을 주실 때까지 입을 다문다.

- 부드러운 대답이 무장을 해제한다는 것을 기억한다.

- 자신을 살핀다.

- 비판하거나 비난하지 않고 이해하려고 한다.

- 아내를 위해 기도한다.

소모임 나눔

1. 카드에 아내가 화를 내면 해야 할 7가지를 적고 암기한다. 안 보고 외울 때까지 서로 도와준다.

2. 7가지 중 가장 와 닿은 것은 무엇인가? 이유는?

3. 이 장에서 성령께서 무엇을 말씀하셨는가?

4. 이 장의 내용을 어떻게 적용할 것인가?

Part
4

가정에 관한 질문
Family Questions

16. 가족을 이끌려면 어떻게 해야 하는가?
17. 자녀를 사랑하려면 어떻게 해야 하는가?
18. 자녀에게 안정감을 심어주려면 어떻게 해야 하는가?
19. 복음을 생활화하려면 어떻게 해야 하는가?
20. 자녀와의 관계를 회복하려면 어떻게 해야 하는가?

16장

가족을 이끌려면 어떻게 해야 하는가?

What's a Man to do to Lead his Family?

가족을 이끌려면 어떻게 해야 하는가?

가족을 잘 이끄는 지도자가 되고 싶은가? 대부분의 남자는 앞장서기를 좋아하지만 다른 사람을 이끌 줄은 모른다. 이런 사람은 실패할까 봐 두려워서 그냥 팔짱 끼고 보고만 있거나 아니면 스스로 권리를 포기하고 만다. 인생의 모든 것이 그렇듯이 지도력도 훈련과 실습이 필요하다. 나의 제안을 잘 듣고 가족을 잘 이끌어 보기 바란다.

하나님의 부르심을 인식한다

당신과 가족은 단순히 생물학적 관계가 아니다. 하나님은 가족 한 사람 한 사람을 창조하셔서 당신과 관계를 맺도록 부르신다. 하나님의 부르심은 서로 간의 책임과 특권과 약속이 따르는 특별한 관계를 만드시는 하나님의 행위로, 절대 철회되지 않는다. 성경은 사람의 탄생이 육체든 영이든 모두 하나님의 부르심에서 비롯된다고 가르친다.

이것은 성경에 기록된 대로 "내가 너를 많은 민족의 조상으로 세웠다" 함과 같습니다. 이 약속은, 그가 믿은 하나님, 다시 말하면, 죽은 사람들을 살리시며 없는 것들을 불러내어 있는 것이 되게 하시는 하나님께서 보장하신 것입니다(로마서 4:17).

그들이 태어나기도 전에, 무슨 선이나 악을 행하기도 전에, 택하심이라는 원리를 따라 세우신 하나님의 계획이 살아 있게 하시려고, 또 이러한 일이 사람의 행위에 근거하는 것이 아니라 부르시는 분께 달려 있음을 나타내시려고(로마서 9:11-12).

하나님께서 주시는 고마운 선물과 부르심은 철회되지 않습니다(로마서 11:29).

당신과 아내의 관계는 하나님이 만드셨다. 하나님의 부르심인 것이다. 마태복음 19:6과 마가복음 10:9은 혼인 관계에 대한 예수님의 말씀을 기록했다. "그러므로 그들은 이제 둘이 아니라 한 몸이다. 하나님이 짝지어 주신 것을 사람이 갈라놓아서는 안 된다." 예수님은 결혼은 철회되지 않는, 하나님의 행위라고 가르치셨다. 당신이 아내를 어떻게 대하는지를 보면 바로 하나님과 당신의 관계가 드러난다. 아내와의 관계에서 하나님의 부르심을 인식하지 못하면 가족을 이끌 수 없다. 당신이 아내를 대하는 대로 자녀를 대할 것이기 때문이다.

- **평생 충성하라.** "예수께서 그들에게 말씀하셨다. '누구든지 아내를 버리고 다른 여자에게 장가드는 남자는, 아내에게 간음을 범하

는 것이요.'"(마가복음 10:11)
- **평생 헌신하라.** "결혼한 사람들에게 말합니다. 이것은 나의 말이 아니라, 주님의 명령입니다. 아내는 남편과 헤어지지 말아야 합니다. 만일 헤어졌거든 재혼하지 말고 그냥 지내든지, 그렇지 않으면 남편과 화해하여야 합니다. 그리고 남편도 아내를 버리지 말아야 합니다. 그 밖의 사람들에게 말합니다. 이것은 나의 말이요, 주님의 말씀은 아닙니다. 어떤 교우에게 믿지 않는 아내가 있는데, 그 여자가 남편과 같이 살기를 원하면, 그 여자를 버리지 말아야 합니다."(고린도전서 7:10-12)
- **아내를 기쁘게 해 주기 전에 예수님을 기쁘게 해 드리라.** "누구든지 내게로 오는 사람은, 자기 아버지나 어머니나, 아내나 자식이나, 형제나 자매뿐만 아니라, 심지어 자기 목숨까지도 미워하지 않으면, 내 제자가 될 수 없다."(누가복음 14:26)
- **한 배우자에게 헌신하라.** "그러나 음행에 빠질 유혹 때문에, 남자는 저마다 자기 아내를 두고, 여자도 저마다 자기 남편을 두도록 하십시오."(고린도전서 7:2)
- **아내의 성적 요구에 귀를 기울이라.** "남편은 아내에게 남편으로서의 의무를 다하고, 아내도 그와 같이 남편에게 아내로서의 의무를 다하도록 하십시오."(고린도전서 7:3)
- **아내를 기쁘게 해 주라.** "그러나 결혼한 남자는, 어떻게 하면 자기 아내를 기쁘게 할 수 있을까 하고, 세상 일에 마음을 쓰게 되므로,"(고린도전서 7:33)
- **아내를 이끌라.** "그리스도께서 교회의 머리가 되심과 같이, 남편은 아내의 머리가 됩니다. 바로 그리스도께서는 몸의 구주이십니

다."(에베소서 5:23)
- 자신의 몸같이 아내를 사랑하라. "이와 같이, 남편도 아내를 자기 몸과 같이 사랑해야 합니다. 자기 아내를 사랑하는 것은 곧 자기를 사랑하는 것입니다."(에베소서 5:28)
- 예수님이 자신의 몸인 교회를 사랑하시듯이 아내를 사랑하라. "남편 된 여러분, 아내를 사랑하기를 그리스도께서 교회를 사랑하셔서 교회를 위하여 자신을 내주심 같이 하십시오."(에베소서 5:25)
- 성결과 존중이 아내와의 관계에서 중심이다. "하나님의 뜻은 여러분이 성결하게 되는 것입니다. 여러분은 음행을 멀리하여야 합니다. 각 사람은 자기 아내를 거룩함과 존중함으로 대할 줄 알아야 합니다."(데살로니가전서 4:3-4)
- 부부의 성관계를 더럽히지 말라. "모두 혼인을 귀하게 여겨야 하고, 잠자리를 더럽히지 말아야 합니다. 음행하는 자와 간음하는 자는 하나님의 심판을 받을 것입니다."(히브리서 13:4)

이런 책임에는 존중, 성(sex), 지원, 동행과 같은 특권이 따른다. 아내에게 성실히 이 책임을 다하는 남자는 하나님께 많은 복을 받는다. 이런 책임감은 하나님과의 관계에서 나온다. 그러므로 예수 그리스도를 통해 하나님과의 관계에서 가족을 이끌 힘을 얻어야 한다. 가족을 이끄는 일을 위해 첫 번째로 할 일은 하나님이 당신을 부르셨다는 사실을 받아들이는 것이다.

하나님의 권위 아래 있음을 인식한다

하나님은 남자를 가족의 머리와 지도자로 세우셨다. 하나님은 아담을 먼저 만드셨다. 남자와 여자를 동시에 만드실 수 있었지만 그렇게 하지 않으셨다. 그리스도 안에서 세우신 계획 때문에 순서가 미리 결정되어 있었다. 남자는 교회의 머리이신 예수님을 대표한다. 남자가 가장이 된 것은 하나님의 부르심 때문이다. 남자는 하나님의 권위 아래 있다는 뜻이다. 남자는 하나님을 대신해 아내와 자녀를 사랑하고 돌보고 보호할 권한을 부여받았다.

가족들이 성경말씀과 예수 그리스도의 복음에 사로잡히기를 바란다면 당신은 반드시 가족을 이끌어야 한다. 하나님 아버지와 예수 그리스도와 성경을 가장 거스르는 일은 남자가 자기의 즐거움을 위해 가족을 이용하는 것과 자기가 최고 권력자인양 폭력, 인신공격, 위협, 수치로 가족을 지배하며 뒤에서 조종하는 것이다.

가족들과 관계를 맺는 것이 하나님의 부르심임을 인식하면 가족이 나를 위해 존재하는 것이 아니라 내가 가족을 위해 존재한다는 사실이 명확해진다. 하나님이 성경 말씀을 통해 주신 책임을 성실히 완수할 때 지도자로서 권위가 선다. 우리는 하나님과 가족을 섬기는 데 전념해야 한다. 하나님이 자신을 대신해 우리를 이 섬김의 자리에 앉히셨기 때문이다. 군대에서 지휘관은 상관과 부하를 동시에 섬겨야 한다. 지휘관은 임무 수행에 필요한 모든 것을 자기 상관이 지원해 준다는 확신을 가지고 지혜와 사랑으로 부하들을 이끌어야 부하들이 임무를 성공적으로 완수할 수 있다. 지휘관이 부하들에게 헌신하는 만큼 부하들도 지휘관을 따르는 법이다. 지휘관이 자기 상관의 권위를 무시하고 자신의 이익을 추구하는 모습이 부하들의 눈에 띄는 순간 더는 부하들을 이끌 힘을 잃고 만다. 어떻게 해야 가족을 이끌 수 있을까? 두 번째로, 자신이 하나님의 권위 아래 있음을 인식해야 한다.

겸손히 자신을 낮춘다

삶과 관계에서 하나님의 권위를 인식하려면 겸손이 필요하다. 교만하고 이기적이고 냉소적인 사람은 지도력이 떨어질 수밖에 없다. 반대로 겸손은 지도력을 높여준다. 다음 겸손의 정의가 도움이 될 것이다. 겸손은 모든 긍정적인 성취, 유익한 말, 지능, 체력, 축복, 유혹, 환난, 고난이 하나님으로부터 나온다는 사실을 아는 것이다. 겸손한 사람은 어떤 상황에서든 하나님께 나아가 도움을 청하면 필요한 것을 받을 수 있음을 안다. 겸손한 사람은 하나님의 부르심에 따라 맡은 책임을 완수하려고 하나님께 당당히 지혜와 힘을 요구한다. 겸손한 사람의 특징은 자신이 아닌 하나님을 신뢰하는 믿음이다. 이는 자만심이나 아집이나 독선이 아니다. 그는 하나님이 주시는 비전과 은혜로 평화롭게 이끈다. 엘리야의 영 사이트(www.spiritofelijah.com)에서 The Power of Humility in Parenting(자녀양육에서 겸손의 힘)을 들어 보기 바란다. 겸손은 어떤 모습으로 나타나는가?

- 겸손은 하나님과 다른 사람에게 귀를 기울인다.
- 겸손은 자신의 유익이 아닌 다른 사람의 유익을 추구한다.
- 겸손은 자신의 권리를 주장하지 않고 다른 사람을 위해 자기 것을 내려놓는다.

- 겸손은 자신의 죄와 허물을 인정하고 그 결과를 받아들인다.
- 겸손은 예수님을 가장 중요시한다.
- 겸손은 하나님이 주신 것들을 나눈다.
- 겸손은 모든 일에 하나님의 목적과 능력을 믿는다.

어떻게 하면 겸손한 사람이 되는가? 예수님이 지친 사람들에게 자신에게 와서 마음의 겸손을 배워 영혼의 쉼을 찾으라고 초대하신 것을 보면서 우리는 겸손을 배울 수 있을 것 같다(마태복음 11:28-29). 자신의 노력으로 겸손해지려 하기보다 겸손은 우리 안에 계신 예수 그리스도의 삶에서만 흘러나온다는 것을 인식해야 하는 것이다. 우리가 사는 것이 아니라 우리 안에 계신 그리스도께서 사시는 것이다. 자신의 삶을 예수 그리스도께 내드리고 복이든 환난이든 예수님이 주시는 것을 최상으로 받아들일 때 이 일이 가능해진다. 세 번째로, 가족을 잘 이끌려면 겸손한 사람이 되어야 한다.

관계에 주력한다

사람들은 냉담하고 독단적인 지도자를 따르고 싶어 하지 않는다. 관계를 중요시하고 이에 주력하는 지도자가 사람들을 잘 이끈다. 사람들은 자신을 존중해주는 사람을 따르기 때문이다. 당신이 숨김없이 자신을 드러내고 진심으로 관심을 보여주면 사람들은 존중받는다고 느낀다. 투명성이 관계의 맥이 된다. 아내와 자녀에게 진실한 관심을 많이 보일수록 그만큼 관계는 튼튼해진다. 집에 돌아오면 스마트폰이나 아이패드를 치워놓고 가족들과 함께하며 반응을 지켜보라. 그날 힘들었던 일, 잘 극복한 일, 행사, 자신의 꿈을 가족에게 나누라. 가족들도 삶을 공유하고 싶은 당신의 마음을 알게 될 것이다. 가족들에게도 어떤 일이 있었는지를 묻고 잘 들으라. 기쁜 일이 있으면 함께 기뻐하라. 마음 상한 일이 있으면 함께 아파하라. 그것이 관계다.

사도 바울은 고린도후서 11:29에서 자신의 사역이 얼마나 관계에 주력했는지를 강조했다. "누가 약해지면, 나도 약해지지 않겠습니까? 누가 넘어지면, 나도 애타지 않겠습니까?" 로마 사람들에게는 이렇게 썼다. "기뻐하는 사람들과 함께 기뻐하고, 우는 사람들과 함께 우십시오."(로마서 12:15) 그가 관계에 주력한 이유는 자신을 아버지라고 생각했기 때문이다. 고린도 사람들에게 이렇게 말했다. "그리스도 안에서 여러분에게는 일만 명의 스승이 있을지 몰라도, 아버지는 여럿이 있을 수 없습니다. 그리스도 예수 안에서 복음으로 내가 여러분을 낳았습니다."(고린도전서 4:15)

우리가 아내와 자녀와의 관계에 주력해야 하는 가장 큰 이유는 예수 그리스도 때문이다. 예수님은 하나님이 관계를 원하신다는 것을 보여주셨다. 하늘에 계신 우리의 아버지는 우리를 돌보시고(베드로전서 5:7) 우리를 늘 반기시며, 우리를 도우시고(히브리서 4:16) 우리의 사정을 아신다. 그분은 우리에게 귀를 기울이시고(마태복음 6:6) 우리의 고난을 대신 당하시고(히브리서 2:18) 우리의 죄를 용서하시고(누가복음 7:49) 우리를 격려하신다(빌립보서 2:1). 우리에게 향하신 하나님 아버지의 마음을 다 묘사하기에는 시간과 종이가 모자란다. 우리의 아버지이신 하나님과 우리의 남편이신 예수 그리스도 앞에 서서 관계에 대한 그분의 마음을 표현한다면 무엇이라고 하겠는가? 네 번째로, 가족을 잘 이끌고 싶으면 관계에 주력하라.

지도력의 걸림돌을 인식한다

예수님 앞에 선 남자들이 자신들의 소극성과 지도력 결핍에 대해 해명하는 소리가 귓가에 들려오는 듯하다. 부끄러움에 움츠러든 모습으로 이렇게 말하는 것 같다.

"제가 이끌지 못한 이유는 아내가 반대하고 화를 낼까 두려웠기 때문입니다. 그러면 제가 원하는 성관계를 해주지 않을 테니까요."

"제가 이끌지 못한 이유는 어떻게 하는 줄 몰랐기 때문입니다."

"제가 이끌지 못한 이유는 너무 바빴기 때문입니다."

"제가 이끌지 못한 이유는 아내가 더 좋은 지도자였기 때문입니다."

"제가 이끌지 못한 이유는 퇴근하고 집에 돌아오면 너무 피곤했기 때문입니다."

"제가 이끌지 못한 이유는 이끌려고 할 때마다 갈등만 커졌기 때문입니다."

당신은 어떻게 해명하겠는가? 가족을 이끌려면 변명거리들을 극복해야 한다. 예수님이 도저히 자신의 소명을 완수할 수 없다고 하나님 아버지께 변명하는 모습을 상상할 수 있을까? 불가능하다. 그렇다면 우리와 똑같이 고난을 당하셨지만 죄를 짓지 않으신 예수님이 당신의 변명에 동정하시겠는가? 동정하실 것이다. 이해하실 것이다. 이 답이 의외인가? 히브리서의 이 구절들이 당신에게 격려가 될 것이다.

> 그러므로 그는 모든 점에서 형제자매들과 같아지셔야만 했습니다. 그것은, 그가 하나님 앞에서 자비롭고 성실한 대제사장이 되심으로써, 백성의 죄를 대신 갚으시기 위한 것입니다. 그는 몸소 시험을 받아서 고난을 당하셨으므

로, 시험을 받는 사람들을 도우실 수 있습니다(히브리서 2:17-18).

우리의 대제사장은 우리의 연약함을 동정하지 못하시는 분이 아닙니다. 그는 모든 점에서 우리와 마찬가지로 시험을 받으셨지만, 죄는 없으십니다. 그러므로 우리는 담대하게 은혜의 보좌로 나아갑시다. 그리하여 우리가 자비를 받고 은혜를 입어서, 제때에 주시는 도움을 받도록 합시다(히브리서 4:15-16).

이 구절에서 하나님이 우리의 연약함과 죄를 아실 뿐 아니라 우리를 사랑하시기 때문에 우리가 가족을 이끄는 데 도움을 얻을 수 있도록 주님의 자비와 은혜의 보좌로 나아갈 수 있게 해 주셨다는 사실이 우리에게 큰 격려가 된다. 하나님은 언제 어디서나 우리를 도와 줄 준비가 되어 있으셨기 때문에 우리가 가족을 이끌 수 없었다는 것은 어떤 이유로도 변명이 되지 않는다. 다섯 번째로, 가족을 잘 이끌고 싶다면, 우리가 하나님께 나아가고 그분을 신뢰하는 데 걸림돌이 무엇인지를 인식해야 한다.

무엇이 우리의 걸림돌인가? 무엇이 우리의 발목을 잡고 진로에서 벗어나게 하는가? 히브리서 기자는 불신앙이 우리를 넘어뜨린다고 말한다.

그러므로 이렇게 구름 떼와 같이 수많은 증인이 우리를 둘러싸고 있으니, 우리도 갖가지 무거운 짐과 얽매는 죄를 벗어버리고, 우리 앞에 놓인 달음질을 참으면서 달려갑시다. 믿음의 창시자요 완성자이신 예수를 바라봅시다. 그는 자기 앞에 놓여 있는 기쁨을 내다보고서, 부끄러움을 마음에 두지 않으시고, 십자가를 참으셨습니다. 그리하여 그는 하나님의 보좌 오른쪽에 앉으셨습니다. 자기에 대한 죄인들의 이러한 반항을 참아내신 분을 생각하십시오. 그리하면 여러분은 낙심하여 지치는 일이 없을 것입니다. 여러분은 죄와 맞서서 싸우지만, 아직 피를 흘리기까지 대항한 일은 없습니다(히브리서 12:1-4).

잘 이끌려면 하나님이 도와주시지 않으리라는 불신앙, 실패할 때 하나님이 자비를 베푸시지 않으리라는 불신앙, 하나님이 우리를 유능한 지도자로 만드실 수 없다는 불신앙을 버려야 한다. 또 우상숭배를 회개해야 한다. 하나님은 우상숭배를 증오하신다. 하나님만 공급하실 수 있는 것을 사물이나 사람이나 아이디어에 바라는 것이 우상숭배다. 아내를 우상처럼 섬기는 것, 자신의 성적 만족에 집착하는 것, 하나님의 평화와 칭찬보다 아내나 자녀들과의 갈등이 없는 상황을 더 추구하는 것, 자신의 가치와 삶의 공급원을 직장에서 찾는 것, 세상일에 집중하는 것 등의 우상숭배의 죄를 회개하지 않는 한 가족을 제대로 이끌 수 없다. 위의 성경 말씀이 권면하듯이 우리는 지도력의 모범이신 예수 그리스도에게서 시선을 떼서는 안 된다.

하나님의 비전을 갖는다

잠언은 지도력의 훌륭한 원리를 말하고 있다. "계시가 없으면 백성은 방자해지나"(잠언 29:18상) 계시로 번역된 히브리 원말에는 '보다'라는 뜻이 있다. 지도자가 하나님의 말씀을 들여다보고 마음과 생각에 계시를 받지 않으면 그를 따르는 자들이 제멋대로 행하게 된다는 말이다. 이 구절 후반부는 이렇게 말한다. "율법을 지키는 사람은 복을 받는다." 이 당시에는 율법이 백성들에게 하나님의 마음과 생각을 보여주었다.

이 원리는 오늘날의 지도력에도 그대로 적용된다. 가족을 이끌어야 한다면 믿음의 창시자요 완성자이신 예수님을 꼿꼿이 바라보며 가족을 이끄는 길밖에 다른 대안이 없다. 우리와 가족에 대한 하나님의 비전은 예수님의 형상을 닮는 것이다(로마서 8:29, 요한일서 3:2).

우리와 가족은 어둡고 문란하고 이기적이고 불신앙적인 세상에서 예수님의 가치관과 생활방식과 마음을 드러내야 한다. 하나님께 나아가 다음 질문을 드리면 어떤 상황에서도 하나님의 비전을 찾을 수 있을 것이다.

- 어떤 행동을 해야 예수님이 많이 드러나고 제가 적게 나타날까요?
- 어떤 말을 해야 예수님의 생각과 마음이 전달될까요?
- 어떤 언행이 아무런 보답을 바라지 않고 다른 사람에게 최고 유익을 주시는 예수님의 사랑을 드러낼까요?
- 무엇이 제 교만을 잠재우고 예수님의 겸손을 드러낼까요?
- 어떻게 말하고 행동해야 제가 지금 하나님이 일하고 계심을 믿고 있다는 것을 보여줄 수 있을까요?
- 판단하고 비판하는 대신 이 사람을 즐거워할 수 있는 방법이 있나요?

이 질문을 한 후에 예수님이 계시하신, 하나님의 마음속에 있는 하늘을 들여다보고 예수님이 보여주시는 것을 받으라. 하나님이 곧바로 대답하실 경우가 있지만 조용히 주님을 기다려야 할 것이다. 이 경험을 통해 우리의 믿음이 커지고 하나님과의 관계가 깊어질 수 있다. 효과적인 지도력은 예수 그리스도의 형상을 닮는 것이 하나님의 비전임을 알고 확신을 가지고 하나님의 시선에 집중하는 것이다.

소통하는 사람이 된다

하나님의 비전을 가족에게 전달하지 않고 가족을 이끌기는 불가능하다. 하나님이 무엇을 좋아하시고 무엇을 싫어하시는지를 우리에게 계시하시지 않았다고 상상해 보라. 우리는 끝없이 추측하다가 두려움에 빠질 것이다. 우리가 하나님의 비전을 전달하지 않고 가족을 이끌려고 하면 아내와 자녀는 똑같은 경험을 할 것이다. 아내와 자녀가 알아서 우리의 마음을 읽거나 우리가 무엇을 하거나 어디로 갈지를 그냥 저절로 알기를 바랄 수는 없다. 이것은 불합리할 뿐 아니라 자칫하면 그들에게 악한 일을 행하는 것이 될 수 있다.

어떻게 가족을 이끌어야 하는가? 하루, 일주일, 행사, 관계에 대한 계획과 목표를 명확하게 반복해서 전달하라. 모든 계획은 하나님과 말씀을 정확히 이해하고 그에 알맞게 짜야 한다. 하나님은 성령을 통해 말씀으로 자신의 뜻을 전달하시면서 우리를 이끄신다. 우리는 하나님께 받은 내용을 가족에게 전달하면서 하나님의 인도를 따른다. 물론 시간이 걸린다. 그러나 비전을 가지고 이끌지 않으면 갈등이 생겨서 더 많은 시간이 걸린다.

당신이 가족에게 전달한 비전은 무엇인가? 당신은 주님이 당신 가족에게 어떻게 복을 주시길 원하시는지 알기 위해 주님을 찾았는가? 이 장에서 당신에게 말씀하신 것을 꼭 적용하라. 더 자세히 배우기 원하면 www.spiritofelijah.com에서 다음 자료를 확인하라.

- Walking Worthy as a Father(아버지답게 살기), Lessons 10-12
- Equipping Men(남자 만들기): Practical Tools for Life's Issues, Jurisdictional Leadership and Leading with Vision(삶의 문제를 푸는 실제적 도구들, 권한과 비전으로 이끌기).

요약

가족을 이끌려면 어떻게 해야 하는가?

- 하나님의 부르심을 인식한다.

- 하나님의 권위 아래 있음을 인식한다.

- 겸손히 자신을 낮춘다.

- 관계에 주력한다.

- 지도력의 걸림돌을 인식한다.

- 하나님의 비전을 갖는다.

- 소통하는 사람이 된다.

■■ 소모임 나눔

1. 이 장에서 새롭게 알게 된 것은 무엇인가?

2. 가족을 이끄는 데 가장 큰 도움과 용기를 준 부분은 무엇인가?

3. 각자 이 번 주에 할 과제를 짜고 다음 주에 보고한다.

17장

자녀를 사랑하려면 어떻게 해야 하는가?

What's a Man to do to Love his Children?

자녀를 사랑하려면 어떻게 해야 하는가?

  24세에 처음 아빠가 되면서 딸을 향한 나의 사랑은 본능적으로 시작되었다. 자꾸 안고 싶고 같이 놀고 싶고 웃게 만들고 싶고 "아빠"라고 말하게 하고 싶었다. 아빠라면 누구나 다 아는 아기 사랑이었다. 누가 나보고 자녀를 사랑하느냐고 물었다면 서슴없이 그렇다고 대답했을 것이다. 그러나 10년쯤 후 넷째 아이를 갖고 나서야 충격적인 사실을 발견하게 되었다. 내가 자녀에게 가졌던 사랑은 우상숭배인 가짜 사랑이었다. 나는 아이들을 사랑한 것이 아니라 이용한 것이다! 내가 아이들과 같이 한 일들은 다 내 기분을 좋게 하기 위해서였다. 그제야 내가 아이들을 사랑할 줄 몰랐다는 사실을 깨달았다.

  아이들을 사랑하려면 도움이 필요했다. 마음을 새롭게 바꾸고 성경적인 비전도 받아야 했다. 어디로 방향을 돌려야 하는가? 이 질문의 답을 얻으려면 방향을 어디로 돌려야 하는가? 기도하면서 도움을 청하자, 이런 생각이 떠올랐다.

  1. 성경은 권위 있는 말씀이다. 살아 있는 말씀을 찾으라.

2. 하나님만이 자녀를 사랑하시는 완벽한 아버지이시다. 하나님께 배우라.
3. 예수님이 하나님 아버지를 완벽하게 드러내셨다. 예수님이 나를 사랑하셨듯이, 예수님처럼 사랑하라.

성경이 권위 있는 말씀이므로 살아 있는 말씀을 찾으라

당신의 마음속에 하나님의 말씀은 어떤 위치에 있는가? 당신의 생각, 가치관, 결정의 권위는 어디에 있는가? 삶의 질문에 답을 찾으려고 하면 반드시 하나님의 말씀인 성경에서 출발해야 한다. 그 외에는 다 오류이다. 내 답변에는 성경말씀이 큰 비중을 차지한다. 다른 어느 곳에 가서 하나님이 어떻게 사랑하시는지, 예수님이 하나님 아버지에 대해 무엇을 보여주셨는지를 찾아낼 수 있겠는가? 당신이 자녀를 어떻게 사랑했는지를 하나님 앞에 서서 고하는 날에 나의 생각은 궁극적으로 아무런 유익이 되지 않을 것이다.

그러나 하나님이 당신을 사랑하시듯이 당신이 자녀를 사랑했다면 그 날이 와도 당당할 수 있다. 예수 그리스도의 애제자인 요한은 이렇게 썼다. "사랑이 우리에게서 완성되었다는 사실은 이 점에 있으니, 곧 우리로 하여금 심판 날에 담대함을 가지게 하려는 것입니다. 우리가 이렇게 담대해지는 것은, 그리스도께서 사신 대로 또한 우리도 이 세상에서 그렇게 살기 때문입니다. 사랑에는 두려움이 없습니다. 완전한 사랑은 두려움을 내쫓습니다. 두려움은 징벌과 관련이 있습니다. 두려워하는 사람은 아직 사랑을 완성하지 못한 사람입니다."(요한일서 4:17-18)

자녀를 사랑하려면 어떻게 해야 하는가? 하나님의 말씀에서 답을 도출해 보자. 그래야 확신을 갖고 자녀를 사랑할 마음을 얻게 된다.

자녀를 사랑하시는 완벽한 아버지 하나님께 배우라

무엇을 어떻게 해야 할지를 배우고 싶다면 전문가와 상담하는 것이 당연한 일이다. 아버지로서 자녀에게 어떻게 사랑을 표현해야 할지 가장 잘 가르쳐주실 분은 바로 하나님이시다. 누가 하나님보다 더 나은 조언가가 될 수 있겠는가? 그래서 나는 하나님 아버지의 자녀 사랑을 들여다보는 관점에서 성경을 읽기 시작했다. 당신은 이런 관점으로 성경을 본 적이 있는가?

중요한 사랑의 원리가 성경말씀에서 나왔다. 우리가 누군가를 우상으로 섬기면 그 사람을 사랑할 수 없다. 나의 책 『하나님처럼 사랑하기: 상대를 우상으로 섬기지 않고 관계 맺기-홈앤에듀 출판』에서 더 자세히 설명해 놓았다. 어떻게 사랑하는지를 더 배우고 싶다면 꼭 읽어 보기 바란다. 누군가에게서 뭔가를 얻으려고 또는 자신의 행복과 명성을 위해 누군가를 이용하려고 관계를 맺으면 사랑하기가 불가능하다는 점을 다시 한 번 강조한다. 왜 그런가? 하나님 아버지의 자녀 사랑은 아무런 보답을 받지 않아도 자녀에게 필요한 것을 주시는 사랑이기 때문이다.

예수님이 산상수훈에서 하나님의 사랑에 대해 말씀하신 것이 이 점을 가장 잘 설명해 준다.

'네 이웃을 사랑하고, 네 원수를 미워하여라' 하고 말한 것을 너희는 들었다.

그러나 나는 너희에게 말한다. 너희 원수를 사랑하고, 너희를 박해하는 사람을 위하여 기도하여라. 그래야만 너희가 하늘에 계신 너희 아버지의 자녀가 될 것이다. 아버지께서는, 악한 사람에게나 선한 사람에게나 똑같이 해를 떠오르게 하시고, 의로운 사람에게나 불의한 사람에게나 똑같이 비를 내려주신다. 너희를 사랑하는 사람만 너희가 사랑하면, 무슨 상을 받겠느냐? 세리도 그만큼은 하지 않느냐? 또 너희가 너희 형제자매들에게만 인사를 하면서 지내면, 남보다 나을 것이 무엇이냐? 이방 사람들도 그만큼은 하지 않느냐? 그러므로 하늘에 계신 너희 아버지께서 완전하신 것 같이, 너희도 완전하여라(마태복음 5:43-48).

남자들만을 염두에 두고 하신 말씀은 아니었지만, 예수님은 이 말씀을 통해 하늘 아버지의 사랑을 보여주셨다. 하나님 아버지는 피조물들이 그분을 위해 무엇을 하든 안 하든 상관없이 그들에게 사랑을 베푸신다. 그렇기에 예수님은 하늘 아버지께서 완전한 사랑을 하시듯 완전하고 성숙한 사랑을 하라고 말씀하신 것이다.

이 말씀이 내 가슴을 울렸다. 어떠한 면을 닮아야 성숙한 사랑을 할 수 있을까? 우리는 자기야심, 자기존재감, 자기완성의 꿈을 좇아 자연스럽게 관계를 선택한다. 우리가 바라는 방식으로 우리를 사랑해주는 사람을 사랑하는 것은 아주 쉽고 자연스러운 일이다.

예수님의 말씀에서 성숙한 사랑은 사랑하는 대상에게서 아무것도 얻어내려고 하지 않는다는 결론이 나온다. 하나님은 자신이 완전히 충족된 상태에서 사랑하신다. 하나님은 자신의 행복과 존재감을 높이기 위해 피조물들에게 무엇을 받아야 할 필요가 없으시다. 자신의 아들과의 관계로 이미 충분히 만족하시기 때문에 하나님의 사랑은 피조물들에게 흘러넘친다.

　나는 아들이신 예수 그리스도에게 쏟아졌던 하나님 아버지의 이러한 사랑이 내게도 흘러넘치는 것을 경험했다. 나는 하나님의 아들로 입양되어 그분의 외아들처럼 사랑받았다. 당신은 이 하나님 아버지의 사랑을 경험했는가? 당신이 악한 아들일 때 하나님이 당신에게 사랑을 쏟아 붓지 않으셨는가? 하나님이 당신을 자신의 아들 예수 그리스도에게로 이끄실 때(요한복음 6:44) 오래 참으시고(베드로후서 3:9), 인자하시고(로마서 2:4), 좋은 것을 주시고(예레미야 31:14), 앙심을 품지 않으시고(고린도전서 13:5), 징계하시고(히브리서 12:7), 가르치시고(요한복음 6:45), 자신을 꾸준히 나타내시지(마태복음 11:25) 않았는가? 하나님이 당신에게 그러셨다면 그리스도 안에서 나타난 하나님의 사랑을 통해 당신은 용서, 은혜, 관계 회복을 이미 경험했고, 365일 24시간 계속해서 하늘 아버지께 나아갈 수 있게 되었다. 이 사랑을 통해 당신은 그리스도와의 관계에서 만족을 얻었기에 이제 하나님이 당신을 사랑하시듯 자녀를 사랑할 수 있게 되었다.

　아버지 하나님과 아들 예수님이 서로 나누시는 사랑이 우리의 삶에 흘러넘치듯 당신과 아내가 서로 나누는 사랑이 자녀의 삶에 흘러넘쳐야 한다. 내가 관찰해 본 결과, 자녀들은 부모가 서로 사랑하는 것을 보아야 부모가 자기들을 사랑하는 줄 안다. 자녀들이 당신과 아내의 관계가 단절된 것을 발견하면 불안해지고 두려워하며 버림받았다고 느낀다. 참사랑인 하나님의 사랑은 절대로 없어지지 않고(고린도전서 13:8) 늘 가득 차서 흘러넘친다. 당신이 아내를 사랑하지 않으면 자녀를 사랑하기는 불가능하다. 이 장 나머지 부분을 읽고 아내에게도 똑같이 적용해 보기 바란다.

하나님의 사랑이 우리에게 흘러넘치는 방식은 이렇다. 우리가 누군가를 사랑해야 할 때, 우리는 가장 먼저 필요한 때에 도와주시는 은혜, 곧 사랑을 받으려고 하늘 아버지께 나아간다. 이렇게 하나님 앞에 서는 것은 예수 그리스도께서 완성하신 일을 통해, 하나님의 사랑이 우리에게도 흘러넘칠 것이라는 약속을 믿음으로 나아가는 것이다. 그리고 자녀를 사랑하는 데 필요한 지혜와 용기를 달라고 겸손히 자신을 낮추고 하나님께 고백한다.

> 그러므로 우리는 담대하게 은혜의 보좌로 나아갑시다. 그리하여 우리가 자비를 받고 은혜를 입어서, 제때에 주시는 도움을 받도록 합시다(히브리서 4:16).

우리는 사랑할 능력을 받으려고 하나님께 나아간다. 하나님이 사랑이시고 사랑은 오직 하나님에게서 넘치도록 나오기 때문이다.

> 사랑하는 여러분, 서로 사랑합시다. 사랑은 하나님에게서 난 것입니다. 사랑하는 사람은 다 하나님에게서 났고, 하나님을 압니다(요한일서 4:7).

아버지 하나님과 아들 예수님 사이의 사랑이 그분의 자녀인 우리에게 흘러넘치듯 하늘 아버지와 우리 사이의 사랑도 똑같이 우리의 자녀에게 흘러넘친다.

> 아버지께서 나를 사랑하신 것과 같이, 나도 너희를 사랑하였다. 너희는 내 사랑 안에 머물러 있어라(요한복음 15:9).

우리가 그리스도의 삶에 나타난 아버지 하나님과 아들 예수님의 사랑 안에 거하고, 우리를 대신해 십자가에 달리신 사랑으로 완전해지고, 하나님이 예수님을 되살리신 것처럼 영화롭게 되면 자녀가 어떻게 행동하든지 그것에 상관없이 사랑을 줄 수 있다. 자녀들이 악할 때도 있고 선할 때도 있지만 우리의 사랑이 늘 한결같을 수 있다. 그것은 바로 오래 참고 인자하실 뿐 아니라 좋은 것을 주시고, 앙심을 품지 않고 징계하고 가르치시고, 언제나 만나주시는 하나님 아버지의 성숙한 사랑이기 때문이다. 이런 사랑이 우리의 자녀를 확실하게 그리스도께로 이끈다. 이런 사랑이 자녀들을 그들의 아버지에게로 이끌고, 아버지들은 그들을 하늘 아버지께로 이끌고, 하늘 아버지는 그들을 예수 그리스도에게로 이끄신다.

남자는 어떻게 자녀를 사랑해야 하는가? 예수 그리스도를 통해 하늘 아버지와 관계를 맺고 이를 통해 경험한 성숙한 사랑으로 자녀를 사랑해야 한다.

예수님이 하나님 아버지를 완벽하게 드러내셨으므로 예수님이 당신을 사랑하시듯 아이들을 사랑하라.

예수님은 제자들에게 자신과 하나님 아버지는 하나이며 자기를 보고 아는 자는 하나님 아버지를 보고 아는 것이라고 말씀하셨다(요한복음 14:9). 히브리서 저자는 편지 첫 부분에서 예수님에 대해 이렇게 썼다. "그는 하나님의 영광의 광채시요, 하나님의 본체대로의 모습이십니다"(히브리서 1:3). 하늘 아버지의 자녀 사랑을 배우고 싶으면 예수님이 우리를 어떻게 사랑하시는지를 공부해야 한다.

예수님은 자신의 사랑의 원천이 아버지 하나님이라고 여러 차례 분명하게 말씀하셨다. 이렇게 아버지를 자랑하시기도 했다. "아버지께서 나를 사랑하신 것과 같이, 나도 너희를 사랑하였다. 너희는 내 사랑 안에 머물러 있어라."(요한복음 15:9) 우리의 자녀를 어떻게 사랑해야 하는지를 알려면 이렇게 질문해야 한다. "예수님은 어떤 식으로 사랑하시는가?" 그리고 그 사랑을 그대로 우리의 자녀에게 의도적으로 적용하면 된다.

- 예수님의 사랑은 몇 가지 면에서 우리의 질문에 답을 준다. 예수님의 사랑에 대해서는 더 많은 면을 성경에서 직접 찾아보기 바라지만 다음 몇 가지만으로도 자녀를 어떻게 사랑해야 하는지에 대한 지혜를 얻을 수 있다.
- 예수님은 잃어버린 관계를 찾아 먼저 사랑하신다. "인자는 잃은 것을 찾아 구원하러 왔다."(누가복음 19:10) 자녀와의 관계를 찾기 위해 무엇을 하고 있는가? 자녀에게 당신의 세계로 들어오라고 강요하지 말고 당신이 자녀의 세계 속으로 들어갈 수 있는 방법을 알려 달라고 예수님께 기도하라.
- 예수님은 자신을 나타내시고 삶을 나누신다. "아버지께서 모든 것을 내게 맡겨 주셨습니다. 아버지 밖에는 아들이 누구인지 아는 사람이 없습니다. 또 아들 밖에는, 그리고 아버지를 계시하여 주려고 아들이 택한 사람 밖에는, 아버지가 누구인지 아는 사람이 없습니다."(누가복음 10:22) 자신이 겪은 일을 자녀에게 의도적으로 나눈다. 자신의 경험담이나 자신의 삶, 가치관, 하나님과의 관계에 영향을 준 사람들의 이야기를 해 준다.
- 예수님은 우리를 아시고 우리의 삶에 관심을 두신다. "내 양들은 내 목소리를 알아듣는다. 나는 내 양들을 알고, 내 양들은 나를 따른다."(요한복음 10:27) 6주 동안 적어도 매주 한 번씩은 자녀의

꿈과 관심사를 물어보며 자녀에게 관심을 갖기를 바란다. 그리고 자녀와 당신의 관계에 어떤 변화가 있는지를 살펴보라.

- 예수님은 우리를 도울 성령을 보내주셨다. 우리는 혼자가 아니다. "내가 아버지께 구하겠다. 그리하면 아버지께서 다른 보혜사를 너희에게 보내셔서, 영원히 너희와 함께 계시게 하실 것이다.……나는 너희를 고아처럼 버려두지 아니하고, 너희에게 다시 오겠다." (요한복음 14:16, 18) 바울은 성령을 주신 것을 하늘 아버지께서 '봉인'하신 것이라고 했다(에베소서 1:13). 봉인의 핵심은 소망이다. 하나님은 우리로 하여금 소망하게 만드셨다. 소망은 우리 마음에 사랑과 믿음과 기쁨과 끈기를 심어 준다. 자녀에게 어떤 소망을 심어주었는가? 약속한 것을 지켰는가? 퇴근하고 집에 와서 아이들의 마음속에 어떤 소망을 넣어주었는가? 돕는 자인가 아니면 골칫거리인가? 돕는 자가 되라. 그러면 아이들이 골칫거리가 되지 않을 것이다.

- 예수님은 죄를 용서하신다. "그러자 상에 함께 앉아 있는 사람들이 속으로 수군거리기를 '이 사람이 누구이기에 죄까지도 용서하여 준다는 말인가?' 하였다."(누가복음 7:49) 당신은 자녀가 당신에게 지은 죄를 용서했는가?

- 예수님은 꿋꿋하시고 일관되시고 미더우시다. "예수 그리스도께서는 어제나 오늘이나 영원히 한결같은 분이십니다."(히브리서 13:8) 당신이 규칙적으로 하는 일이 자녀에게 안정감을 준다. 당신이 결혼 서약에 영원히 충실할 것을 자녀들이 아는가? 당신의 지도력과 신뢰성 때문에 자녀가 집에서 안전을 느끼는가?

이런 식으로 예수님은 우리를 사랑하셨다. 이것들을 적용하면 당신이 자녀를 사랑한다는 것이 입증된다. 더 나아가 감사해 하는 자녀에게 당신이 이렇게 사랑할 수 있는 지도원리와 영감이 예수 그리스도의 사랑에서 나온 것임을 알려 줄 수도 있다.

다시 생각하고 새롭게 한다

'어떻게 자녀를 사랑해야 하는가?' 라는 질문에 나름대로의 답을 했다. 하나님과의 관계, 아내와의 관계, 자녀와의 관계를 다시 생각하는 계기가 되었기를 바란다. 하나님 아버지께서 예수 그리스도를 통해 어떻게 당신을 사랑했는지를 묵상하는 일은 간단히 끝낼 표면적인 연습이 아니다. 이미 살폈듯이 자녀를 사랑하는 일은 당신과 하나님 사이의 사랑이 흘러넘치는 결과이어야 한다.

예수님은 세상 마지막 때에 많은 사람의 사랑이 식어 갈 것이라고 가르치셨다. 당신의 사랑은 식어 왔는가? 이 세상의 것들과 자신의 야심에 너무 몰두한 나머지 자녀를 소홀히 해 왔는가? 자녀들이 당신이 아니면 누구를 통해 하늘 아버지의 사랑을 경험하겠는가? 그들에게는 당신이 아버지로서 첫 경험이다. 당신이 마음을 하늘 아버지께로 돌이키고 그분과의 관계를 새롭게 하면 그분의 사랑을 경험하게 하실 것이다. 남자가 하나님의 사랑 안에서 살수록 그만큼 다른 사람에 대한 사랑이 뜨거워진다. 세상 마지막 때에 가장 절실한 것은 아버지들의 사랑이 하나님을 위해 타오르는 것이라고 확신한다. 그래야 다음 세대가 하나님의 사랑을 경험하게 될 것이다. 주님이 오실 때까지 당신 안에서 하나님의 사랑이 뜨겁게 타오르길 바란다.

■■ 요약

자녀를 사랑하려면 어떻게 해야 하는가?

- 하나님의 말씀을 읽고 하나님 아버지께서 자녀를 어떻게 사랑하시는지를 본다.

- 예수님이 하나님 아버지를 완벽하게 나타내셨으므로 당신도 예수님이 당신을 사랑하신 것처럼 자녀를 사랑하라.

소모임 나눔

1. 요한복음 전체를 각자 나눠 읽고 하나님 아버지께서 자녀를 어떻게 사랑하시는지를 나타내는 구절들을 찾아 함께 나눈다.

2. 이 장에서 목록으로 제시한 예수님이 사랑하시는 방식 중에 가장 깊이 와 닿은 것은 무엇인가?

3. 하나님의 사랑이 일반 법칙이 되어 교회 남자들 안에 뜨겁게 타오르면 가족들에게 어떤 변화가 있을지 상상하고 나누어본다.

4. 이 장의 진리를 어떻게 적용할 것인가?

18장

자녀에게 안정감을 심어주려면 어떻게 해야 하는가?

What's a Man to do to Build Security in his Children?

자녀에게 안정감을 심어주려면 어떻게 해야 하는가?

아내와 자녀는 모두 마음 깊이 안정을 갈구한다. 하나님이 그렇게 만드셨다. 이들은 현재에 안정과 미래에 희망을 주는 환경과 관계 속에서 활짝 피어난다. 하나님은 인간을 디자인하실 때 자신에게 조금이라도 안정감을 주는 사람에게 마음이 끌리도록 만드셨다. 하나님이 그렇게 만드신 것이다.

가족에게 안정감을 주는 일이 얼마나 중요한지를 아는 남자라면 이렇게 물을 것이다. "우리 가족의 안정과 안전을 도모하려면 어떻게 해야 할까?" 불행히도 많은 남자들이 자신의 삶이 가족들에게 얼마나 큰 파장을 불러일으키는지를 제대로 인식하지 못한다.

당신이 스스로 이런 질문을 해 보지 않았다면 아무쪼록 이 장을 통해 후회 없이 회개하고 아내와 자녀의 마음에 안정감을 높여주게 되기를 기도한다.

예수 그리스도를 통한 하나님과의 관계만이
유일한 안정의 원천이다

안전하다는 사실과 안전하다는 느낌의 차이점을 구별해야 한다. 예컨대, 어떤 사람이 8인치 두께의 번지점프 줄을 다리에 묶고 뛰어내릴 때, 그것이 안전하다는 사실은 줄의 상태와 단단함, 부상 없이 점프에 성공한 횟수에 달려 있다. 그러나 1,000번이나 부상 없이 점프했다고 해도 여전히 불안을 느끼고 다리 끝에 서기조차 두려울 수 있다. 초고층 건물의 최고층 아파트의 베란다에 서서 샌디에이고 항구를 내려다보았을 때가 기억난다. 울타리가 있어서 떨어질 염려가 전혀 없었지만 아무래도 떨어져 죽을 것 같은 느낌이 들었다. 당신은 사실이 아닌 줄 알면서도 불안을 느낀 적이 있는가?

이 세상에서 안정의 참된 원천은 단 하나밖에 없다. 바로 예수 그리스도 안에서 계시된 창조주며 관리자인 하나님이시다. 그리스도 안에서 안전하다는 사실은 흔들리지 않는다. 그 원천이 불변하기 때문이다. 그러나 불안하거나 안전하다는 느낌은 상황과 관계에 따라 많이 달라진다. 이 까닭에 사도 바울은 골로새 사람들에게 이렇게 권면했다. "여러분은 땅에 있는 것들을 생각하지 말고, 위에 있는 것들을 생각하십시오. 여러분은 이미 죽었고, 여러분의 생명은 그리스도와 함께 하나님 안에 감추어져 있습니다. 여러분의 생명이신 그리스도께서 나타나실 때에, 여러분도 그분과 함께 영광에 싸여 나타날 것입니다."(골로새서 3:2-4) 이것은 이 땅의 상황과 사람들에게서 안정을 찾으려는 노력을 그만두라는 말이다. 우리가 예수 그리스도 안에서 죽었고 그분 안에서 다시 살았기 때문이다. 예수님만이 안정의 유일한 원천이시다.

"예수 그리스도께서는 어제나 오늘이나 영원히 한결같은 분이십니다." (히브리서 13:8) 예수 그리스도 안에서 찾은 안정은 더할 것도 뺄 것도 없이 완전하다. 예수님은 우리의 모든 것을 아시면서 우리를 사랑하시기 때문에 그분과의 관계만이 유일하게 안전하다. 주변 상황과 사람들 때문에 불안을 느낄 때는 예수님의 자비와 은혜의 보좌가 바로 우리의 영혼이 평안과 위로를 찾을 수 있는 유일한 피난처임을 생각해야 한다.

아버지들은 하늘 아버지를 대표한다

아빠들이여, 여러분이 가족을 위해 할 수 있는 가장 큰 일은 가족 한 사람 한 사람을 예수 그리스도를 통해 하나님과 관계를 맺도록 이끌어 주는 것이다. 그래야 그들이 자신들에게 가장 절실한 안정을 예수님에게서 찾을 수 있다. 이렇게 놀랍게 가족을 섬기는 일을 완수하기 위해서, 어디서 동기를 얻고 지혜를 얻을 수 있을까? 하나님이 아버지이시며 우리가 그분의 자녀라고 밝히신 예수님의 말씀을 깨닫는 데서 그 답을 찾을 수 있다.

아버지로서 우리는 하늘 아버지께서 우리에게 하신 일을 그대로 따라해야 한다. 하나님은 자녀에게 안정감을 주신다. 그러므로 아버지들도 자녀들이 하늘 아버지에게 끌리도록 똑같이 해 줘야 한다. 남자는 이 일을 하는 데에 하나님의 능력과 은혜를 기대해도 좋다. 이를 위해 아버지 하나님과 아들 예수님이 성령을 보내셨기 때문이다. "부모의 마음을 자녀에게로 돌아오게 하고"(누가복음 1:17) 성령을 통해 우리는 하나님을 알고 아버지로서 하나님의 마음을 보여줄 수 있다. 당신은 자녀들이 하나님 아버지와 가까워지기를 원하는가? 그렇다면 당신은 당연히 자녀들이 집을 안전하게 느끼도록 가능한 한 무엇이든 하겠다는 마음과 은혜와 지혜를 달라고 하나님께 간청할 것이다.

안정: 불변하는 것을 중심으로 살아가기

직감으로 살거나 매순간 그냥 느끼는 대로 반응하는 남자는 아내와 자녀에게 안정감을 줄 수 없다. 가족들은 이런 아빠를 대하면서 아빠의 태도와 의사결정 기준과 기분이 일관성 없어서 불안하고 무섭다는 사실을 발견한다. 어른으로서 자기들을 돌보고 인도해야 할 책임을 맡은 아빠가 교통신호등처럼 바뀐다면 아이들이 어떻게 느낄까? 감정에 휘둘리는 남자는 가정에 불안감을 조성한다.

하나님의 삶에 뿌리를 둔 삶은 안정된 삶이다. 하나님은 변하지 않으신다. 남자가 하나님과 위의 것에 마음을 쏟을수록 그만큼 안정을 경험한다. 그러면 그의 안정감이 삶의 모든 영역에서 파장을 일으키며 가족에게 안정감을 준다. 가족들이 아빠의 믿음직함과 끈기와 신용을 통해 유익을 맛볼수록 아빠에 대한 존경심도 커진다. 성령으로 충만하고 성령의 인도를 받으며 사는 남자는 가족들의 안정감을 높여줄 수 있다. 성령으로 충만해지는 것이 지금껏 당신 삶의 최우선 순위였는가?

안정된 부부관계가 자녀의 안정감을 높여준다

캐리는 딸에게 아빠의 삶을 보여주고 싶어서 자신의 신학교 수업에

10살짜리 딸을 데리고 갔다. 캐리는 교실에 앉으면서 반 학생들과 다정하게 인사를 나누었다. 그 중에 매력적인 젊은 여자가 있었다. 캐리는 그 여자에게 별다른 관심을 보이지 않았다. 딸은 아빠가 학생들과 인사를 나누는 모습을 관찰하다가 그 젊은 여자를 특히 눈여겨보게 되었다. 아빠와 그 여자 사이에 오고간 말은 "오늘 하루 잘 지내." 라는 인사말이 전부였다.

오후에 집으로 돌아오는 차안에서 캐리의 딸이 우울한 목소리로 물었다. "아빠, 엄마를 사랑해요?"

"그럼, 아주 많이 사랑하지. 그런데 왜? 아빠가 엄마를 안 사랑하는 것 같아?"

"아침에 교실에서 아빠가 그 여자한테 '안녕!'이라고 했잖아요."

"그래, 그랬지. 아빠 그냥 주위 학생들에게 인사한 것뿐이야. 사람들이 있는데 모른 척할 수는 없잖아. 그리고 다른 학생들한테도 똑같이 인사했어." 딸이 불안해하는 모습을 본 아빠는 딸의 불안감이 어디서 시작됐는지를 따져봐야겠다고 생각했다. '혹시 내가 인사를 할 때 한 말이나 행동에 딸의 안정감을 깰 말한 부분이 있었나?' 캐리는 물었다. "아빠가 그 여자한테 말하는 모습이 네 마음에 안 들었니?"

"아니요, 하지만 그 여자가 예뻤어요."

"그 여자가 예뻐서 아빠가 엄마를 사랑하는지가 의심스러웠어?"

"아니요."

"그럼, 아빠가 엄마를 사랑하는지 왜 물었어?"

대화를 계속하다 보니 불안감의 원인이 드러났다. 캐리의 가족은 지난주에 아주 슬픈 소식을 접했다. 캐리와 절친한 친구의 딸이 이혼했다. 남편의 외도로 결혼관계가 무너진 것이다. 캐리의 딸은 그 부부를 본으로 생각했었다. 안전하다고 믿었던 결혼이 깨지니까 이 어린 딸의 세계는 혼란스러워졌다. 그 부부에게 이런 일이 일어났다면 누구에게나, 심지어 자기 부모에게도 일어날 수 있겠다는 생각에 무서웠다. 다른 사람의 결혼이 불안정해진 사실 때문에 불안감이 생겼고 부모의 관계를 해칠만한 것들에 지나치게 예민하게 되었다.

캐리의 이야기는 안정된 부부관계가 가족들의 안정감을 높여준다는 점을 확실하게 보여준다. 캐리의 딸은 아빠가 엄마에게 헌신했고 엄마를 사랑하는지 확인하고 싶었다. 부모의 관계가 불안정하면 자녀의 세계도 위험해진다는 점을 알았기 때문이다. 아빠가 불안정하거나 엄마에게 불충실하거나 다른 여자가 아빠에게 관심을 보이기만 하면 겁이 났다. 자신의 행복을 지탱해 주는 기둥이 흔들리는 셈이기 때문이었다.

남자가 딴 생각을 하지 않고 결혼에 헌신하고 아내에게 충실하면 아내와 자녀의 안정감이 아주 많이 높아진다. 캐리의 이야기에서처럼 서로 사랑하고 헌신하는 부부관계, 즉 안정된 부부관계는 자신의 가족에게 영향을 끼칠 뿐 아니라 주변 모든 사람의 안정감에도 영향을 미친다. 모든 결혼생활에는 어려움과 위험이 있게 마련이다. 자녀들은 예수 그리스도를 통해 하나님과 맺은 관계, 곧 복음의 능력으로 이런 것들이 극복되는 것을 보아야 한다. 필요할 때마다 은혜와 자비를 주시는 하나님의 능력과 약속을 확실히 믿으면 아내와 자녀가 이를 알고 안정을 느낀다. 결혼생활에서 하나님의 은혜로 어려움을 이기는 모습을 볼수록 더욱 안정을 느낄 것이다.

말씀과 기도로 내린 결정이 자녀의 안정감을 높여준다

자기 자신보다 주님을 믿는 남자는 하나님의 말씀과 기도에 따라 결정을 내린다. 그가 그리스도의 믿음에 따라 가족을 섬기므로 하나님은 그의 가정에 복을 주시고, 아내와 자녀는 더욱 안정을 느낀다. 게다가 그는 위에서 오는 지혜를 받고 하나님이 그의 삶을 풍성하게 하신다. 그가 하나님과의 관계에 충실하기 때문에 하나님은 그에게 평안과 기쁨과 끈기를 복으로 주신다. 이런 품성들이 그의 삶을 통해 나타나므로 아내와 자녀의 안정감이 높아진다. 시편 1:1-3은 주님께 조언을 얻는 남자를 묘사한다.

> 복 있는 사람은 악인의 꾀를 따르지 아니하며, 죄인의 길에 서지 아니하며, 오만한 자의 자리에 앉지 아니하며, 오로지 주님의 율법을 즐거워하며, 밤낮으로 율법을 묵상하는 사람이다. 그는 시냇가에 심은 나무가 철따라 열매를 맺으며 그 잎이 시들지 아니함 같으니, 하는 일마다 잘 될 것이다(시편 1:1-3).

그러나 자신의 감정과 지식과 지혜를 믿는 남자는 가족에게 불안을 심어준다. 다음 성경구절이 이를 뒷받침한다.

"자기의 생각만을 신뢰하는 사람은 미련한 사람"이다(잠언 28:26). "미련한 사람과 사귀면 해를 입는다"(잠언 13:20). 하나님의 말씀과 하나님과의 교제를 통해 조언을 구하지 않고 의사결정을 내리는 남자는 주변 사람들에게 해를 입힌다. 아내와 자녀가 아빠의 어리석은 결정 때문에 해를 당하면 불안함을 느낀다.

"여러분의 마음속에 지독한 시기심과 경쟁심이 있으면 자랑하지 말고, 진리를 거슬러 속이지 마십시오. 이러한 지혜는 위에서 내려온 것이 아니라, 땅에 속한 것이고, 육신에 속한 것이고, 악마에게 속한 것입니다. 시기심과 경쟁심이 있는 곳에는 혼란과 온갖 악한 행위가 있습니다."(야고보서 3:14-16) 경쟁심이 앞서면 자신의 실력과 지혜를 믿다가 온갖 혼란을 일으킨다. 혼란에 휩싸인 가족에게 어떻게 안정감을 심어줄 수 있겠는가?

가족에게 안정감을 심어주고 싶으면 하나님의 말씀과 기도를 통해 받은 조언에 따라 결정을 내리고 반드시 가족들에게 결정 과정을 설명해 주라.

믿음으로 그리스도께 닻을 내리고 사는 것이 자녀들에게 안정감을 심어준다

당신의 길에 하나님이 보내신 폭풍이 몰아칠 때 가족들에게 비치는 당신의 모습은 어떠한가? 그 상황에 반발부터 하는 남자인가, 아니면 대응하기 전에 예수 그리스도를 통해 하나님께 나아가 그분의 목적을 찾는 남자인가? 우리가 사람들이 한 일이나 벌어진 상황에 반발할 때는 대부분 우리가 원하는 대로 돌아가지 않기 때문이다. 분석해 보면, 우리가 자신의 생각을 하나님의 목적보다 높인 것이다. 그래서 하나님이 계시지 않거나 이 일에서 손을 떼신 것처럼 행동한다. 주변 사람에게 반발하여 화를 내거나 비꼬거나 비판하거나 거부하면 사랑을 받으며 평안을 누려야 할 그들을 불안하고 두렵게 만드는 것이다. 당신의 삶은 얼마나 반발적인가?

반대로 가족들이 당신이 원하는 것을 당신이 원하는 때에 당신이 원하는 식으로 하지 않았을 경우에 반발하지 않고 은혜의 보좌에 나아가 도움을 구함으로 하나님을 예배하면 가족들은 안정감과 사랑과 인정을 느끼게 된다. 힘들 때 그리스도께 닻을 내리고 거하기를 계속하면 할수록 가족들의 안정을 더 확실히 챙기게 된다. 어떻게 그리스도께 닻을 내리고 사는지를 더 자세히 배우고 싶은 분은 www.spiritofelijah.com 사이트에서 'Anchored in Christ' 음성강좌를 듣거나 책 『Anchored in Christ: The Solid Rock in the Storms of Life(인생 폭풍 속에서 든든한 반석이신 그리스도께 닻을 내린 자』 을 읽어보기 바란다.

자녀에게 상처를 받거나 실망할 때에도 자녀를 사랑하는 것이 자녀의 안정감을 높여준다

우리가 누군가를 실망시키거나 상처를 주었는데도 그 사람이 여전히 우리를 용서하고 사랑하면 우리의 안정감은 커진다. 자녀는 자신이 부모를 기분 좋게 해서 자신이 소중한 것이 아니라 단지 부모가 자기를 사랑하기 때문에 자신이 부모에게 귀중하다는 것을 알 필요가 있다. 하나님의 사랑은 아무런 보답을 바라지 않고 상대방에게 유익한 것을 주는 것이다. 바울은 고린도전서 13장에서 사랑은 앙심을 품지 않고 모든 것을 견디고 없어지지 않는다고 말했다.

자녀가 당신을 기쁘게 해 주지 못하면 당신은 자녀를 사랑함으로 관계에서 자녀의 안정감을 높여줄 기회를 얻는 셈이다. 그런데 이것이 어렵다면 자녀를 우상으로 섬긴 것을 회개해야 한다. 나의 책 『하나

님처럼 사랑하기: 상대를 우상으로 섬기지 않고 관계 맺기-홈앤에듀 출판』에서 '우리는 자기가 우상으로 섬기는 사람을 사랑할 수 없다.' 라는 사랑의 원리를 밝혔다. 당신이 자신을 위해 누군가에게서 뭔가를 얻어내야 할 때는 아무런 보답을 바라지 않고 베푸는 하나님의 참사랑으로 사랑하는 것이 불가능하다. 우상숭배를 중단하라. 그리고 당신이 하나님께 죄를 범했을 때 예수 그리스도를 통해 하나님께 받은 사랑으로 자녀를 사랑하라. 그러면 자녀의 안정감도 높아지고 자신도 하나님의 사랑을 확신하게 될 것이다.

> 우리는 하나님이 우리에게 베푸시는 사랑을 알았고, 또 믿었습니다. 하나님은 사랑이십니다. 사랑 안에 있는 사람은 하나님 안에 있고 하나님도 그 사람 안에 계십니다. 사랑이 우리에게서 완성되었다는 사실은 이 점에 있으니, 곧 우리로 하여금 심판 날에 담대함을 가지게 하려는 것입니다. 우리가 이렇게 담대해지는 것은, 그리스도께서 사신 대로 또한 우리도 이 세상에서 그렇게 살기 때문입니다(요한일서 4:16-17).

하나님의 사랑이 당신을 통해 아내와 자녀에게 흘러가는 것을 경험하는 동안 성령께서는 당신에게 심판의 날에 예수님 앞에 당당하게 설 수 있는 확신을 주신다. 이 확신을 당신이 느끼게 된다는 말이다. 심판의 날에 당신이 안전할 것이라는 사실에는 변함이 없다. 그러나 성령께서 당신을 통해, 사랑받을 자격이 없는 누군가를 사랑하실 때 당신의 영혼은 그 안정감을 더욱 깊이 체험하게 된다.

당신은 자신이 하나님을 알고 그분을 사랑한다는 사실을 알고 하나님이 당신을 사랑하고 당신 안에 사신다는 사실을 믿는다. 그러므로 아내나 자녀가 당신을 실망시키거나 상처를 입힐 때마다 오히려 그 일을 통해 가족을 사랑함으로 가족의 안정감을 높일 기회로 생각하라. 다음 장에서 이 점에 대해 많은 격려를 받게 될 것이다.

요약

자녀에게 안정감을 심어주려면 어떻게 해야 하는가?

- 자녀는 모두 마음 깊이 안정감을 갈구한다. 하나님이 그렇게 만드셨다. 자녀가 당신의 관계와 지도력에 대해 안정을 느끼면 당신은 자녀의 마음을 얻은 셈이다.

- 예수 그리스도를 통해 하나님과 맺는 관계에서 자신의 안정을 찾으라.

- 당신이 자녀에게 하늘 아버지를 대표한다는 사실을 명심하라.

- 부부관계를 안정되고 튼튼히 하기 위해 무엇이든지 하면 자녀의 안정감이 높아진다.

- 하나님의 말씀과 기도에 따라 결정을 내리면 자녀의 안정감이 높아진다.

- 믿음으로 그리스도께 닻을 내리고 살면 자녀에게 안정감을 심어준다.

- 자녀에게 상처를 받거나 실망할 때에도 자녀를 사랑하는 것이 자녀의 안정감을 높여준다.

소모임 나눔

1. 당신과 하나님의 관계에서 얻는 안정에 대한 자신의 생각을 나눈다. 안정에 대해 많이 생각해 보았는가?

2. 당신이 자녀에게 하늘 아버지를 대표한다는 사실을 깨달았을 때 어떤 생각이 들었는가?

3. 교회에서 부부들의 결혼생활이 당신의 자녀에게 영향을 미치는 모습을 보았는가? 자신의 결혼생활을 돌아보면서 깨달은 것을 나눈다.

4. 자녀에게서 나타나는 불안감의 증상은 무엇인가?

5. 이 장의 진리를 어떻게 적용할 것인가?

19장

복음을
생활화하려면
어떻게 해야 하는가?

What's a Man to do
to Live the Gospel?

복음을 생활화하려면 어떻게 해야 하는가?

당신은 복음이라는 말을 들었을 때 어떻게 예수 그리스도를 믿음으로 영원한 생명을 얻는지를 사람들에게 말하는 것이라고 생각했을지 모른다. 그렇게 생각했다면 이 장에서 그 메시지를 어떻게 전하는지를 배우리라 기대했을 것이다. 그러나 내 생각은 다르다. 내가 '복음으로 살려면 어떻게 해야 하는가?'라는 질문을 던진 이유는 하나님이 예수 그리스도 안에서 우리에게 전하신 기쁜 소식을 우리가 매일의 삶에서 적용해야 한다는 점을 강조하려고 했기 때문이다.

복음은 무엇인가?

복음은 죄에 노예가 되어 세상에 빠졌고 자신을 숭배하다가 유죄 판결을 받고 마땅히 죽어야 할 인류에게, 그들의 죄를 대신해 죽으셨고 하나님의 능력으로 죽음에서 부활하셨고 지금은 하나님의 오른쪽에 앉아 계신 예수 그리스도를 통해 하나님께서 그들을 용서하시고 구원하셔서 그들에게 하나님을 예배하는 영원한 삶을 주신다는, 하나님으로부터 온 기쁜 소식이다. 하나님은 대개 하나님의 말씀인 성경을 바르게 가르치는 인간 대리자를 통해 복음을 퍼뜨리신다. 또는 성령을 통해 꿈이나 비전으로 사람의 마음에 말씀하시기도 한다. 하나님이 누군가에게 아들 예수 그리스도를 계시하시면 이때부터 그 사람은 영원한 삶을 경험하게 된다.

영생은 무엇인가? 요한복음 17:3에 기록된 예수님의 기도를 보면, 영생은 단지 우리가 죽어서 가는 곳이 아니라 관계를 뜻한다. "영생은 오직 한 분이신 참 하나님을 알고, 또 아버지께서 보내신 예수 그리스도를 아는 것입니다." 기쁜 소식은 이것이다. "아버지께서는 아들에게 모든 사람을 다스리는 권세를 주셨습니다. 그것은 아들로 하여금 아버지께서 그에게 주신 모든 사람에게 영생을 주게 하려는 것입니다."(요한복음 17:2)

영생은 성령의 능력과 존재를 통해 아버지 하나님과 아들 예수 그리스도와 우리가 하나가 되어 영원히 사는 것으로 우리에게 주신 선물이다! 당신은 영생을 돈으로 살 수도, 노력해서 얻을 수도, 만들어낼 수도 없다. 그리스도 안에서 하나님이 하신 일, 곧 우리를 의롭게 하시고 용서하시고 죄와 악마와 죽음을 이기시고 자신에게 나아와 지금부터 영원히 함께 살 사람들을 위해 교제의 문을 여신 일을 듣고 믿을 때 받는 것이다.

복음의 소망은 자신들을 위해 고난당하시고 죽으시고 부활하신 예수님이 하나님의 아들이며 대제사장이심을 믿는 사람들에게 그들이 절대로 혼자가 아니라는 확신을 심어준다. 주님은 그들을 영원히 도우신다. 히브리서 저자는 끝맺는 말에서 복음의 소망을 이렇게 표현했다. "…… 주님께서 친히 말씀하시기를 '내가 결코 너를 떠나지도 않고, 버리지도 않겠다' 하셨습니다. 그래서 우리는 담대하게 이렇게 말합니다. '주님께서는 나를 도우시는 분이시니, 내게는 두려움이 없다. 누가 감히 내게 손댈 수 있으랴?'"(히브리서 13:5-6)

사도 바울은 로마 사람들에게 보낸 편지에서 복음의 소망을 다른 표현으로 가르쳤다.

> 하나님을 사랑하는 사람들, 곧 하나님의 뜻대로 부르심을 받은 사람들에게는, 모든 일이 서로 협력해서 선을 이룬다는 것을 우리는 압니다. 하나님께서는 미리 아신 사람들을 택하셔서, 자기 아들의 형상과 같은 모습이 되도록 미리 정하셨으니, 이것은 그 아들이 많은 형제 가운데서 맏아들이 되게 하시려는 것입니다. 그리하여 하나님께서는 이미 정하신 사람들을 부르시고, 또한 부르신 사람들을 의롭게 하시고, 의롭게 하신 사람들을 또한 영화롭게 하셨습니다. 그렇다면, 이런 일을 두고 우리가 무엇이라고 말할 수 있겠습니까? 하나님이 우리 편이시면, 누가 우리를 대적하겠습니까?……나는 확신합니다. 죽음도, 삶도, 천사들도, 권세자들도, 현재 일도, 장래 일도, 능력도, 높음도, 깊음도, 그 밖에 어떤 피조물도, 우리를 우리 주 예수 그리스도 안에 있는 하나님의 사랑에서 끊을 수 없습니다(로마서 8:28-31, 38-39).

하나님의 아들, 예수 그리스도 안에서 하나님이 하신 일을 믿고 의지하는 사람들은 매일 하나님과 끊임없이 소통하며 그분의 도움을 받고 산다. 이들은 절대로 죽지 않는다. 자신들의 구원자시며 도우시는 분이시며 친구이시며 주님이신 예수님의 모습으로 날마다 변화되어

간다. 그리고 땅의 몸을 떠날 때 완전해진다. 마지막에는 땅의 몸이 썩지 않는 몸으로 되살아나고 하나님의 의가 다스리는 새 땅에서 예수님과 살게 된다.

복음은 삶이다

복음은 그저 알고만 있으면 되는 정보가 아니다. 복음에 정신적으로 찬성만 하면 지옥에서 벗어나고 죽을 때 천국을 소망할 수 있다고 여기는 사람은 '그리스도인'을 새로운 칭호쯤으로 생각한다. 교회에 갈 때 새 옷을 갈아입는 것처럼 말이다. 교회 밖에서는 몇 가지만 조정하여 양심을 달래고 나머지는 과거와 똑같이 행동하면서 구원에 대해 헛된 자신감을 갖는다.

분명히 이런 무기력한 반응은 데살로니가 사람들에게 나타난 복음의 능력에 전혀 미치지 못한다.

> 우리는 여러분 모두를 두고 언제나 하나님께 감사를 드립니다. 우리는 기도할 때에 여러분을 기억하고 있습니다. 또 우리는 하나님 우리 아버지 앞에서 여러분의 믿음의 행위와 사랑의 수고와 우리 주 예수 그리스도께 둔 소망을 굳게 지키는 인내를 언제나 기억하고 있습니다. 하나님의 사랑을 받은 형제자매 여러분, 우리는 하나님께서 여러분을 택하여 주셨음을 알고 있습니다. 우리는 여러분에게 복음을 말로만 전한 것이 아니라, 능력과 성령과 큰 확신으로 전하였습니다. 우리가 여러분 가운데서, 여러분을 위하여, 어떻게 처신하였는지를, 여러분은 알고 있습니다. 여러분은 많은 환난을 당하면서도 성령께서 주시는 기쁨으로 말씀을 받아들여서, 우리와 주님을 본받는

사람이 되었습니다. 그리하여 여러분은 마케도니아와 아가야에 있는 모든 신도들에게 모범이 되었습니다(데살로니가전서 1:2-7).

복음은 하나님에게서 태어난 참된 신자들에게 새로운 삶을 가져다 준다. 그것은 바로 자신이 하는 모든 일에서 예수 그리스도를 통한 하나님과의 관계를 의도적으로 가장 먼저 생각하는 삶이다. 매일 의도적으로 노력하며 복음으로 살아야 한다는 점을 바울은 빌립보 교회에 내린 지시를 통해 아주 확실하게 밝혔다. "여러분은 오로지 그리스도의 복음에 합당하게 생활하십시오. 그리하여 내가 가서, 여러분을 만나든지, 떠나 있든지, 여러분이 한 정신으로 굳게 서서, 한 마음으로 복음의 신앙을 위하여 함께 싸우며,"(빌립보서 1:27) 이 말씀에 근거해 이것을 남자들이 직면하는 중요한 질문으로 선택한 것이다. 당신이 하는 모든 일에 복음을 적용했는지에 대해 하나님은 책임을 물으실 것이다. "복음으로 살려면 어떻게 해야 하는가?"

1. 모든 일에서 의도적으로 예수 그리스도를 먼저 생각한다

빌립보에 보낸 바울의 편지를 통해 성령께서는 우리의 질문에 확실한 답을 주신다. 첫 번째, 바울은 그들에게 복음의 복을 체험했다면 복음에 합당하게 생활할 목적으로 의도적으로 연합하라고 권면했다. "그러므로 그리스도 안에서 여러분에게 무슨 격려나, 사랑의 무슨 위로나, 성령의 무슨 교제나, 무슨 동정심과 자비가 있거든, 여러분은 같은 생각을 품고, 같은 사랑을 가지고, 뜻을 합하여 한 마음이 되어서, 내 기쁨이 넘치게 해 주십시오."(빌립보서 2:1-2) 체험한 복음을 어떻게 적용하는지를 잘 보라. 격려와 위로를 받았고 성령과 교제했고 그리스도의 사랑과 긍휼을 맛보았다면 받은 자들이 서로 격려하고 위로하고 교제하고 사랑과 긍휼을 나누라는 말이다. 이것이 복음으로 사는 것이다.

당신의 인간관계, 부부관계, 자녀양육, 의사결정, 레크리에이션, 일, 사역의 유일한 목적은 성령에 따라 그리스도의 복음에 합당하게 생활하는 것이어야 한다. 이와 똑같은 목적을 가진 사람들을 찾아 그들과 연합해야 한다. 그리고 복음의 삶을 살기 위해 의도적으로 신자들과 함께 싸워야 한다. 당신을 구원하신 그리스도의 삶에 합당하게 처신하라. 복음을 믿는 모든 사람에게 주신 하나님의 명령은 '복음을 생활화하라.'이다.

2. 어떤 일도 이기심으로 하지 않는다

어떻게 복음을 생활화하느냐에 대한 두 번째 관점은 그리스도의 적인 자아를 겨냥한다. "무슨 일을 하든지, 경쟁심[이기적 야심]이나 허영으로 하지 말고"(빌립보서 2:3) 복음을 생활화하려면 반드시 그리스도와 다른 사람보다 자신을 더 중시하는 이기적인 삶과 의도적으로 전쟁을 선포해야 한다.

이 구절을 긍정문으로 바꿔 보자. 모든 일을 이타심으로 하라. 모든 일을! 모든 일의 부분집합이 아닌 삶이 있을까? 부부관계, 자녀양육, 일, 레크리에이션, 보고 읽는 일, 기도 등 모든 삶에서 당신은 얼마만큼이나 주님을 기쁘게 해 드리는 것이나 다른 사람에게 최대 이익이 되는 것을 자기 자신보다 먼저 생각하는가? 자기 자신만 생각하고 남들이 자기를 주목하거나 먼저 생각해 주기만 바라는 사람을 우리는 자아도취자라고 부른다. 어떤 사람을 보고 '어쩌면 저렇게 자기밖에 모르지?'라고 판단한 적이 있는가?

당신도 자기밖에 모르는가? 교회에 갈 때 목사님과 예배가 당신을 행복하게 해 주길 바라는가, 아니면 주님의 이름으로 다른 사람을 사랑하고 격려하고 섬기려고 가는가? 당신은 아내에게 친절을 베풀면서 속으론 아내가 당신의 성적 요구를 들어주기를 바라지는 않는가? 당신은 아이들이 동료들 앞에서 당신의 자부심을 얼마나 높여주는지에 더 관심이 있는가, 아니면 아이들이 당신의 요구를 충족하려고 애쓰느라 겪는 어려움이 무엇인지에 더 관심이 있는가? 이런 질문들을 거울로 삼아 나 자신을 비춰 보면 자연스럽게 답이 쏟아져 나온다. 우리가 얼마나 바보처럼 스스로에게 속고 사는가!

바울은 이기심을 허영과 같이 보았다. 헬라어 원말로는 '텅 빈 영광'을 뜻한다. 자신의 영광을 추구하는 것은 텅 빈 영광이다. 충만한 영광은 성령께서 우리 속에서 겸손을 드러내실 때 그리스도 안에서만 찾을 수 있다. 이 일은 우리가 의도적으로 복음을 생활화할 때 가능하다. 복음을 생활화한다는 것은 이타적으로 산다는 뜻이다.

3. 자기를 낮추고 다른 사람을 더 높게 생각한다

성령께서는 복음을 생활화하는 것에 대한 세 번째 관점을 바울을 통해 주셨다. 복음은 매일 당신의 모든 인간관계에 영향을 주어야 한다. "겸손한 마음으로 하고, 자기보다 서로 남을 낮게 여기십시오. 또한 여러분은 자기 일만 돌보지 말고, 서로 다른 사람들의 일도 돌보아 주십시오."(빌립보서 2:3-4) 자기 자신을 제일 먼저 생각하는 것은 복음을 부정하고 방해하는 것이다. 하나님은 자신의 아들을 우리의 머리로 삼으셨다. "이는 그분이 만물 가운데서 으뜸이 되시기 위함입니다."(골로새서 1:18)

빌립보서에서 '겸손한 마음'의 헬라어 원말은 '관계에서 자신을 상대방 아래에 두는 자세'를 뜻한다. 그리스도의 복음에 합당하게 살려면 겸손이 필요하다. 복음은 예수님의 겸손의 열매이기 때문이다. 예수님은 하나님의 영광을 삶의 목적으로 삼으셨다. 이와 같이 우리의 겸손은 모든 일에서 예수님을 궁극적인 목적으로 삼는 것이다. 복음에 합당하게 살기 위해서는 복음에 나타난 그리스도의 겸손을 깨달아야 한다.

그러나 깨닫는 것만으로는 부족하다. 우리는 실제 생활에서 의도적으로 자신의 기대와 실속보다 다른 사람의 바람과 이익을 먼저 생각해야 한다. 이런 생활방식은 집과 교회와 직장에서 우리의 인간관계에 실제적으로 적용된다. 복음은 우리가 모든 상황에서 다른 사람의 이익을 먼저 생각할 것을 강력히 요구한다. 복음을 생활화하는 데 도움이 되는 질문이 있다. 우리는 스스로에게 이렇게 물어야 한다. "지금 이 상황에서 아내, 자녀, 상사, 동료, 근로자, 목사님, 교인들의 관심과 바람과 이익은 무엇일까? 하루 18시간씩 일주일에 6일을 일한다면 나는 누구의 이익을 제일 먼저 생각하는 것일까? 존경받지 못하거나 무시당할 때 화를 내면 나는 아내의 이익을 먼저 생각하는 것일까?" 당신이 의도적으로 자신을 낮춰 다른 사람의 이익과 관심을 먼저 생각한다면 복음을 생활화하는 것이다. 어떻게 이렇게 할 수 있을까?

4. 예수님처럼 자신을 비운다

바울은 복음을 생활화하는 것에 대한 네 번째 관점을 밝혔다. "여러분 안에 이 마음을 품으십시오. 그것은 곧 그리스도 예수의 마음이기도 합니다. 그는 하나님의 모습을 지니셨으나, 하나님과 동등함을 당연하게 생각하지 않으시고, 오히려 자기를 비워서 종의 모습을 취하시고, 사람과 같이 되셨습니다. 오히려 자기를 비워서……"(빌립보서 2:5-6) 이제 예수 그리스도의 복음에 합당하게 생활하는 데 가장 큰 어려움이 무엇인지가 보이는가? 바로 자기 자신이다! 자신을 비우지 않고 다른 사람의 이익을 먼저 생각하기는 불가능하다.

바울은 위대한 사도답게 예수님의 본에서 중요한 부분을 놓치지 않았다. 여기서 자기란 죄의 지배 아래에 있는 인간의 본성, 특히 교만의 죄를 가리킨다. '자기'는 모든 일에서 스스로를 가장 먼저 생각해야 한다는 특권의식을 느낀다. 우리가 자기 자신으로 충만할 때 자아는 모든 말과 행동에 스며든다. 다음 목록에 나오는 자기표현들은 예수 그리스도의 자세와 정반대다. 예수님은 하나님이시므로 모든 권리를 행사하실 수 있었다. 그러나 그렇게 하지 않으셨다. 오히려 자신을 비우시고 굳이 하나님과 동등하게 여기지 않으셨다. 당신은 굳이 이것들을 붙잡고 있지 않은가? 다음 목록에서 자기보다 하나님과 다른 사람을 먼저 생각하는 개념을 적으라.

자기표현	예수님의 자세
자기야심	하나님과 다른 사람의 성공을 돕는다.
자기만족	하나님과 다른 사람에게 유익한 말과 행동을 한다.
자기영광	
자기강화	
자기숭배	
자기실현	
자기결정	
자기성취	
자기위로	
자기방어	

예수님은 자기를 비우시고 하나님을 대신하려는 인류의 야만성과 반항성과 적대성을 극복하셨다. 예수님은 하나님이셨지만 특권의식을 갖고 살지 않으셨다. 당신이 복음을 생활화하려고 한다면 지위, 경험, 경제 능력에 대한 특권의식부터 버려야 한다. 예수 그리스도께서 가지셨던 자세를 심어달라고 성령께 기도하라. 이런 겸손만큼 다른 사람을 그리스도께 이끄는 것은 거의 없다. 예수님에 대해 우리가 놀라고 마음이 움직인 것도 이것 때문이 아닌가? 복음을 위해 우리 자신을 비우고 예수님께 배우고 매일 그분께 합당하게 생활하자.

여기서 주의해야 할 점이 있다. 우리가 자신을 비우면 다른 사람들이 우리를 존경하고 모든 것이 잘 될 것이라고 착각해서는 안 된다. 이런 기대가 있으면 동기가 왜곡되고 자기중심적이 된다. 우리가 고작 이 시한부 세상에서 한시적 효과를 바라고 자신을 겸손히 낮추거나 자기를 비워서는 안 된다. 이런 동기가 있다면 자기를 비운 것이 아니라 자기의 이익과 안위를 위해 거짓 겸손을 보인 것이다. 그리스도처럼 되기를 갈망하라. 그리스도와 같은 자세를 가지고 그분께 영광을 돌리기 위해서 그렇게 하라.

이것은 사소한 명령이 아니다. 하나님의 성령께서는 우리가 하는 모든 일에서 하나님이 왕이며 주이심을 선언하시며 이를 반대하는 인간의 자아에 전쟁을 선포하신다. 당신이 복음을 생활화하려고 한다면 의도적으로 자기를 비워야 한다.

5. 종의 자세로 다른 사람의 짐을 진다

예수님이 우리의 죄와 이기심과 육신의 짐을 짊어지지 않으셨다면 복음은 없었을 것이다. 성령께서는 바울을 통해 빌립보 사람들에게 복음의 생활화에 대한 다섯 번째 관점을 밝히셨다.

> 오히려 자기를 비워서 종의 모습을 취하시고, 사람과 같이 되셨습니다. 그는 사람의 모양으로 나타나셔서, 자기를 낮추시고, 죽기까지 순종하셨으니, 곧 십자가에 죽기까지 하셨습니다(빌립보서 2:7-8).

예수님이 자기를 비우시고 자기를 낮추시고 우리의 죄의 형벌을 짊어지셨으므로, 복음을 생활화한다는 것은 우리가 다른 사람의 죄와 연약함으로 인한 부담과 불편을 감수한다는 뜻이다. 물론 우리가 다른 사람이 받아야 할 죄의 형벌을 없앨 수는 없다. 하지만 예수님이 고난을 하나님의 뜻으로 알고 불평 한마디 없이 견디신 것처럼 우리도 고난을 견딜 수 있다.

예수님이 우리를 위해 기쁜 소식을 만들어 주시려고 하신 일을 간단히 생각해 보자. 이사야는 예수님이 십자가에 달려서 죽기까지 순종하실 것을 예언했다. "그는 굴욕을 당하고 고문을 당하였으나, 아무 말도 하지 않았다. 마치 도살장으로 끌려가는 어린 양처럼, 마치 털 깎는 사람 앞에서 잠잠한 암양처럼, 끌려가기만 할 뿐, 아무 말도 하지 않았다."(이사야 53:7) 하나님의 아들이 우리의 모든 죄를 한꺼번에 짊어지는 것은 바로 하나님 자신의 뜻이었다. 감사하게도 하나님은 우리에게 다른 사람의 모든 죄의 짐을 한꺼번에 짊어지기를 요구하지 않으신다. 하지만 우리에게 다른 사람의 죄의 짐을 한 번에 하나씩 짊어지기를 요구하신다.

"하지만 노옴 목사님, 사람들이 우리를 짓밟고 학대하는데도 우리가 입을 다물고 가만히 있어야 한다는 말씀입니까?" 이런 질문이 있겠지만 당연히 그런 뜻은 아니다. 다른 사람의 죄의 짐을 그 사람을 위해 짊어지라는 말이다. 그 짐을 짊어지기 위해서는 사랑으로 그들에게 직언을 해야 할 경우도 많다. 도리어 아무 말을 하지 않거나 무시하는 것이 이기적인 행동일 때가 있다. 사랑은 불평 없이 불편을 감수하고 용서하면서 부드럽게 진실을 말하는 것이다. 이사야의 예언에서 아무 말도 하지 않았다는 것은 불평하지 않았다는 뜻일 것이다. 바울도 빌립보서 2:14에서 복음에 합당하게 생활하라고 권면하면서 이 관점을 덧붙였다. "무슨 일이든지, 불평과 시비가 없이 하십시오."

몸종은 "내가 이 일을 하고 싶은가?" 하고 묻지 않는다. 주종관계를 맺은 순간 이미 답한 것이다. 종은 자기를 비우고 처음부터 자신의 뜻을 주인의 뜻에 묶어버린다. 예수님은 우리의 죄의 짐을 짊어지는 것이 아버지 하나님의 뜻임을 알았다. 예수님이 당신의 죄를 보시는 의도와 목적은 모두 아버지 하나님의 뜻에 따라 그것을 짊어지시려는 것뿐이었다. 이로 인해 당신은 용서를 받고 의롭게 되고 하나님과 깨지지 않는 관계를 가질 수 있게 되었다.

이와 같이 복음에 합당한 자세를 가지면 누가 당신을 불편하게 하거나 상처를 주거나 실망시켜도 당신은 기꺼이 의도적으로 그 짐을 짊어질 수 있다. 자신의 이익보다 다른 사람의 이익을 더 많이 생각하기 때문이다. 게다가 우리는 이사야 말씀을 통해 예수님이 말없이 고난을 당하셨다는 사실까지 알고 있다. 나는 호주에 있는 친구를 방문했다가 털이 깎여 도살장에 끌려가는 양을 실제로 보고 이사야 말씀에 통찰력을 얻었다. 양은 전혀 저항하지 않았고 두려워하는 눈빛도 없었다. 양은 털 깎는 사람과 도살하는 사람이 하고 싶은 대로 하도록 가만히 있었다. 심지어 칼이 목을 베는 것도 상관하지 않았다. 성경에서 하늘 아버지께 순종하여 그분의 뜻대로 행하신 예수 그리스도를 하나님의 어린양에 비유한 것이 놀라웠다. 예수님은 자신을 아버지께 완전히 내맡기고 자신의 고난을 통해 아버지께서 복음을 창조하실 것을 믿었다. 예를 들어 아내의 연약함과 육신적인 것과 죄들을 기꺼이 의도적으로 짊어지는 남자는 복음 안에서 하나님을 믿고 사랑하는 것이다. 이것이 복음을 생활화하는 것이다!

하나님은 자신을 낮추고 복음을 삶에 적용하는 사람을 높이신다

어떻게 복음을 생활화하는지에 대해 내가 제시한 관점을 당신이 주의 깊게 살피고 진지하게 받아들여야 하는 이유가 뭘까? 하나님은 예수님이 위에서 묘사된 대로 사셨기 때문에 예수님을 높이시고 영예롭게 하셨다. 바울은 이렇게 말했다.

> 그러므로 하나님께서는 그를 지극히 높이시고, 모든 이름 위에 뛰어난 이름을 그에게 주셨습니다. 그리하여 하늘과 땅 위와 땅 아래 있는 모든 것들이 예수의 이름 앞에 무릎을 꿇고, 모두가 예수 그리스도는 주님이시라고 고백하여, 하나님 아버지께 영광을 돌리게 하셨습니다(빌립보서 2:9-11).

당신이 의도적으로 복음을 생활화하고 예수 그리스도의 복음에 합당하게 행동하고 사도 바울이 빌립보 사람들에게 권면한 대로 예수님을 따라하면 할수록 하나님은 예수 그리스도를 계속 높이시고 영예롭게 하실 것이다. 이러한 삶은 의도적으로 실천한 것들의 결실이므로 당신은 보상을 받고 하나님은 영광을 받으신다.

이렇게 복음을 생활화하고 싶게 해 주는 또 다른 동기는 예수 그리스도를 통해 하나님을 더 많이 경험하고 알게 된다는 점이다. 바울은 빌립보 사람들에게 이것이 자신의 동기였음을 고백했다.

> 그뿐만 아니라, 내 주 예수 그리스도를 아는 지식이 가장 고귀하므로, 나는 그 밖의 모든 것을 해로 여깁니다. 나는 그리스도 때문에 모든 것을 잃었고, 그 모든 것을 오물로 여깁니다. 나는 그리스도를 얻고, 그리스도 안에 있는 사람으로 인정받으려고 합니다. 나는 율법에서 생기는 나 스스로의 의가 아니라, 그리스도를 믿는 믿음으로 말미암아 오는 의 곧 믿음에 근거하여, 하나님에게서 오는 의를 얻으려고 합니다. 내가 바라는 것은, 그리스도를 알

고, 그분의 부활의 능력을 깨닫고, 그분의 고난에 동참하여, 그분의 죽으심을 본받는 것입니다. 그리하여 나는 어떻게 해서든지, 죽은 사람들 가운데서 살아나는 부활에 이르고 싶습니다(빌립보서 3:8-11).

당신이 의도적으로 복음을 생활화할수록 하나님은 더 확실하게 일하신다.

복음을 생활화하려면 어떻게 해야 하는가?

- 모든 일에서 의도적으로 예수 그리스도를 먼저 생각한다.
- 아무 것도 이기심으로 하지 않는다.
- 자신을 낮추고 다른 사람을 자신보다 높게 생각한다.
- 예수님처럼 자신을 비운다.
- 종의 자세로 다른 사람의 짐을 진다.

기쁜 소식이 또 있다. 하나님은 사람이 자기 힘으로 열심히 노력해서 복음을 생활화하기를 기대하지 않으신다. 바울은 이것을 확실하게 말했다. "그러므로, 사랑하는 여러분, 여러분이 언제나 순종한 것처럼, 내가 함께 있을 때뿐만 아니라, 지금과 같이 내가 없을 때에도 더욱 더 순종하여서, 두렵고 떨리는 마음으로 자기의 구원을 이루어 나가십시오[구원을 위해서 힘쓰십시오]. 하나님은 여러분 안에서 활동하셔서, 여러분으로 하여금 하나님을 기쁘게 해 드릴 것을 염원하게 하시고 실천하게 하시는 분입니다."(빌립보서 2:12-13) 여기서 '이루어 나가라'는 말은 '의도적으로 복음을 생활화하라'는 뜻이다. 복음에 순종하면 하나님이 당신의 마음과 의지 안에서 일하시는 것을 발견하게 될 것이다.

이렇게 살면 예수님이 복음을 생활화하셨을 때 경험하신 것을 이제 당신이 배우게 된다. 예수님이 어떻게 유혹을 받으시고 무엇을 느끼시고 어떤 고통을 당하시고 어떻게 아버지 하나님을 믿으셨는지를 경험으로 알게 된다. 그래서 예수 그리스도의 복음을 통해 격려, 위로, 교제, 사랑, 긍휼을 경험할 수 있다.

이 질문에 대한 사도 바울의 답변을 깊이 생각하고 그의 본을 따르기를 바란다. 성령께서 바울의 편지로 지금도 당신에게 회개와 행동을 요구하신다.

> 형제자매 여러분, 다 함께 나를 본받으십시오. 여러분이 우리를 본보기로 삼은 것과 같이, 우리를 본받아서 사는 사람들을 눈여겨보십시오. 내가 여러분에게 여러 번 말하였고, 지금도 눈물을 흘리면서 말하지만, 그리스도의 십자가의 원수로 살아가는 사람이 많이 있습니다. 그들의 마지막은 멸망입니다. 그들은 배를 자기네의 하나님으로 삼고, 자기네의 수치를 영광으로 삼고, 땅의 것만을 생각합니다(빌립보서 3:17-19).

나는 당신이 하나님의 영광을 위해 성령께서 빌립보서에서 말씀하신 복음을 생활화하기를 권한다. 잘 분별하라. 교회에도 이 세상의 가치를 따라 자기를 위해 살며 그것을 뽐내는 십자가의 적들이 많다. 당신도 그들 중에 하나였는가? 복음을 생활화하고 싶은가? 의도적으로 예수 그리스도의 복음에 합당하게 생활하는 사람들과 연합하겠는가?

요약

복음을 생활화하려면 어떻게 해야 하는가?

- 당신이 예수 그리스도의 복음을 믿지 않았다면 하나님 앞에서 자기를 낮추고 회개하라.

- 자기를 낮추고 이기심을 고백하라.

- 성령께서 이런 것들을 당신의 마음에 심어주실 때까지 빌립보서를 여러 번 읽으라.

- 의도적으로 복음을 생활화하는 사람들의 명단을 만들라.

- 소모임을 시작하거나 의도적으로 복음을 생활화하는 가정들과 소모임을 하라.

■■ 소모임 나눔

1. "하나님의 아들, 예수 그리스도 안에서 하나님이 하신 일을 믿고 의지하는 사람들은 매일 하나님과 끊임없이 소통하며 그분의 도움을 받고 산다. 이들은 절대로 죽지 않는다. 자신들의 구원자시며 도우시는 분이시며 친구이시며 주님이신 예수님의 모습으로 날마다 변화되어 간다. 그리고 땅의 몸을 떠날 때 완전해진다. 마지막에는 땅의 몸이 썩지 않는 몸으로 되살아나고 하나님의 의가 다스리는 새 땅에서 예수님과 살게 된다." 이 글에서 당신에게 특별히 와 닿는 부분은 무엇인가?

2. 의도적으로 복음을 생활화하는 남자들의 이야기를 나눈다.

3. 이 장을 통해 성령께서 어떻게 말씀하셨는가?

4. 이 장에서 읽은 내용으로 무엇을 하겠는가?

20장

자녀와의 관계를 회복하려면 어떻게 해야 하는가?

What's a Man to do to Restore Broken Relationships with his Children?

자녀와의 관계를 회복하려면 어떻게 해야 하는가?

아버지와 자녀의 관계가 여러 가지 이유로 무너지고 있는 가정들이 많이 있다. 혼을 내도 아이가 잘 듣지 않거나 십대 아들이 눈을 마주치지 않으려고 하면 아빠는 어떻게 해야 하는가? 아빠가 일에 빠져서 자녀를 소홀히 하는 바람에 자녀가 아빠에게 거리감을 느낀다면 어떻게 해야 하는가? 어떻게든 회복해야 할 것 같은데 어디서부터 어떻게 시작해야 할지가 막막한가? 자녀와의 관계를 무너뜨리는 주된 원인과 무너진 관계를 회복하는 실제적이고 성경적인 단계별 행동을 살펴보자.

관계를 무너뜨리는 주된 원인

자녀와의 관계가 무너졌다면 회복을 서두르기 전에 먼저 자신이 어디서 무너졌는지를 확인해야 한다. 무슨 관계든지 상대방이 한 일에 초점을 맞추는 것은 관계회복에 전혀 도움이 되지 않는다. 하나님이 우리와 같이 상대방을 판단하실 거라고 기대한다면 오산이다. 하지만 우리가 우리의 눈 속에 들어있는 들보를 보게 해 달라고 기도하면 응답하실 것이다.

산상수훈에서 예수님은 깨진 관계를 회복하는 데 겸손과 자기성찰과 기도를 강조하셨다. 다른 사람을 판단하고 싶은 유혹이 들 때 예수님은 이렇게 하라고 말씀하셨다.

"너희가 심판을 받지 않으려거든, 남을 심판하지 말아라. 너희가 남을 심판하는 그 심판으로 하나님께서 너희를 심판하실 것이요, 너희가 되질하여 주는 그 되로 너희에게 되어서 주실 것이다. 어찌하여 너는 남의 눈 속에 있는 티는 보면서, 네 눈 속에 있는 들보는 깨닫지 못하느냐? 네 눈 속에는, 들보가 있는데, 어떻게 남에게 말하기를 '네 눈에서 티를 빼내 줄 테니 가만히 있거라' 할 수 있겠느냐? 위선자야, 먼저 네 눈에서 들보를 빼내어라. 그래야 네 눈이 잘 보여서, 남의 눈 속에 있는 티를 빼 줄 수 있을 것이다.……구하여라, 그리하면 하나님께서 너희에게 주실 것이다. 찾아라, 그리하면 너희가 찾을 것이다. 문을 두드려라, 그리하면 하나님께서 너희에게 열어 주실 것이다. 구하는 사람마다 얻을 것이요, 찾는 사람마다 찾을 것이요, 문을 두드리는 사람에게 열어 주실 것이다."(마태복음 7:1-5, 7-8)

이 말의 요점은 이렇다. 다른 사람을 상관하기 전에 먼저 하나님과 함께 자신의 책임에 집중하라. 자신의 잘못을 보여 달라고 하나님께 구하고 계속 구하라. 하나님이 보여 주실 것이다. 그 다음에는 상대방에게 갈 수 있다. 관계를 회복하고자 한다면 하나님 앞에서 자신의 책임부터 따져 봐야 한다. 교제나 관계가 깨지는 데 우리가 원인을 제공한 부분은 무엇인가? 물론 겸손이 필요하다. 이런 낮은 자세가 화해 절차를 밟는 내내 우리의 동기가 되어야 한다.

다음은 관계를 무너뜨리는 몇 가지 원인들이다. 자녀와 관계가 나빠졌다면 이 중에 그 원인이 있을지도 모른다.

- 거칠게 혼낸다.
- 짜증난 목소리로 말한다.
- 계속 고개를 내저으며 비판한다.
- 무시한다.
- 모욕을 준다.
- 통제한다.
- 거부한다.
- 위선한다.
- 약속을 지키지 않는다.
- 배우자를 존중하지 않는다.
- 설명이나 대화를 하지 않는다.
- 부적절하게 쳐다보거나 손을 댄다.

먼저 한 발을 내딛는다

일반적으로 더 성숙하고 더 부드러운 사람이 화해의 첫발을 내딛는다. 당신이 부모다! 먼저 다가간다는 것은 상대방을 중요하게 생각한다는 뜻이다. 관계가 어떤지 그 상태에 민감하게 대처함으로 그들이 당신에게 소중한 존재임을 보여주라. 아빠가 관계에 금이 갔는지를 모르면 아이는 아빠가 자기에게 관심이 없다고 쉽게 생각한다. 아빠가 관심을 갖지 않으면 아이는 자기가 무가치하다고 결론짓는다. 이런 결론은 당연한 것이다. 사람은 자기가 중요하다고 생각하는 것에 관심을 갖게 마련이다. 그러므로 관계회복의 첫 단추는 먼저 다가가는 것이다.

책임을 진다

관계가 깨졌을 때 책임을 지려는 첫 번째 동기는 하나님 앞에서 양심을 깨끗이 유지하려는 것이어야 한다. 양심을 깨끗이 유지하는 것은 중요하다. 성경은 사례를 통해 우리에게 이것을 권한다. 예컨대, 사도 바울은 양심을 깨끗이 하는 일을 늘 우선시했다. 하나님 앞에서 바른 양심을 지킨 것이 그의 믿음과 사역과 가르침과 행실의 출발점이었다.

> 바울이 의회원들을 주목하고 말하였다. "동포 여러분, 나는 이 날까지 하나님 앞에서 오로지 바른 양심을 가지고 살아왔습니다"(사도행전 23:1).

> 그러므로 나도 언제나 하나님과 사람들 앞에서 거리낌없는 양심을 가지려고 힘쓰고 있습니다(사도행전 24:16).

> 우리의 자랑거리는 우리의 양심이 또한 증언하는 것이기도 합니다. 그것은 곧, 우리가 세상에서 처신할 때에, 특히 여러분을 상대로 처신할 때에, 하나님께서 주신 거룩함과 진실함으로 행하고, 세상의 지혜로 행하지 않고 하나님의 은혜로 행하였다는 사실입니다(고린도후서 1:12).

> 이 명령의 목적은 깨끗한 마음과 선한 양심과 거짓 없는 믿음에서 우러나오

는 사랑을 불러일으키는 것입니다(디모데전서 1:5).

믿음과 선한 양심을 가지십시오. 어떤 사람들은 선한 양심을 버리고, 그 신앙 생활에 파선을 당하였습니다(디모데전서 1:19).

관계가 깨졌을 때 책임을 지려는 두 번째 동기는 죄책감이 당신의 몸과 마음에 미치는 영향 때문이다. 다윗 왕은 시편 32편에서 훌륭한 본을 보여주었다. 그는 처음 1절에서 죄를 용서받은 자가 복이 있음을 선포하며 기뻐하였다. 그리고는 3절부터 죄를 용서받기 전, 곧 자신이 죄에 대한 책임을 지기 전에 자신에게 어떤 일이 일어났었는지를 고백한다.

내가 입을 열지 아니할 때에 종일 신음하므로 내 뼈가 쇠하였도다 주의 손이 주야로 나를 누르시오니 내 진액이 빠져서 여름 가뭄에 마름 같이 되었나이다 내가 이르기를 내 허물을 여호와께 자복하리라 하고 주께 내 죄를 아뢰고 내 죄악을 숨기지 아니하였더니 곧 주께서 내 죄악을 사하셨나이다 (시편 32:3-5 개역개정판)

죄를 용서받지 못하면 어떻게 되는가? 몸이 죄책감의 짐을 짊어지므로 건강에 영향을 미친다. 몸의 화학작용이 영향을 받는다(진액=생명의 즙=호르몬). 다윗은 자기 죄에 대한 책임을 지지 않고 침묵하다가 고통을 당했다. 결국 죄를 고백하고 나서 자기 죄가 용서되었음을 깨달았다.

내가 경험하고 관찰한 바에 따르면 어떤 사람이 죄를 지으면 자기 죄에 대해 책임을 질 때까지 하나님은 그의 몸이 죄책감의 무게를 짊어지게 하신다. 이 짐을 오래 지고 있을수록 익숙해진다. 자신의 죄를 직면하지 않고 상대방이 한 일에 집착할수록 마음까지 완고해지고 관계도 악화된다. 교만은 자기를 보호하고 자기 죄를 변호하게 만든다. 양심을 무시하면 우리의 영혼이 끔찍하게 변하고 우리의 간증은 무의미해진다.

우리와 어떤 사람의 관계가 틀어진 이유를 상대방이 한 일로만 설명한다면 하나님이 무슨 영광을 받으시겠는가? 우리가 양심이 있다면 슬퍼해야 마땅하지 않은가? 우리는 우리의 죄에 대해 양심을 애써 피했다. 하나님도 아시고 우리가 상처를 입힌 그 상대방도 아는 사실을 우리는 숨겼다. 오히려 그 사람이 하나님과 관계를 회복하면 다 괜찮아질 것이라고 공공연히 떠들고 다녔다. 관계가 틀어진 이유를 이런 식으로 다른 사람의 죄에 초점을 맞춰 설명하려고 하면 하나님은 아무 영광도 받지 않으신다.

하나님이 아이 성 공격 때 전리품을 천막에 감춘 자로 아간을 지목하시자 여호수아는 그에게 이렇게 명령했다. "나의 아들아, 주 이스라엘의 하나님께 영광을 돌리고, 그에게 사실대로 고백하여라. 네가 무엇을 하였는지 숨기지 말고 나에게 말하여라."(여호수아 7:19)

자녀와 관계를 회복하고 싶으면 먼저 한 발을 내딛고 당신의 죄에 책임을 져야 한다. 하나님께 영광을 돌리고 당신이 하나님의 말씀과 예수님의 서로 사랑하라는 명령을 어기고 무엇을 했는지를 말하라. 다윗이 우리야와 밧세바에게 지은 죄를 처리할 때 한 것처럼 하나님과 당신의 관계부터 회복하라.

하나님, 주님의 한결같은 사랑으로 내게 자비를 베풀어 주십시오. 주님의 크신 긍휼을 베푸시어 내 반역죄를 없애 주십시오. 내 죄악을 말끔히 씻어 주시고, 내 죄를 깨끗이 없애 주십시오. 나의 반역을 내가 잘 알고 있으며, 내가 지은 죄가 언제나 나를 고발합니다. 주님께만, 오직 주님께만, 나는 죄를 지었습니다. 주님의 눈앞에서, 내가 악한 짓을 저질렀으니, 주님의 판결은 옳으시며 주님의 심판은 정당합니다(시편 51:1-4).

자녀와 깨진 관계를 어떻게 회복해야 하는가? 하나님 앞에서 자신의 죄에 책임을 지고 자녀 앞에서 자신을 낮추고 양심을 깨끗이 한다.

하나님을 잘못 보여준 것을 고백한다

관계가 깨지는 또 하나의 원인은 자녀에게 하나님을 잘못 보여준 것이다. 하나님은 자녀에게 우리처럼 하지 않으신다. 신명기 6:7에서 하나님은 하나님과 그분의 말씀을 사랑하도록 자녀에게 가르칠 책임을 아버지들의 어깨에 지우셨다. 에베소서 6:4에서도 아버지들에게 주님의 교훈을 배워 자녀에게 가르치고 자녀를 노엽게 하거나 못살게 굴지 말라고 권면한다(골로새서 3:21). 아버지들은 자녀의 마음에 주님의 길을 예비하는 예수님의 선구자다(누가복음 1:17). 이것은 엄청난 특권이자 책임이다. 우리는 자녀에게 예수 그리스도와의 관계를 통해 하나님 아버지를 보여주는 자다.

자녀와 관계를 회복하고자 한다면 하나님 앞에서 자신을 낮추고 우리가 자녀에게 하나님을 어떻게 잘못 보여줬는지를 바로 알아야 한다. 우리는 적어도 하나님이 그들에게 우리처럼 행동하신다는 생각을 심어주고 싶지는 않다. 한 아버지가 아이에게 화를 내어 상처를 준 것을 깨닫고 이렇게 고백했다. "아빠를 하나님으로 혼동하지 말거라. 하나님은 아빠가 지금 한 것처럼 하지 않으실 거야. 이것으로 하나님께 적대감을 갖지 말거라. 내가 너에게 죄를 지었다. 너에게 짜증을 내고 거칠게 말한 나를 용서해 주겠니? 나는 네가 하나님은 오래 참으시고 인자하시다는 사실을 알기를 원한다. 하나님이 정확히 어떤 분이신지를 네게 보여주지 못했구나."

자녀와 틀어진 관계를 어떻게 회복해야 할까? 자신이 어떻게 하나님을 잘못 보여줬는지를 고백해야 한다. 그리고 하나님이 자녀를 어떻게 대하시는지 바르게 다시 보여주어야 한다.

말과 행동으로 상처를 준 것을 인정한다

우리가 삶과 관계에서 잘못된 부분을 진지하게 생각하면 사람들도 알아본다. 우리의 말과 행동이 자녀에게 얼마나 좋지 않은 영향과 상처를 주었는지를 충분히 곱씹어 생각하면 자녀도 우리가 자기들과의 관계를 정말로 소중하게 생각한다는 점을 알게 된다. "미안하다, 날 용서해라." 라고 말하기는 쉽다. 그러나 관계를 회복하기 위해서는 우리의 죄를 아는 것뿐 아니라 자녀가 받은 상처에 공감하는 마음을 전달해야 한다.

자녀에게 준 상처를 어떻게 공감할 수 있을까? 먼저 당신이 자녀에게 한 대로 누군가 당신에게 그대로 했다면 어떻게 느낄지를 생각한다. 스스로에게 질문한다. "아이의 어떤 관심사를 내가 모른 척했나? 아이의 어떤 요구를 내가 묵살했나?" 이 상황에서 자기 자신보다 아이를 먼저 생각하라. 그러면 당신이 아이가 어떻게 느끼도록 만들었는지, 당신의 말과 행동이 얼마나 큰 상처를 주었는지가 새롭게 보일 것이다.

그래도 확실치 않으면 아이에게 겸손히 물어보라. "아빠가 너에게 깊은 상처를 주었는데 그것이 어떤 고통을 주었는지를 알고 싶구나. 네가 느낀 고통과 상처를 말해주겠니? 아빠가 이렇게 했을 때 너는 어떻게 느꼈니?" 방금 전에 당신에게 위협을 느낀 아이가 이 질문에 답하기는 매우 어렵다. 그러므로 당신이 정말로 아이의 상처와 아픔을 알고 싶어한다는 것을 아이가 느낄 수 있도록 적절한 때와 환경이 필요하다. 이 회개의 자세를 되풀이해서 연습하면 상처를 주는 말과 행동을 바로잡을 의욕이 생길 것이다.

아이에게 이런 말을 하고 싶어질 것이다. "아빠가 그동안 한 일을 생각해 봤다. 아빠가 한 말과 행동이 너에게 깊은 상처를 주었다는 것을 이제 알았어. 아마 너는 아빠가 너를 받아주지 않는다고 느꼈을 거야. 아빠의 행동 때문에 두려움도 느꼈겠지. 그래서 너와 아빠의 관계가 어렵게 되었구나. 네가 아빠를 무서워하는 것은 아빠가 원하는 게 아니야. 나도 늘 안심하고 존경할 수 있는 아빠를 원했단다. 아마 너도 그런 아빠를 원하겠지. 그런데 아빠는 네가 그렇게 느낄 수 있게 해 주지 못했어. 그래서 네가 (두렵게, 슬프게, 외롭게, 아프게) 느꼈다는 생각이 드는구나."

자녀와 관계를 회복하고자 하는 아빠는 어떻게 해야 하는가? 자신이 말과 행동으로 아이에게 상처를 준 것을 인정해야 한다.

용서를 구한다

그냥 미안하다고 말하는 것과 용서를 구하는 것은 다르다. 우리는 예수 그리스도를 통해 하나님께 용서를 받은 것이 확실하다. 하나님이 예수님을 죽음에서 다시 살리셨기 때문이다. 예수님의 부활은 하나님이 우리 대신에 예수님을 제물로 받으시고 우리의 죄를 용서하셨다는 선언이다. 죄인들은 관계가 회복되기 위해서 용서를 받았다는 사실을 알아야 한다. 상처를 받은 사람도 가해자에게 그리스도의 십자가를 적용함으로 용서를 주는 경험을 해야 한다.

용서를 구할 때는 상처를 준 죄목과 이기심의 뿌리를 구체적으로 말하고 용서를 구해야한다. 그리고 답을 기다려야 한다. 아빠가 진심으로 자신을 낮추고 용서를 구하고 참된 회개의 자세를 근본적으로 보여주면 대개 아이들은 빨리 용서한다. 그러나 "괜찮아요, 아빠" 라는 답은 용서가 아니다. 이렇게 말하는 것이 좋다. "아니야, 네가 아빠를 용서해야 괜찮은 거야. 아빠가 네게 죄를 지었어. 이 일은 이미 지나버렸어. 아빠의 양심은 하나님 앞에서 깨끗해졌어. 이제는 네가 아빠의 죄를 직접 용서해 줘야 할 차례야. 그래야 너도 양심이 깨끗해지고 이 상처를 지나갈 수 있게 될 거야." 그리고 다시 묻는다. "(이렇게 저렇게) 잘못한 아빠를 용서해 주겠니?"

성경에서 용서를 구하는 일을 강조하는 곳은 아주 적다. 대부분은 우리가 용서를 해야 하는 데 초점을 둔다.

> 너희가 서서 기도할 때에, 어떤 사람과 서로 등진 일이 있으면, 용서하여라. 그래야, 하늘에 계신 너희 아버지께서도 너희의 잘못을 용서해 주실 것이

다. 만일 너희가 용서해 주지 않으면 하늘에 계신 너희의 아버지께서도 너희의 잘못을 용서해 주지 않으실 것이다(마가복음 11:25-26).

우리는 자녀들에게 용서의 기쁨과 자유를 느끼게 해 줘야 한다. 그래서 우리는 아이들의 용서를 구한다. 자녀에게 어떻게 다른 사람의 죄에 그리스도께서 십자가에서 하신 일을 적용함으로 용서하는지를 가르쳐야 한다. 다만 당신이 용서를 구해야 할 때가 아닌 다른 상황에서 아이들에게 가르치기를 바란다. 이것을 어떻게 가르치는지를 잘 모르면 www.spiritofelijah.com 사이트에서 'Anchored in Christ' 음성강좌를 듣기 바란다.

자녀와 틀어진 관계를 회복하려면 어떻게 해야 하는가? 자신의 죄를 구체적으로 고백하고 용서를 구해야 한다.

보상한다

구약 율법 아래에서는 누군가 죄를 지으면 보상을 해야 했다. "자기가 저지른 잘못을 고백하고, 피해자에게 본래의 값에다가 오분의 일을 더 얹어서 갚아야 한다."(민수기 5:7). 왜 신약에서는 보상이 언급되지 않는지 모르겠지만 보상의 개념은 진실한 회개와 사랑을 뜻한다. 사도 바울은 고린도 사람들에게 보낸 두 번째 편지에서 이러한 회개를 말했다.

> 하나님의 뜻에 맞게 마음 아파하는 것은, 회개를 하게 하여 구원에 이르게 하므로, 후회할 것이 없습니다. 그러나 세상 일로 마음 아파하는 것은 죽음

에 이르게 합니다. 보십시오. 하나님의 뜻에 맞게 마음 아파함으로써 여러분에게 얼마나 많은 변화가 일어났습니까! 여러분이 나타낸 그 열성, 그 변호, 그 의분, 그 두려워하는 마음, 그 그리워하는 마음, 그 열정, 그 응징은 참으로 놀라운 것입니다(고린도후서 7:10-11).

참된 회개는 단순히 "나를 용서해 줘서 고맙습니다."라는 말로 끝내지 않는다. 회개는 실제로 드러나기 마련이다. 보상은 회개의 깊이와 실제를 보여준다. 당신이 한 일을 깊이 슬퍼하는지를 증명하는 행동의 변화가 있다. 아이에게 무관심해서 상처를 주었다면 아이와 함께 신나게 노는 시간을 가져 보라. 당신이 뭔가 소중한 것을 희생하는 것을 아이가 볼수록 그 만큼 아이는 자신이 소중하게 느껴질 것이다.

히브리서 저자는 하나님께 감사를 보여 드리라고 권했다(히브리서 12:28). 자녀와 관계를 회복하고 싶으면 자녀에게 회개하는 마음을 보여주고 고쳐야 할 것을 고쳐야 한다.

아이가 당신이 정말 자기를 소중히 여긴다고 확신하기까지는 당신이 계속해서 온유하게 대하고 관심을 보여줘야 할 필요가 있다. 그러려면 시간이 걸릴 것이다. 스스로 이렇게 물어도 좋다. "내가 바뀌려면 어떻게 해야 할까?" 당신이 하는 일이 아이에게 직접 와 닿지 않더라도 이렇게 말할 수는 있다. "아빠가 이것을 하는 것은 너와 아빠의 관계가 소중하기 때문이란다."

자녀와 관계를 회복하려면 어떻게 해야 하는가? 당신에게 아이와의 관계가 중요하다는 사실을 보여줄 일을 해서 보상하라.

자녀가 용서하지 않으면 어떻게 하는가?

할 수 있는 모든 것을 다 했는데도 아이가 용서를 하지 않으면 작심하고 태도와 행동을 고치고 변화된 모습을 계속 보여줘야 한다. 아이가 용서하지 않는다고 해서 하나님과 아이 앞에서 양심을 깨끗이 하기를 게을리 해서는 안 된다. 지금까지 할 바를 다 했다면 이 문제에 대해 양심에 거리낌이 없어야 한다. 이제 이 일의 부담은 아이에게로 넘어갔다.

아이가 용서를 하지 않으면 당신은 회개의 진정성과 관계를 회복하려는 의지를 보여줘야 한다. 아이에게 용서를 강요할 의도가 없다는 점을 분명히 하라. 그것은 당신이 할 일이 아니다. 아이에게 언제든지 관계를 회복하고 싶으면 아빠에게 서슴없이 얘기해도 좋다는 점도 잊지 말고 알려 줘라.

사도 바울과 고린도교회의 몇 사람이 관계가 나빠졌을 때 바울이 한 호소가 유익할 것이다.

> 고린도 사람 여러분, 우리는 여러분에게 숨김없이 말하였습니다. 우리는 마음을 넓혀 놓았습니다. 우리가 여러분을 옹졸하게 만드는 것이 아니라 여러분의 마음이 옹졸한 것입니다. 나는 자녀들을 타이르듯이 말합니다. 보답하는 셈으로 여러분도 마음을 넓히십시오(고린도후서 6:11-13)

왜 바울은 "자녀들에게 타이르듯이 말합니다." 라고 했을까? 아이들이 잘못을 지적받을 때 좋아하지 않는 것처럼 고린도 사람들은 바울과 그의 일행에게 마음을 닫았다. 바울은 첫 편지를 쓸 때 몇 가지 잘못을 지적했다. 바울은 하나님과 양심 앞에 아무런 잘못을 하지 않았지만 몇 사람은 상처를 받고 그를 용서하지 않았다. 바울은 자신의 마음이 활짝 열려 있다는 점을 알려 주고 싶었다. 또 관계가 회복될 수 있도록 그들도 용서하고 마음을 활짝 열어 달라고 호소했다.

용서하지 않는 자녀에게 당신도 바울의 본을 따라 같은 말을 할 수 있다. 당신이 진심으로 회개했고 아이에게 마음이 활짝 열려 있다는 확신을 주라. 대개 가해자가 이렇게 다가가면 피해자는 죄책감이 자신에게 넘어오는 것을 느낀다. 사람들은 남을 탓하는 데 집중할 때는 자기 죄에 대해서는 부담을 느끼지 않는다. 그러나 상대방이 자기 잘못에 책임을 지면 이야기는 달라진다. 그들은 죄책감에서 벗어나고 깨진 관계에 대한 모든 부담을 우리가 떠안게 된다. 이렇게 상대방이 자기 죄를 고백하면 보통 우리는 정신적으로 관계에서 '평등'을 유지하려고 애쓰게 된다. 그러므로 인내하며 확실히 회개하고 관계를 위해 아이에게 계속 사랑과 관심을 보여 주라. 하나님이 아이의 마음에 일하실 것을 믿고 기도하라. 때가 되면 하나님이 일하실 것이다.

■■ 요약

자녀와의 관계를 회복하려면 어떻게 해야 하는가?

- 먼저 한 발을 내딛고 자신을 살핀다.
- 무너진 관계에 대해 당신의 책임을 진다.
- 하나님을 잘못 보여준 것을 고백한다.
- 말과 행동으로 상처를 준 것을 인정한다.
- 용서를 구한다.
- 보상한다.
- 확실히 회개한다.

자녀와 관계가 틀어지면 아이의 나이에 상관없이 당신은 꼭 이 장에서 읽은 내용을 적용하기를 간절히 부탁한다. 당신이 신자를 자처하면서 선한 양심을 지키지 않고 당신과 아내가 그리스도 안에서 교제의 복을 놓치고 있다면 주님의 이름이 시험대에 올라 있는 것이다. 주님의 영께서 당신의 마음에 일하셔서 당신이 자신을 낮추고 관계 회복을 위해 무엇이든지 할 수 있는 은혜를 주시기를 기도한다.

소모임 나눔

1. 이 장을 읽는 동안 성령께서 당신에게 무엇을 말씀하셨는가?

2. 당신의 말과 행동이 상처를 준 것을 인정하는 점이 얼마나 중요한지를 이야기한다.

3. 왜 보상을 하는 것이 중요한가? 누군가 당신에게 상처를 주고 나서 보상해 준 이야기를 나눈다.

4. 관계가 나빠져서 회복해야 하는 처지에 있다면 모임에서 나눈다. 서로를 위해 기도한다.

5. 당신이 읽은 내용을 가지고 어떻게 할 것인가?

미 주

1) Jeff Wuorio, "Marriage and Money Issues: The New Rules for Couples", www.goodhousekeeping.com/family/budget/marriage-money-issues
2) Dave Ramsey, The Truth About Credit Cards, daveramsey.com, Aug. 4, 2009
3) John Piper, Christian Hedonism, Sermon entitled, "God Is Most Glorified in Us When We Are Most Satisfied in Him," http://www.desiringgod.org/sermons/god-is-most-glorified-in-us-when-we-are-most-satisfied-in-him, Oct. 12, 2012.
4) dictionary.com, http://dictionary.reference.com/browse/satisfy
5) Blaise Pascal, Pensees, http://www.leaderu.com/cyber/books/pensees/pensees-SECTION-7.html, Thought #425.
6) Blaise Pascal, Pensees,(New York; Penguin Books, 1966), Pg. 75.
7) Brother Lawrence, The Practice of the Presence of God
8) Brother Lawrence, The Practice of the Presence of God
9) C.S. Lewis, Reflections on the Psalms, (New York: Harcourt, Brace, Jovanovich, 1958), pp. 90-91.
10) 노옴 웨이크필드, 『하나님처럼 사랑하기』, 홈앤에듀, 2015
11) 노옴 웨이크필드, 『하나님처럼 사랑하기』, 홈앤에듀, 2015
12) Goodreads. Tom Peters quotes, www.goodreads.com/author/show/3119590
13) Goodreads. Warren Buffett quotes, www.goodreads.com/quotes/76790.
14) Norm Wakefield, "It's a Matter of Identity," Equipping Men: Practical Tools for Life's Issues, DVD, CD, MP3, The Spirit of Elijah Ministries International, www.spiritofelijah.com